Reihe Datenverarbeitung

Herausgeber:
Dr. Klaus Becker-Berke
Prof. Dr. Rudolf Herschel
Prof. Dr.-Ing. Wolfgang Hilberg
Prof. Dr.-Ing. Robert Piloty

Standard-Pascal

Systematische Darstellung für den Anwender
nach DIN 66256

von
Prof. Dr. Rudolf Herschel
Fachhochschule Ulm

8. Auflage

R. Oldenbourg Verlag München Wien 1992

Die Deutsche Bibliothek - CIP-Einheitsaufnahme

Herschel, Rudolf:
Standard-Pascal : systematische Darstellung für den Anwender
nach DIN 66256 / von Rudolf Herschel. - 8. Aufl. - München ;
Wien : Oldenbourg, 1992
  (Reihe Datenverarbeitung)
  ISBN 3-486-22217-1

© 1992 R. Oldenbourg Verlag GmbH, München
unveränderter Nachdruck der 7. Auflage

Gesamtherstellung: R. Oldenbourg Graphische Betriebe GmbH, München

ISBN 3-486-22217-1

Inhaltsverzeichnis

1. Einleitung

Um ein Problem auf einem Computer zu lösen, muß man das Lösungsverfahren, den Algorithmus, in einer Programmiersprache formulieren. Dabei ist der Entwurf und die Formulierung des Algorithmus eng mit den Eigenschaften der verwendeten Programmiersprache verbunden. Die Programmiersprache ist ein Beschreibungswerkzeug. Die Schwierigkeit eines Problems hängt nicht nur von dem Problem selbst ab, sondern auch von dem Werkzeug, das man zur Lösung benutzen kann. Wünschenswert ist natürlich, daß das Werkzeug leicht und sicher zu handhaben ist und für alle Teilfunktionen die passenden Mittel zur Verfügung stellt. Unter diesem Gesichtspunkt betrachtet gibt es Programmiersprachen, die als Werkzeug sehr schwierig zu gebrauchen sind, unnötig viele Teilfunktionen enthalten, Mittel anbieten, die die Lösung eher erschweren, oder denen Ausdrucksmittel fehlen (wie etwa Rekursion), so daß die Lösung praktisch manchmal unmöglich wird.

Als Entwurfsmethode hat sich das Prinzip der strukturierten Programmierung allgemein als nützlich erwiesen. Von einem Grobentwurf ausgehend werden die einzelnen Bestandteile des Algorithmus schrittweise verfeinert. Um diese Vorgehensweise zu unterstützen, sollte die Programmiersprache die Aspekte der

- Strukturierung der Verarbeitung
- Strukturierung der Daten
- Modularisierung

besonders berücksichtigen.

Die Strukturmöglichkeiten der Verarbeitung werden bewußt auf wenige grundlegende Prinzipien eingeschränkt, nämlich Aneinanderreihung, Auswahl, Wiederholung und deren Schachtelung. Es wird so eine Disziplin erzwungen, die die Sicherheit bei der Programmformulierung fördert, und zum Denken in Strukturen führt, die für anspruchsvolle Programmierung unbedingt notwendig ist. Die früher üblichen Flußdiagramme mit ihren beliebig verteilten Verbindungslinien (d.h. Sprüngen im Programm) sind in Verruf geraten, weil so leicht sehr komplexe Strukturen entstehen können, die schwer durchschaubar und sehr fehleranfällig sind.

Es wird häufig übersehen, daß das Wort Datenverarbeitung aus zwei Teilen besteht und beiden das gleiche Gewicht zukommt. Es ist Sinn eines Programms, Daten zu verarbeiten. Und was für die Strukturierung der Verarbeitung gilt, sollte auch für die Daten gelten. Die Sprache sollte über eine angemessene Vielfalt von elementaren Datentypen verfügen und Strukturierungsmöglichkeiten anbieten, nach denen sich in einfacher Weise kompliziertere Datentypen aufbauen lassen. Diese Eigenschaft führt auch dazu, daß die Programme leicht lesbar werden und sich selbst dokumentieren.

Zur Sicherheit und Übersichtlichkeit des Entwurfs gehört auch, daß sich das Programm modularisieren läßt. Ein gutes Programm besteht aus relativ wenigen Bausteinen, die, wenn sie selbst zu groß sind, wieder aus einzelnen Bausteinen zusammengesetzt sind. Man kann sich dann beim Programmentwurf ganz auf die Konstruktion eines einzelnen Bausteines konzentrieren, der nur so groß ist, daß man ihn sicher formulieren kann. Die Programmiersprache muß dem dadurch entgegenkommen, daß sich die Bausteine leicht und sicher zusammenfügen lassen.

PASCAL kommt allen diesen Forderungen in idealer Weise entgegen. Alle zur Strukturierung der Verarbeitung notwendigen Elemente sind vorhanden, klar und übersichtlich definiert und einfach zu gebrauchen. Da überflüssige Sprachelemente vermieden wurden, können keine überladenen Programme zustande kommen. Die Vielfalt und Strukturierungsmöglichkeit der Daten ist angemessen einfach und ausreichend. Dies sind die Gründe, warum sich PASCAL weltweit verbreitet hat und vor allem in der Ausbildung verwendet wird. Der Gebrauch von PASCAL zwingt zum disziplinierten Programmieren und fördert die Einsichten in das Wesentliche einer Programmstruktur.

PASCAL wurde um 1970 von N. Wirth entworfen. Die Definition der ursprünglichen Fassung findet sich in [JEW 78]. Mit der wachsenden Bedeutung von PASCAL entstanden Bestrebungen, die Sprache international zu normen und dabei die Unzulänglichkeiten und Unstimmigkeiten der ursprünglichen Fassung zu beheben. Die Normbestrebungen fanden 1983 einen Abschluß mit dem ISO-Entwurf 7185 (International Standards Organisation), der in Deutschland als DIN 66256 [DS 83] übernommen worden ist.

Die erste Auflage dieses Buches wurde 1978 geschrieben, als die Entwicklung von PASCAL noch nicht abgeschlossen war. Damals waren Bestrebungen im Gange, parallele Prozesse mit PASCAL beschreiben zu können. Das führte zur Entwicklung von CONCURRENT PASCAL, und die 1979 erschienene erste Auflage dieses Buches hieß Herschel/Pieper, PASCAL — Systematische Darstellung von PASCAL und CONCURRENT PASCAL. In den folgenden Jahren zeigte sich dann, daß sich die in CONCURRENT PASCAL gesetzten Hoffnungen nicht erfüllten. Es wurden nur ganz wenige Compiler dafür erstellt, so daß es nur zu einer geringen Verbreitung kam, zumal damals die Entwicklung von ADA lief, einer auf PASCAL beruhenden Sprache, in der Parallelarbeit vorgesehen ist. So wurde ab der 3. Auflage 1983 CONCURRENT PASCAL wieder weggelassen.

Die Sprache selbst ist allerdings nur ein Teil des Programmierwerkzeuges. Die Tätigkeit des Programmierens läßt sich etwa so beschreiben:

REPEAT
  Quelltext Erstellen bzw. Ändern
  Compilieren
  Binden
  Starten
UNTIL alles ok.

Zum Erstellen bzw. Ändern des Quellprogramms braucht man einen Editor, ein Textverarbeitungsprogramm, zum Übersetzen einen Compiler, zum Erzeugen eines lauffähigen Objektprogramms einen Binder. Alle diese Tätigkeiten finden in einer Umgebung statt, die durch den verwendeten Computer, insbesondere sein Betriebssystem, stark beeinflußt werden. Die beste Sprache taugt nichts, wenn die Verwaltung von Programmtexten, der Zugriff zu Bibliotheksprogrammen, die Benutzung von Compiler und Binder schlecht organisiert oder zu kompliziert ist. Da wir der Meinung waren, daß zum Gebrauch von PASCAL nicht nur die Kenntnis der Sprache notwendig ist, sondern auch ein Verständnis der Systemumgebung, in der sich Programmieren abspielt, hieß das Buch ab der 3. Auflage 1983 Herschel/ Pieper, PASCAL und PASCAL-Systeme.

Inzwischen sind sieben Jahre vergangen, in denen sich durch den Siegeszug der PC's und AT's die Benutzung von PASCAL wesentlich geändert, vor allem vereinfacht hat. Auf den ersten PC's der 80er Jahre war die Benutzung von PASCAL umständlich, langsam und aufwendig, wie z.B. PASCAL MT+. Das änderte sich 1984 mit dem Auftreten von Turbo Pascal [HER90]. Seitdem ist die Nutzung von PASCAL unter MS-DOS leicht, effizient und preiswert geworden. Turbo Pascal bietet in einer einfach zu handhabenden integrierten Entwicklungsumgebung Editor, Compiler, Binder und Debugger.

Da es ähnlich komfortable Sprachumgebungen inzwischen auch für Workstations unter UNIX gibt, ist vieles von dem, was 1983 für PASCAL-Systeme kennzeichnend war, überholt. Genau wie 1983 die Entwicklung CONCURRENT PASCAL überholt hatte, werden wir 1990 die bisherigen Kapitel über PASCAL-Systeme aufgeben, d.h. mein Kollege Prof. Pieper scheidet als Mitautor aus.

Das Buch konzentriert sich allein auf PASCAL, genauer Standard-Pascal nach ISO 7185 und DIN 66256. Das ist die Meßlatte, nach der andere Pascalversionen beurteilt werden können. In der Praxis ist es so, daß bei der Entwicklung eines Pascalcompilers auf der einen Seite (vielleicht) Elemente von Standard-Pascal weggelassen und auf der anderen Seite Erweiterungen vorgenommen werden. Diese Erweiterungen betreffen häufig Datentypen und vor allem Funktionen und Prozeduren, weil Standard-Pascal etwas mager mit Standardroutinen ausgestattet ist. Ein Musterbeispiel ist wieder Turbo Pascal mit einer Fülle verschiedener Datentypen und Dutzenden von standardmäßig vorhandenen Funktionen und Prozeduren. Wer in einer Pascalumgebung ein Programm entwickelt und beabsichtigt, dieses in eine andere Pascalumgebung zu übertragen, tut gut daran, sich möglichst auf Standard-Pascal zu beschränken.

Zu der Art der Darstellung in diesem Buch ist folgende Bemerkung notwendig. Eine Programmiersprache ist ein kompliziertes Geflecht von gegenseitigen Definitionen und Beziehungen. Wie ein Bild oder Teppich kann man das Ganze erst durch- und überschauen, wenn es insgesamt vor einem ausgebreitet ist. Ein Lehrbuch hingegen ist ein lineares Gebilde, bei dem die einzelnen Kapitel wie Perlen auf einer Schnur aufgereiht sind. Der Gesamtüberblick kann sich also (leider) erst am Ende ergeben.

Wir waren der Meinung, daß ein Lehrbuch nicht nur zum Lernen, sondern auch zum Nachschlagen geeignet sein muß, daß bei einer Programmiersprache das Nachschlagen sogar überwiegen wird. Die meisten Leser werden das Buch ohnehin vermutlich als Begleittext zu einer PASCAL-Vorlesung benutzen oder aber schon eine andere Programmiersprache kennen. In diesem Buch wird PASCAL daher in dem Sinne systematisch dargestellt, daß die einzelnen Sprachelemente an einer Stelle möglichst vollständig abgehandelt werden. Wegen der an Ort und Stelle angestrebten Vollständigkeit kommen die ersten lauffähigen Programme erst in §7 vor, und zumal am Anfang des Buches sind viele Verweise auf spätere Stellen notwendig. Dem Leser wird empfohlen, die §§2—6 relativ flüchtig mit dem Ziel eines Überblicks durchzugehen, ab §7 den Stoff gründlicher durchzuarbeiten und dabei die Grundlagen der §§2—6 jeweils anläßlich eines konkreten Beispiels nachzuholen. Dieses iterative Vorgehen wird hoffentlich schließlich zum Verständnis und der praktischen Handhabung von PASCAL konvergieren.

Was die Beispiele anbelangt, so muß noch betont werden, daß dies ein Lehrbuch über PASCAL und nicht so sehr über Programmieren ist. Bei der Wahl der Beispiele war es daher weniger das Ziel, interessante Probleme zu lösen und Ergebnisse zu produzieren, als den Gebrauch von PASCAL zu demonstrieren und zu üben.

2. Elemente von PASCAL

2.1 Zeichenvorrat

Ein Programm besteht notwendig aus Zeichen, die man bei der Niederschrift des Programms verwendet. Mit dem Begriff Zeichen sind zwei Aspekte verbunden. Der eine ist die äußere Form, wie das Zeichen dem Programmierer erscheint, wie es also auf einer Tastatur, einem Bildschirm oder einem Drucker aussieht. Der zweite Aspekt ist die interne Form, wie es im Speicher eines Computers aussieht.

Für die Niederschrift eines Programms verlangt PASCAL den folgenden Zeichenvorrat:

Buchstaben:	A B C D E F G H I J K L M N O P Q R S T
	U V W X Y Z
	a b c d e f g h i j k l m n o p q r s t
	u v w x y z
Ziffern:	0 1 2 3 4 5 6 7 8 9
Sonderzeichen:	+ − * / = < > ( ) [ ] { } : . , ' ; ↑ ⊔

Das Symbol ⊔ soll für Blank oder Zwischenraum stehen. Wir werden es nur benutzen, wenn es ausdrücklich auf den Zwischenraum ankommt.

Dieser Zeichenvorrat kommt auf jeder üblichen Tastatur vor. Die Beschreibung eines Programms verlangt darüber hinaus aber noch eine ganze Reihe von Symbolen. Es werden daher einerseits zwei Sonderzeichen zusammengefaßt, die zusammen eine bestimmte Bedeutung haben. So wird etwa <= für ≤ und < > für ≠ genommen. Die beiden Zeichen müssen dann unmittelbar hintereinander geschrieben werden.

Zur Steuerung des Programmablaufs sind eine große Zahl von Symbolen notwendig, für die man zweckmäßigerweise überhaupt Wörter nimmt. Man nennt sie auch Wortsymbole. Um ihre Sonderstellung anzudeuten, werden sie in Veröffentlichungen unterstrichen oder fett gedruckt. In PASCAL sind dies:

*and array begin case const div do downto else end file for
function goto if in label mod nil not of or packed
procedure program record repeat set then to type until
var while with*

Man beachte, daß diese Wortsymbole nur in der vorgesehenen Bedeutung verwendet werden dürfen. Sie dürfen insbesondere nicht zur Bezeichnung von anderen Größen verwendet werden. Dabei wird Groß- und Kleinschreibung nicht unterschieden, d.h.

Begin   BEGIN   begin

sind dasselbe Wortsymbol.

Hier ist noch ein Wort zu den Begriffen „deutsche" und „amerikanische" Tastatur notwendig. Der Unterschied liegt vor allem darin, daß bei der deutschen Tastatur anstelle der geschweiften und eckigen Klammern die Umlaute ä und ü liegen. Es ist daher vorgesehen, daß man diese durch folgende Schreibweise ersetzen kann:

PASCAL	Ersatzzeichen
{	(*
}	*)
[	(.
]	.)

Das Zeichen ↑ kommt auf vielen Tastaturen nicht vor. Es kann durch ˆ ersetzt werden. In diesem Buch nehmen wir der besseren Lesbarkeit wegen aber ↑.

Intern werden die Zeichen in einem Computer durch Bits dargestellt. Mit 7 Bit kann man 128 Zeichen codieren, mit 8 Bit 256 Zeichen. Man nennt 8 Bit auch 1 Byte. Da 128 Zeichen ausreichend sind, werden normalerweise 7 Bit-Codes verwendet. Um auf ein Byte zu kommen, wird dann das 8. Bit (das linke) häufig als Prüfbit verwendet (oder einfach 0 gesetzt). Zwei der häufigsten Codes sind der ASCII-Code (American Standard Code of Information Interchange) oder EBCDI-Code (Extended Binary Coded Decimals Interchange Code). Letzterer wird vor allem auf IBM-Computern verwendet. Der ASCII-Code ist im Anhang C genauer beschrieben.

Wichtig für PASCAL ist, daß die Zeichen des verwendeten Codes eine geordnete Menge bilden. Jedem Zeichen entspricht eine Ordnungszahl. Es gibt für die Zeichen also ein vorher ($<$) und nachher ($>$), so daß die Zeichen dem Code entsprechend „alphabetisch" sortiert werden können.

2.2   Darstellung der Syntax

Ein Programm ist eine Folge von Zeichen, die nach bestimmten Regeln aneinandergefügt werden müssen. Diese Regeln nennt man die Grammatik oder Syntax der Sprache. Zur Beschreibung der Syntax sind syntaktische Begriffe notwendig, die definiert werden müssen. Bei Programmiersprachen sind solche Begriffe etwa

Zahl, Ausdruck, Prozedur, Anweisung usw. Bei der Definition eines syntaktischen Begriffes können nun sowohl die Zeichen der Sprache als auch andere syntaktische Begriffe vorkommen. Die bei einer Definition verwendeten syntaktischen Begriffe müssen dann ihrerseits wieder definiert werden usw., bis man schließlich nur bei den Zeichen der Sprache angelangt ist.

In der Definition [DS 83] wird die Syntax von PASCAL in der sog. Backus-Naur-Form (BNF) beschrieben. Neben dieser BNF gibt es eine praktische graphische Methode, die sog. Syntaxdiagramme, die die syntaktischen Zusammenhänge anschaulicher machen. Die im Programmtext vorkommenden Zeichen werden durch „runde" Symbole (Kreise, aus drucktechnischen Gründen auch Ovale) dargestellt. Die syntaktischen Begriffe werden durch rechteckige Symbole dargestellt. Ein Syntaxdiagramm ist dann ein gerichteter Graph aus runden (sog. terminalen) und rechteckigen (sog. nichtterminalen) Symbolen, dessen Durchlaufen automatisch eine syntaktisch richtige Formulierung ergibt. So bedeutet

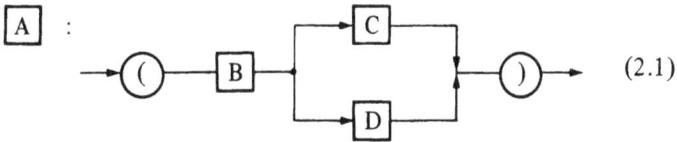

$$(2.1)$$

„Der Begriff A ist definiert durch das Zeichen (, gefolgt von dem Begriff B, gefolgt von einem der Begriffe C oder D, gefolgt von dem Zeichen)". Die Begriffe B, C und D müssen anderweitig durch ein Syntaxdiagramm definiert sein.

Bei den Syntaxdiagrammen hat man die Wahl, entweder nur wenige syntaktische Begriffe einzuführen, d.h. wenige große Diagramme, oder viele kleinere Diagramme und damit viele syntaktische Begriffe zu benutzen. Wir gehen in diesem Buch so vor, daß im Anhang A die Syntax in größerem Zusammenhang beschrieben wird. In dem laufenden Text werden aus didaktischen Gründen kleinere Syntaxdiagramme verwendet, die den gerade behandelten Sachverhalt besonders deutlich machen sollen. Das hat natürlich zur Folge, daß nicht alle syntaktischen Begriffe des Textes im Anhang A vorkommen. Die Teildiagramme des Textes enthalten auch nicht immer die vollständige Definition. Maßgebend für die Syntax ist also der Anhang A.

Danach führen wir also ein

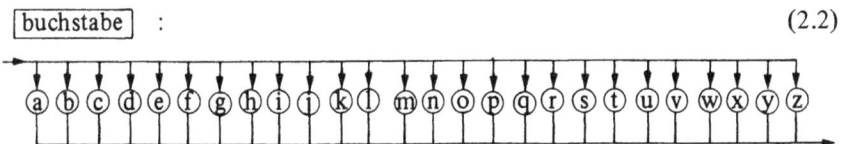

$$(2.2)$$

Wir haben dabei nur die Kleinbuchstaben in die Definition aufgenommen, weil in PASCAL Klein- und Großbuchstaben gleichberechtigt sind, und wir in diesem Buch nur Kleinbuchstaben verwenden werden. Entsprechend ist

ziffer : (2.3)

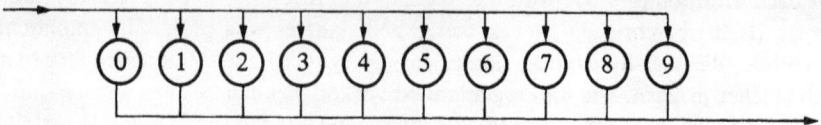

Die Syntax beschreibt nur die richtige Anordnung der Zeichen. Unter Semantik versteht man die Bedeutung, die den (syntaktisch richtigen) Zeichen zukommt. Mit den Syntaxdiagrammen kann man die Bedeutung eines syntaktischen Begriffes gar nicht oder nur sehr unzulänglich beschreiben. Um dem etwas abzuhelfen, werden wir bei dem häufig vorkommenden Begriff Namen durch einen Vorsatz erläutern, was der Name bezeichnen soll. Es gilt also grundsätzlich

... name :

(2.4)

Wenn später Kästchen wie

funktionsname   variablenname

u.a. vorkommen, dann soll damit gesagt sein, daß es sich syntaktisch um einen Namen im Sinne von Def. (2.5) handelt.

2.3 Namen

In einem Programm braucht man zur Bezeichnung gewisser Größen Namen, häufig auch Bezeichner genannt (engl. identifier). In PASCAL werden Konstante, Datentypen, Variable, Prozeduren und Funktionen mit Namen bezeichnet. Für einen Namen gilt die Definition

name :

(2.5)

Nach dieser Definition ist ein Name eine beliebig lange Folge von Buchstaben und Ziffern, die mit einem Buchstaben beginnen muß. Beispiele für Namen sind

   x   epsilon1   epsilon2   a1   drittewurzel

Bei manchen PASCAL-Versionen gehört auch der Unterstrich _ zu den Buchstaben, so daß man dann auch *dritte_Wurzel* schreiben kann.

Hier scheint noch eine Bemerkung zum Gebrauch von PASCAL auf PC's notwendig. Bei MS-DOS wird gewöhnlich ein erweiterter ASCII-Zeichensatz von 256 Zeichen verwendet, unter denen natürlich auch die Umlaute vorkommen. Nach Definition (2.5) und (2.2) sind *laenge* und *groesse* zulässige Namen, nicht aber *länge* und *größe*! In Kommentaren und Zeichenketten (Strings) hingegen dürfen natürlich alle Zeichen verwendet werden, also *(* länge, größe *)* und *'länge'* und *'größe'*.

Während der Benutzer beliebig lange Namen wählen kann, bricht der Compiler den Namen nach einer bestimmten Anzahl von Zeichen ab. Der Benutzer muß dann darauf achten, daß sich verschiedene Namen in diesen ersten Zeichen unterscheiden. Dies ist mehr eine theoretische Einschränkung, weil die meisten Compiler die Namen erst nach 20-30 oder noch mehr Zeichen abbrechen. Dabei wird, wie bei den Wortsymbolen, kein Unterschied zwischen Groß- und Kleinschreibung gemacht. So bedeuten

   Alpha   ALPHA   alpha

denselben Namen.

Damit ist zugleich angedeutet, daß in einem Programm nicht zwei verschiedene Dinge den gleichen Namen haben dürfen. Das ist indessen so allgemein nicht richtig. Im §8.3 wird von Blöcken und dem Gültigkeitsbereich von Namen die Rede sein. Dort wird dann erklärt werden, unter welchen Umständen gleiche Namen für verschiedene Dinge verwendet werden können, die dann zur Laufzeit allerdings nicht gleichzeitig gültig sein können. Bis zum §8 werden wir jedenfalls alle Namen eines Programms verschieden wählen.

Obgleich der Benutzer die Namen frei wählen kann, und er sollte wegen der besseren Lesbarkeit des Programms möglichst aussagekräftige Namen verwenden, sind noch zwei Einschränkungen zu beachten.

Da wären zunächst einmal die Wortsymbole von §2.1. Die Kennzeichnung durch Fettdruck oder Unterstreichen (*and, array*, ...) steht beim Benutzer nur auf dem Papier. Auf dem Bildschirm steht natürlich nur *and, array*, ... , d.h. sie fangen mit einem Buchstaben an und fallen unter die Definition des Begriffs Name, obgleich es syntaktisch gesehen keine sind. Alle diese Wortsymbole dürfen daher nicht als Namen verwendet werden.

Dann gibt es sogenannte Standardnamen, die ohne weitere Definition in einem ganz bestimmten Sinne verwendet werden können. Dazu zählen Funktionen wie *sin, cos, ln,* die Prozeduren *read* und *write* für die Ein- und Ausgabe, *real, integer* als Namen für Datentypen usw. Auch hier muß auf den §8.3 verwiesen werden, wo gezeigt werden wird, unter welchen Bedingungen die Standardnamen auch in anderer Bedeutung gebraucht werden können. Im Anhang B sind alle Standardnamen aufgeführt.

Schließlich gilt in PASCAL die wichtige Regel, daß Namen erst verwendet werden dürfen, wenn ihre Definition im Text vorausgegangen ist.

2.4 Programmaufbau

Ein Programm hat in PASCAL die folgende Form

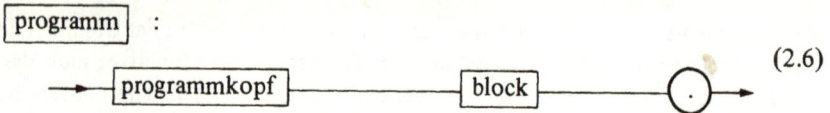

(2.6)

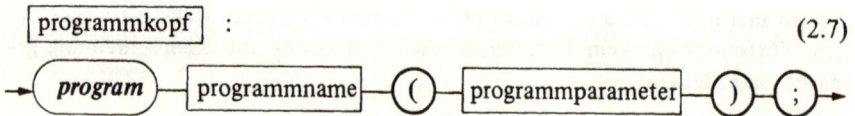

(2.7)

Der Programmname kann beliebig gewählt werden und hat innerhalb des Programms keine weitere Bedeutung. Er kann also auch innerhalb des Programms zur Bezeichnung anderer Größen benutzt werden. Dieser Name dient vielmehr nur dem Betriebssystem zur Identifizierung des Programms während der Bearbeitung.

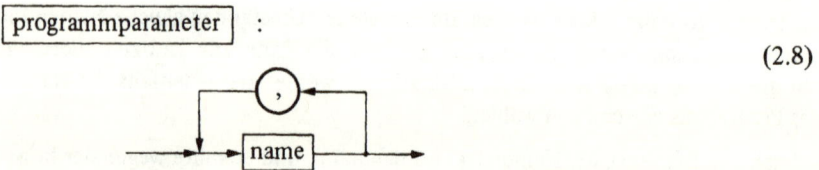

(2.8)

Zur Laufzeit ist ein Programm mit der Umgebung verknüpft, die es auf seinem Computer vorfindet. Die Programmparameter beschreiben die Umgebung, mit der das Programm kommuniziert, d.h. Daten austauscht. Die Programmparameter sind vor allem Namen von Dateien, aus denen das Programm Daten liest oder hineinschreibt. Diese Dateien liegen außerhalb des Programms. Sie gibt es vor dem Lauf des Programms und sie bestehen nach Beendigung des Programms weiter. Die Namen dieser „externen" Dateien sind dann im Programmkopf aufzulisten. Genaueres wird dazu im §9.23 gesagt werden.

Als Programmparameter können aber auch Bereiche des Arbeitsspeichers in Form eines Array dienen, wenn dieses Array Daten enthält, die auch anderen Programmen zur Verfügung stehen sollen. Man bezeichnet ein solches Array auch als einen

Common-Bereich. Die Realisierung eines solchen Common-Bereiches ist stark von der konkreten Implementierung abhängig.

Um die Ein- und Ausgabe zu vereinfachen, gibt es die Standarddateien *input* und *output*. Im Normalfall wird über *input* gelesen und *output* geschrieben. Wie das im einzelnen geschieht, wird in §6 erklärt werden. Will man die Eingabe nicht über *input* und die Ausgabe nicht über *output* erfolgen lassen, findet man in §9.23 Näheres. Normalerweise sind *input* und *output* die Tastatur und der Bildschirm, vor dem man arbeitet. Ein Programmkopf hat in der Regel also die Form

> ***program** test (input, output);*

Der Name *input* kann entfallen, wenn keine Daten gelesen werden sollen. Der Name *output* sollte immer angegeben werden, auch wenn nichts ausgegeben werden soll. Das Betriebssystem gibt seine Meldungen über Fehler und andere Details des Programmlaufs meist ebenfalls über die File *output* an den Benutzer aus. Für die Einzelheiten sei auf §6 zur Ein- und Ausgabe und §9.23 bei den Textfiles verwiesen.

Das eigentliche Programm wird dann in Form eines Blockes formuliert.

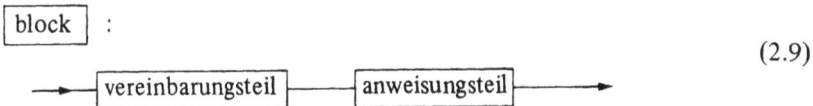

$$(2.9)$$

In dieser Zweiteilung spiegelt sich das Wesen eines Programms wider. Es ist eine Stärke von PASCAL, von dem Wort Datenverarbeitung beide Teile gleichgewichtig zu sehen. Im Vereinbarungsteil werden die Daten beschrieben, mit denen ein Programm etwas machen soll. Der Anweisungsteil enthält dann die Aktionen, die mit den im Vereinbarungsteil charakterisierten Daten durchgeführt werden sollen. Wenn man ein Programm mit einem Kochrezept vergleicht, so beschreibt der Vereinbarungsteil die Zutaten, der Anweisungsteil die Zubereitung. Sieht man ein Programm als Theateraufführung, so beschreibt der Vereinbarungsteil die Rollen und ihre Darsteller, der Anweisungsteil die Handlung des Stückes. Und genauso wie ein Kochrezept bei der Zubereitung keine Zutaten verwenden darf, die nicht zuvor genannt worden sind, und in einer Handlung keine Personen mitwirken können, die nicht im Theaterzettel aufgeführt sind, darf auch ein PASCAL-Programm im Anweisungsteil keine Daten verarbeiten, die nicht im Vereinbarungsteil genannt und definiert sind.

Wer bisher FORTRAN oder BASIC benutzt hat, wird gerade hier viel Neues lernen müssen. Beide Sprachen benutzen einen geradezu kümmerlichen Vorrat an Datentypen und gehen damit zudem nicht sonderlich präzise um. Ein Blick ins Inhaltsverzeichnis zeigt, daß §9 über die Datentypen um ein Vielfaches umfangreicher ist als §7 über die Anweisungen.

In diesem einführenden Paragrafen sollen nun die wesentlichen Eigenschaften der einzelnen Teile in groben Zügen behandelt werden. Die Details folgen dann in den weiteren Paragrafen.

vereinbarungsteil :

```
    ┌─────────────┐    ┌─────────────┐    ┌─────────────┐
 ┌─▶│  marken-    │┐ ┌▶│ konstanten- │┐ ┌▶│  typdefi-   │┐
 │  │vereinbarung ││ │ │ definition  ││ │ │  nition     ││
 │  └─────────────┘│ │ └─────────────┘│ │ └─────────────┘│
─┴─────────────────┴─┴────────────────┴─┴────────────────┴─▶
```

$$(2.10)$$

```
    ┌─────────────┐    ┌─────────────┐
 ┌─▶│ variablen-  │┐ ┌▶│  prozedur-  │◀┐
 │  │vereinbarung ││ │ │vereinbarung │ │
 │  └─────────────┘│ │ └─────────────┘ │
─┴─────────────────┴─┴──────┬──────────┴──▶
                     ┌───────▼───────┐
                     │  funktions-   │◀┘
                     │ vereinbarung  │
                     └───────────────┘
```

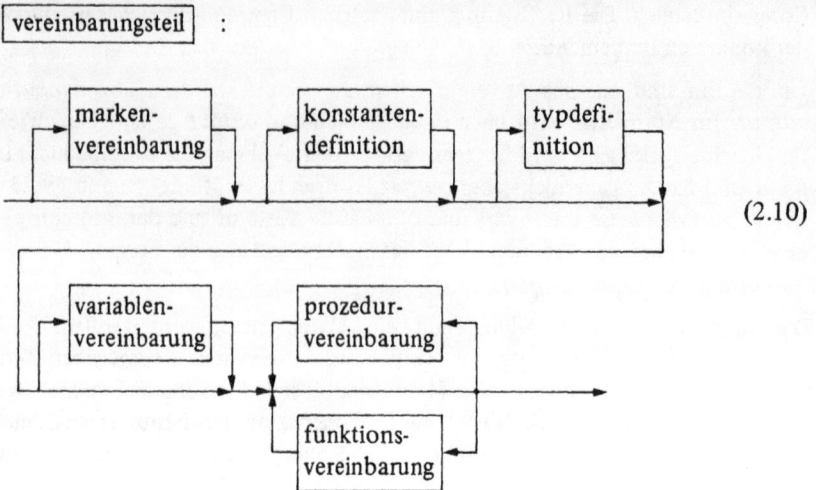

Man beachte den durchgehenden Pfad, wonach jeder Teil und sogar alle fehlen können. Die ersten vier Teile müssen aber, wenn sie vorkommen, eine bestimmte Reihenfolge einhalten. Am Ende des Vereinbarungsteils kommen in beliebiger Reihenfolge die Vereinbarungen der Prozeduren und Funktionen.

Bei der Markenvereinbarung handelt es sich darum, die möglichen Sprungziele für im Anweisungsteil vorkommende Spranganweisungen zu beschreiben. Wir werden darauf im §7.8 bei der Spranganweisung zurückkommen.

In dem Teil Konstantendefinition kann man später im Programm vorkommende Konstanten mit einem Namen belegen und diese Namen später im Anweisungsteil anstelle der Konstanten verwenden (s. dazu §4.1).

Ein wichtiger Bestandteil von PASCAL ist die Möglichkeit, daß sich der Benutzer selbst die dem Problem angemessenen Datentypen bilden kann. Es ist dies eines der wesentlichsten Merkmale von PASCAL, und wir werden dem Thema Typdefinition einen beträchtlichen Teil dieses Buches zu widmen haben (s. dazu kurz §3, §4.2 und ausführlich §9).

Bei der anschließenden Variablenvereinbarung sind alle später im Anweisungsteil des Blockes vorkommenden Variablen mit ihrem Namen und Datentyp aufzuführen (s. §4.2).

Mit den Prozeduren und Funktionen kann der Benutzer Programmteile mit einem Namen versehen und mit diesem Namen aufrufen. Damit kann ein Programm in Teile zerlegt und übersichtlich formuliert werden (s. §8).

Nachdem im Vereinbarungsteil so alle am Programm beteiligten Größen genügend charakterisiert sind, folgt der anweisungsteil :

(2.11)

begin — anweisung — end

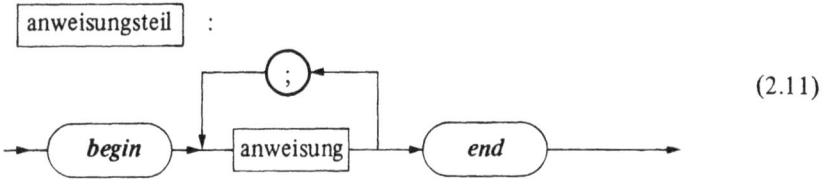

Im Anweisungsteil werden also die Anweisungen, die den Algorithmus des Problems beschreiben, nacheinander, jeweils durch ein Semikolon getrennt, aufgeführt. Alle Anweisungen werden durch die Wortsymbole *begin* und *end* eingeschlossen. Welche Anweisungen es in PASCAL gibt, wird in § 7 beschrieben werden.

Schließlich seien noch ein paar allgemeine Bemerkungen über das Erstellen des Programms gemacht. Das Programm wird zeilenweise erstellt. Eine Zeile ist entweder eine Lochkarte oder eine Zeile auf dem Bildschirm. PASCAL ist eine formatfreie Sprache, d.h. es gibt keine feste Zuordnung zwischen dem Programmtext und bestimmten Schreibstellen in einer Zeile. Bei Lochkarten stehen von den 80 Spalten gewöhnlich die Spalten 1 – 72, bei Bildschirmen (üblicherweise 80 Zeichen pro Zeile) die ganze Zeile für den Text zur Verfügung. Beim Übersetzen kann man sich ein Druckerprotokoll erstellen lassen, das den Programmtext so widergibt, wie er auf Lochkarten bzw. auf dem Bildschirm stand. Man sollte das Programm so schreiben, daß sich ein übersichtliches Protokoll ergibt. Dazu wäre noch zu bemerken, daß manche Drucker nur Großbuchstaben haben und der Programmtext dann (falls kein automatischer Übergang von Klein- zu Großbuchstaben vorgesehen ist) auch nur Großbuchstaben enthalten darf. Als einzige Regel wäre zu beachten, daß Namen, Zahlen und Wortsymbole ohne Zwischenraum zu schreiben sind und zwischen je zwei dieser Dinge ein Trennzeichen vorkommen muß. Als Trennzeichen dienen das Blank (Zwischenraum), Zeilenwechsel und Kommentar.

Ein Kommentar kann also an nahezu beliebiger Stelle stehen (eben nur nicht innerhalb von Namen, Zahlen und Wortsymbolen). Er hat die Form

$\{$ Zeichenfolge, die nicht $\}$ enthält $\}$

Da die Zeichen $\{$ und $\}$ bei manchen Zeichensätzen nicht zur Verfügung stehen, kann man

$\{$ durch (*

$\}$ durch *)

ersetzen. Ein Kommentar wird protokolliert, hat aber auf den Programmlauf keinerlei Einfluß.

Das formatfreie Schreiben bezieht sich auch auf die Daten, für die die ganze Zeile zur Verfügung steht. Zahlen sind ohne Zwischenraum zu schreiben und durch wenigstens einen Zwischenraum zu trennen. Auch der Übergang auf eine neue Zeile gilt als Trennzeichen. Für weitere Einzelheiten wird auf §6 verwiesen.

Zum Schluß dieses allgemeinen Überblicks über den Programmaufbau sei ein kleines Programm als Anschauungsmaterial angeführt:

```
program aufsummieren (input, output);
(*es sollen zahlen eingelesen und aufsummiert werden, bis ein gewisser betrag
    erreicht ist. es wird unterstellt, dass genügend zahlen zum einlesen vorhanden
    sind.*)
const betrag = 350.0;              (*konstantendefinition*)
var summe, x : real;               (*variablenvereinbarung*)
begin                              (*anweisungsteil*)
    summe := 0;
    while summe <= betrag do
        begin
            read(x);
            summe := summe + x
        end;
    write('die summe betraegt:', summe)
end .
```

Dazu gehören Daten wie etwa die Zahlen:

   13.78   125.5   2.754   198.3   56.56   12.3   434.687

PASCAL ist zwar anlagenunabhängig beschrieben und definiert, trotzdem ist es unvermeidlich, daß die Eigenschaften des speziellen Computers, auf dem ein Programm abläuft, Einfluß auf das Programm haben. So hat jeder Computer eine maximale ganze Zahl, einen bestimmten Zahlenbereich und Stellengenauigkeit für gebrochene Zahlen, kann eine bestimmte Anzahl von Zeichen in einer Speicherzelle speichern, geht in bestimmter Weise mit Dateien um usw. usw. Manche Compiler haben spezielle Konventionen über Standardnamen für Datentypen und Prozeduren, die über die in diesem Buch genannten hinausgehen. Wir werden an den wichtigsten Stellen auf diese Problematik hinweisen. Zu jedem Computer, auf dem PASCAL verfügbar ist, gibt es (hoffentlich) ein Benutzerhandbuch, in dem diese anlagenspezifischen Erweiterungen oder Einschränkungen zusammengestellt sind. Der anspruchsvollere PASCAL-Benutzer wird nicht umhinkönnen, sein Benutzerhandbuch durchzusehen.

3. Die Standard-Datentypen

Es ist einer der Vorzüge von PASCAL, dem Benutzer eine große Vielfalt von Datentypen zu bieten. Da diese nicht gut ohne gleichzeitige Verwendung der Anweisungen beschrieben werden können, gehen wir in diesem Buch so vor, daß wir uns hier zunächst mit den standardmäßig vorhandenen Datentypen begnügen, wie sie auch sonst in gängigen Programmiersprachen vorhanden sind. Mit ihnen werden wir dann in §7 die Anweisungen beschreiben und danach in §9 die Vielfalt der anderen Datentypen behandeln.

In PASCAL gibt es standardmäßig die Datentypen

> *integer*
> *real*
> *boolean*
> *char*

Zu betonen wäre, daß es sich nicht wie in vielen anderen Programmiersprachen um Wortsymbole handelt (man müßte dann ja *integer, real, boolean, char* schreiben), sondern um die Namen von Datentypen. Sie sind von derselben Art wie die Namen der Standardfunktionen (*sin, cos,* usw.) und Standardprozeduren (*read, write* usw.). Der Benutzer kann diese Namen in der vorgesehenen Bedeutung ohne weitere Maßnahmen verwenden. Für die Definition eigener Datentypen ist der Teil Typdefinition im Vereinbarungsteil (Def (2.10)) vorgesehen. Bis zum §9 werden wir davon keinen Gebrauch machen.

3.1 Datentyp *integer*

Die Variablen vom Typ *integer* haben als Werte ganze Zahlen. Die Konstanten dieses Typs sind

vorzeichenlose integer-zahl :

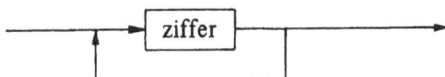

(3.1)

Dazu kann ein Vorzeichen treten. Ein negatives Vorzeichen muß, ein positives kann geschrieben werden. Beispiele für ganze Zahlen sind

$$123 \quad -45 \quad +685948$$

Jeder Computer hat nur einen endlichen Zahlenbereich, der nicht überschritten werden kann. Die größte positive ganze Zahl eines Computers steht als Konstante unter dem Namen *maxint* zur Verfügung. Diese Konstante *maxint* kann zur Vermeidung von Bereichsüberschreitungen verwendet werden (s. §9.2).

Eine übliche interne Darstellung von integer-Zahlen umfaßt 32 Bit. Das entspricht einem Zahlenbereich von -2^{31} .. $+2^{31}-1$, ($2^{31} = 2\,147\,483\,648$). Es gibt allerdings auch Versionen, wo nur 16 Bit genommen werden, d.h. der Zahlenbereich -2^{15} .. $+2^{15}-1$ (-32768 .. -32767) ist. Häufig ist es auch erlaubt, den Wert als Hexadezimalzahl, etwa als #3A oder $D6 anzugeben.

Es ist ein Kennzeichen des Typs *integer*, daß die drei Grundrechenarten Addition, Subtraktion, Multiplikation immer zu einem genauen Ergebnis führen, falls natürlich der Zahlenbereich dabei nicht überschritten wird.

3.2   Datentyp *real*

Die Variablen vom Typ *real* haben als Werte reelle Zahlen. Dabei ist zu beachten, daß jeder Computer relle Zahlen nur in einem endlichen Zahlenbereich mit einer begrenzten Stellenzahl realisieren kann. Das hat zur Folge, daß der Abstand zweier benachbarter reeller Zahlen im Computer nicht beliebig klein ist. Das hat einmal Konsequenzen für das Rechnen mit reellen Zahlen, weil die Ergebnisse häufig nicht genau sind. So ist es keinesfalls selbstverständlich, daß $1/3 + 1/3 + 1/3 = 1$ ist. Zum anderen muß aus diesen Gründen der Datentyp *real* manchmal als Ausnahmefall behandelt werden (s. §9.1).

Für die Schreibweise der Konstanten gilt

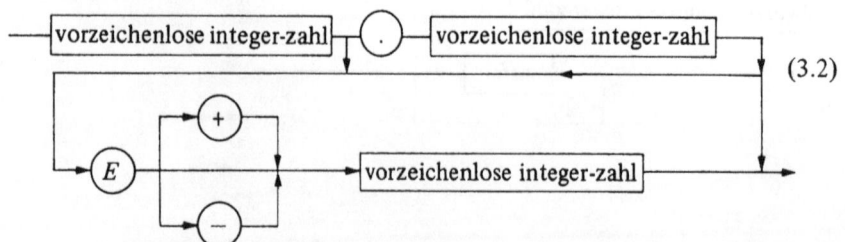

(3.2)

Zu einer Konstanten dieser Form kann wieder ein Vorzeichen treten. Nach der Def. (3.2) gibt es zwei Schreibweisen für *real*-Zahlen. Die übliche Schreibweise als gebrochene Zahl wie

$$112.45 \qquad -0.0034 \qquad +123.5$$

und in Form einer mit einer Zehnerpotenz skalierten Schreibweise, wobei statt der 10 der Buchstabe e (oder E) für Exponent verwendet wird:

$$1.34e-2 \qquad 5e12 \qquad -23.567e+67$$

Als wichtige Regel gilt, daß zur Trennung von ganzem und gebrochenem Teil der Punkt und nicht das Komma verwendet wird, und daß beim Vorhandensein eines Punktes davor und dahinter mindestens eine Ziffer stehen muß.

Eine übliche interne Darstellung der real-Zahlen umfaßt 32 Bit. Das entspricht einem Zahlenbereich von 10^{-77} .. 10^{+77} mit 7 Dezimalen. Werden 48 Bit verwendet, so ist der Zahlenbereich gewöhnlich 10^{-77} .. 10^{+77} mit 12 Dezimalen. Informieren Sie sich über die Zahldarstellung Ihres Computers in dem Handbuch.

3.3 Datentyp *boolean*

Die Variablen vom Typ *boolean* (benannt nach dem Engländer George Boole, 1815–1864) werden auch logische Variable genannt. Ihr Wertevorrat beschränkt sich auf die beiden Werte

$$\textit{true} \qquad\qquad \textit{false}$$

Man beachte, daß es sich bei diesen beiden Werten nicht um Wortsymbole sondern um Namen von Konstanten handelt. Dieser syntaktische Unterschied wird wichtig werden für die Art, wie man logische Ausdrücke bilden kann. Wie diese Standardnamen *true* und *false* syntaktisch einzuordnen sind, kann erst in §9.1 deutlich gemacht werden.

Intern werden diese Werte gewöhnlich mit 16 Bit dargestellt, wobei *true* der Wert +1 und *false* der Wert −1 entspricht.

3.4 Datentyp *char*

Die Variablen vom Typ *char* (Abkürzung von character = Zeichen) haben als Werte die Zeichen, die in §2.1 aufgezählt wurden. Im Zusammenhang mit Zeichen ist der Begriff String oder Zeichenkette wichtig.

$$\boxed{\text{zeichenkette}} :$$

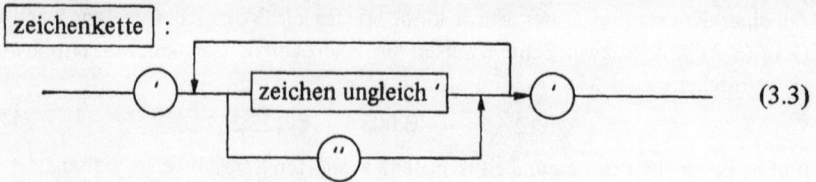

(3.3)

Zeichenketten sind also

$$\text{'}a\text{'} \quad \text{'}pascal\text{'} \quad \text{'}u.\ meier\text{'} \quad \text{'}12\text{'} \quad \text{'}\sqcup\text{'}$$

Die Zeichenkette *'12'* ist von der Zahl *12* zu unterscheiden. Da der Apostroph Begrenzungszeichen für eine Zeichenkette ist, gilt die Verabredung, daß er innerhalb einer Zeichenkette doppelt aufzuführen ist. So ist f'(x) als Zeichenkette *'f''(x)'* und die zweite Ableitung f ''(x) als Zeichenkette *'f'''(x)'* zu schreiben.

Die Zeichenketten, die aus nur einem Zeichen bestehen, sind die Werte, die Variable des Typs *char* annehmen können. In §9.21 werden wir sehen, daß es auch Variable gibt, die als Werte Zeichenketten aus mehreren Zeichen haben können.

In §2.1 hatten wir betont, daß die Zeichen eine geordnete Menge bilden, daß es also eine bestimmte Reihenfolge unter den Zeichen gibt. Damit gibt es einen Zusammenhang zwischen den Zeichen und den ganzen Zahlen. Man kann jedem Zeichen seine Ordnungszahl zuordnen, die laufende Nummer in der Reihenfolge der Zeichen. Gibt es z.B. 128 Zeichen, so gehört auch umgekehrt zu jeder ganzen Zahl zwischen 0 . . 127 ein Zeichen. Für diesen Übergang von Zeichen zu Ordnungszahlen und umgekehrt gibt es die beiden Standardfunktionen *ord(x)* und *chr(x)*:

ord(x)   Ist *x* vom Typ *char*, so ist der Funktionswert die Ordnungszahl von *x* in dem Zeichensatz.

chr(x)   Ist *x* vom Typ *integer*, so ist der Funktionswert das Zeichen, dessen Ordnungszahl *x* ist.

Welche Ordnungszahl zu welchem Zeichen gehört, ist abhängig von dem verwendeten Code. Für den häufig verwendeten ASCII-Zeichensatz gilt z.B.

$$ord('A') = 65 \qquad ord('a') = 97$$
$$ord('0') = 48 \qquad ord('9') = 57$$

Da *ord* und *chr* zueinander Umkehrfunktionen sind, gilt für jedes Zeichen *'x'*

$$chr(ord('x')) = \text{'}x\text{'}$$

und eine ganze Zahl i

$$ord(chr(i)) = i$$

Bei einem unbekannten Code, bei dem nur die Buchstaben und Ziffern jeweils geordnet dicht aufeinanderfolgen, gilt unabhängig von der Lage im Code folgendes. Ist i eine Ziffer $0 \leqslant i \leqslant 9$, so ist immer

$$ord('i') - ord('0') = i$$
$$chr(i + ord('0')) = \text{'}i\text{'}$$

4. Vereinbarungen

Von den fünf Teilen, aus denen nach Def. (2.10) der Vereinbarungsteil besteht, sei hier nur der Teil Konstantendefinition und der Teil Variablenvereinbarung erklärt. Die Markenvereinbarung findet sich in §7.8, die Prozedur- und Funktionsvereinbarungen in §8, die Typdefinition in §9.

4.1 Konstantendefinition

In diesem Teil können Konstanten, die später im Programm vorkommen, Namen gegeben werden. Die Form der Definition ist

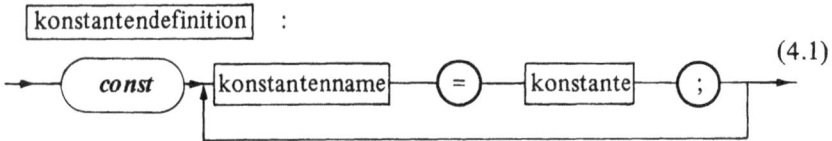

(4.1)

Die Konstante kann dann im Programm durch ihren Namen aufgerufen werden. Eine Konstante selbst kann von folgender Form sein

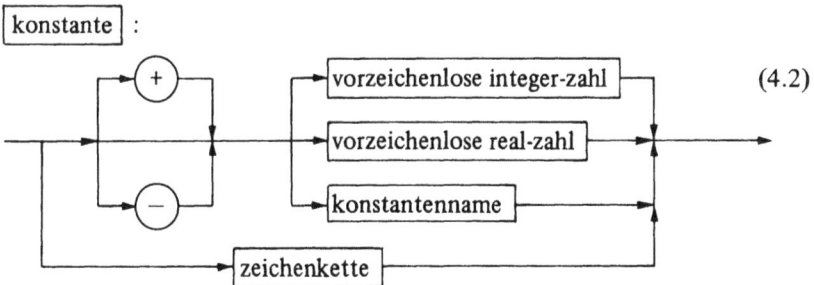

(4.2)

Zur Definition einer Konstanten kann man also die standardmäßigen Konstanten *true, false, maxint,* aber auch zuvor definierte Konstantennamen nehmen. Ein Beispiel für eine Konstantendefinition wäre also

$$const \ \ pi = 3.141592654;$$
$$richtig = true;$$
$$minpi = - pi;$$
$$letter = 'a';$$
$$max = 350;$$

Man beachte den wesentlichen Unterschied zu einer Variablen. Während der Wert einer Variablen im Laufe des Programms geändert werden kann, hat eine Konstante immer denselben Wert. Im obigen Beispiel ist es also nicht möglich, dem Namen *richtig* auch den Wert *false* zuzuweisen oder *letter* einen anderen Wert als *'a'* zu geben. Es handelt sich also nicht (wie in den meisten anderen Programmiersprachen) darum, der „Variablen" *max* nur einen Anfangswert zuzuweisen. Unter dem Namen *max* ist eben keine Variable, sondern nur die Konstante *350* zu verstehen.

Der Nutzen dieser Konstantendefinition zeigt sich in folgenden Vorteilen. Die Verwendung der Konstantennamen anstelle der Konstanten selbst macht die Programme leichter lesbar. Will man den Wert der Konstanten *max* einmal ändern, so erfolgt die Änderung nur an einer Stelle des Programms, eben in der Konstantendefinition, und nicht an jeder Stelle des Auftretens. Das übrige Programm kann unverändert bleiben. Insbesondere kann man in dieser Form anlagenspezifische Konstanten einbringen, so daß sich das Programm in einfacher Weise für andere Computer übertragen läßt.

4.2   Variablenvereinbarung

Der Begriff Variable ist für alle Programmiersprachen von zentraler Bedeutung. Eine Variable ist durch vier Angaben definiert (Bild 4.1).

Name	alpha
Typangabe	real
Wert	3.567
Adresse	7000

Bild 4.1

Der Name (häufig auch Bezeichner, englisch identifier genannt) legt fest, unter welchem Namen man den Wert in einem Ausdruck oder einer Anweisung benennen kann, wie man den Wert identifizieren kann. Die Typangabe beschreibt den Wertebereich, aus dem eine Variable dieses Namens einen Wert annehmen kann.

Die Adresse ist die Nummer der Speicherzelle, in der der Wert der Variablen abgelegt ist. Da der Speicherplatz gewöhnlich vom Betriebssystem verwaltet wird, ist es problematisch, ob man die Adresse dem Benutzer überhaupt bekanntgeben oder gar zur Verfügung stellen soll oder darf. Das bedeutet ja, daß es Variablen gibt, die als Werte Adressen haben. Wer einen Assembler kennt, weiß, daß das Umgehen mit Adressen (relativ zum Programmanfang) zu den wesentlichen Möglichkeiten gehört. In Sprachen wie BASIC oder FORTRAN sind die Adressen überhaupt nicht zugänglich. In Sprachen wie C sind Adressen wie im Assembler verfügbar. In PASCAL ist das Umgehen mit Adressen an den Datentyp Zeiger geknüpft, also in einem eingeschränkten Sinn möglich, auf den in §9.3 eingegangen werden wird. Es muß hier hinzugefügt werden, daß die meisten PASCAL-Versionen für PC's, wie Turbo-PASCAL, die Möglichkeit bieten, daß eine Variable auch eine Adresse als Wert haben kann.

Doch lassen wir die Adressen vorläufig außer Betracht. Von den drei verbleibenden Merkmalen einer Variablen ist die Angabe von Namen und Typangabe Sache des Vereinbarungsteils. Einen Wert bekommt diese Variable dann im Anweisungsteil des Programms.

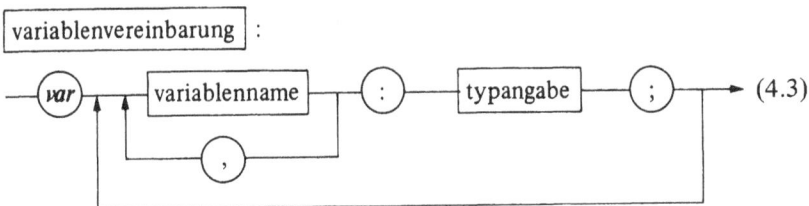

$$\boxed{\text{variablenvereinbarung}} \; : \qquad\qquad\qquad (4.3)$$

Der Typ der Variablen kann an dieser Stelle entweder durch einen im Teil Typdefinition definierten Typnamen oder die Definition selbst angegeben werden. Genaueres dazu folgt in §9.1. Bis dahin begnügen wir uns mit den Standard-Datentypen *real*, *integer*, *char* und *boolean*. Ein Beispiel für eine Variablenvereinbarung wäre also

var   x, y, z : real;

anz : integer;

frage : boolean;

Der Vollständigkeit halber sei hier auch gleich aufgeführt, welche Arten von Variablen es in PASCAL gibt.

variable	:

$$(4.4)$$

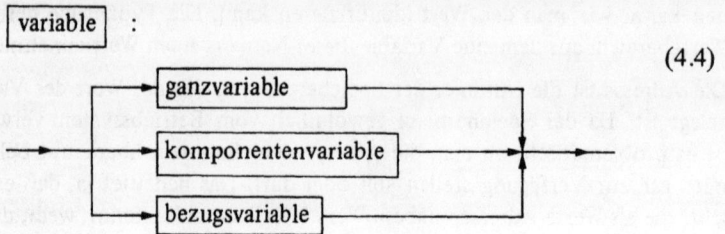

Ganzvariable sind dadurch gekennzeichnet, daß sie nur aus ihrem Namen bestehen:

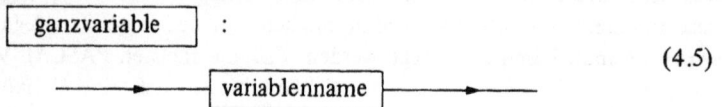

ganzvariable	:

$$(4.5)$$

In Def. (4.3) steht nach *var* immer nur eine Ganzvariable. In §9 werden wir Variable kennenlernen, die aus mehreren Größen zusammengesetzt sind. Um zu deren Komponenten zugreifen zu können, braucht man den Begriff der Komponentenvariablen (s. Def. (9.10)). Den Bezugsvariablen ist dann der §9.3 gewidmet.

Zur Verdeutlichung der Art einer Variablen setzen wir die Bezeichnung davor. Wie schon in Def. (2.4) gilt dann

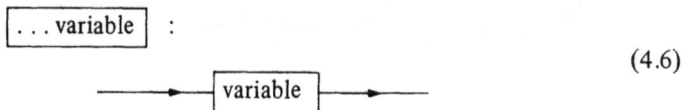

. . . variable	:

$$(4.6)$$

5. Ausdrücke

Ein Computer soll etwas „berechnen". Er soll also aus vorhandenen Werten einen neuen Wert ermitteln. Um diesen Vorgang präziser zu beschreiben, gibt es in Programmiersprachen den Begriff Ausdruck. Unter einem Ausdruck versteht man ein Gebilde aus Operanden, Operatoren und runden Klammern. Die Operanden enthalten die Werte, die passiven Objekte des Ausdrucks, mit denen etwas zu machen ist. Die Operatoren beschreiben den aktiven Teil, das, was mit den Operanden zu machen ist. Die Operatoren sind in einer gewissen Reihenfolge auf die Operanden anzuwenden. Wenn man diese Reihenfolge abändern will, kann man runde Klammern verwenden.

Es gehört zu den Grundvorstellungen einer Programmiersprache, daß ein Ausdruck stellvertretend für einen Wert steht, eben den Wert, der sich ergibt, wenn man den Ausdruck auswertet, d.h. die Operanden entsprechend den Operatoren und Klammern miteinander verknüpft. Da in PASCAL ein Wert mit einer Typangabe verbunden ist, ist es von großer Bedeutung, genau zu wissen, von welchem Typ der Wert eines Ausdrucks ist. Genau genommen gibt es also soviele verschiedene Typen von Ausdrücken, wie es Datentypen gibt. In diesem §5 werden wir beschreiben, wie Ausdrücke gebildet werden können, die einen Wert vom Typ *integer* oder *real* haben können (die sog. arithmetischen Ausdrücke) oder einen Wert vom Typ *boolean* (die sog. logischen Ausdrücke). Ob und wie man Ausdrücke für andere Datentypen bilden kann, wird in §9 bei den einzelnen Datentypen nachgetragen werden.

Die Syntax von Ausdrücken geht von den Bausteinen, den möglichen Operanden aus, die unter dem syntaktischen Begriff Faktor zusammengefaßt werden.

faktor :

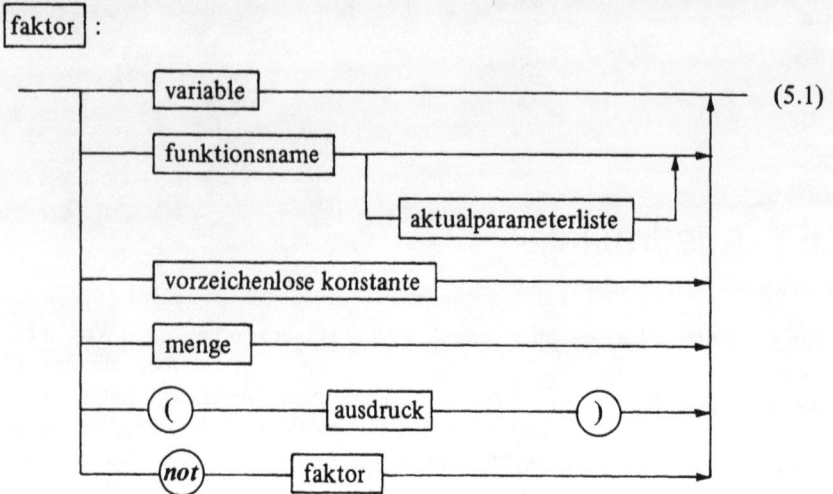

(5.1)

Wir haben hier gleich die komplette Definition angeführt. Operanden im eigentlichen Sinn sind zunächst Variable, Konstanten und Funktionen. Der Begriff menge wird in §9.24 behandelt werden. Die letzten beiden Definitionen dienen der Vorrangregelung der Operatoren und runden Klammern.

term :

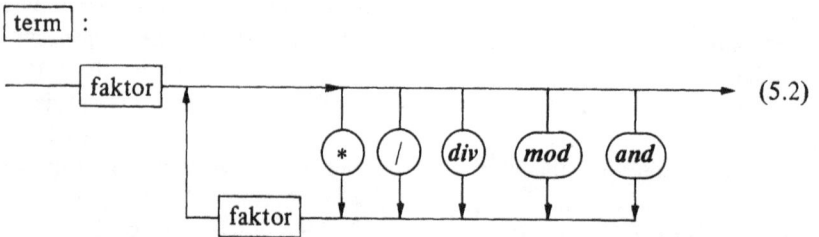

(5.2)

Ein Term verknüpft zwei Faktoren durch einen sog. Multiplikationsoperator.

einfacher ausdruck :

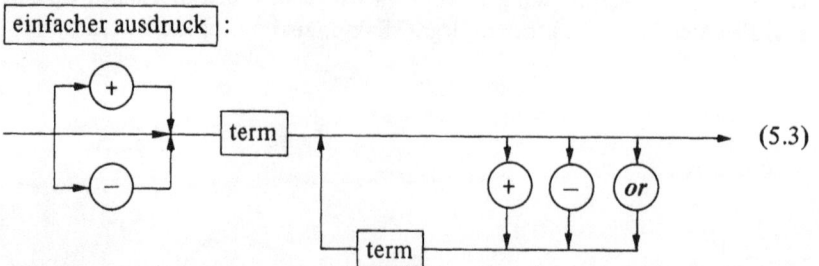

(5.3)

Die Verknüpfung zweier Terme durch einen Additionsoperator oder das Setzen eines Vorzeichens vor einen Term führt auf den Begriff einfacher Ausdruck.

ausdruck :

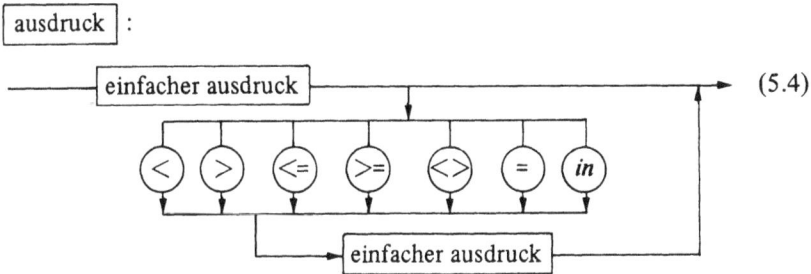

$$\text{(5.4)}$$

Ein einfacher Ausdruck oder die Verknüpfung zweier einfacher Ausdrücke durch einen Vergleichsoperator führt auf einen Ausdruck, der in runden Klammern nach (5.1) wieder ein Faktor ist.

Diese stufenweise Definition eines Ausdruckes über die Begriffe Faktor, Term, einfacher Ausdruck beinhaltet die Vorrangregeln für die Anwendung der Operatoren und runden Klammern. Man kann diesen Sachverhalt weniger formal auch so beschreiben. Bei der Auswertung eines Ausdrucks wird nach folgenden drei Regeln verfahren:

1. Die Operatoren werden in die Stufen

0	*not*	
1	Multiplikation:	$*\ /$ *div mod and*
2	Addition:	$+\ -$ *or*
3	Vergleich:	$<\ >\ <=\ >=\ <>$ *in*

   eingeteilt. Die Operatoren der Stufe i werden vor denen der Stufe j $>$ i ausgeführt (Motto: „Punktrechnung geht vor Strichrechnung").

2. Die Operatoren der gleichen Stufe werden von links nach rechts ausgeführt.

3. Das Innere von runden Klammern wird vor dem Äußeren ausgeführt. Damit kann die Regel 1 durchbrochen werden, wenn Operatoren einer höheren Stufe vor denen einer niederen ausgeführt werden sollen. Das ist der Sinn der Definition von Faktor durch (Ausdruck).

Nach diesen allgemeinen Vorbemerkungen über Ausdrücke mit einem beliebigen Wertetyp wollen wir nun die Verhältnisse bei arithmetischen und logischen Ausdrücken genauer beschreiben.

5.1 Arithmetische Ausdrücke

Arithmetische Ausdrücke haben einen Wert vom Typ *integer* oder *real*. Es müssen alle Operanden von einem dieser Typen sein. Als Operatoren gibt es die von Bild 5.1.

Stufe	Operator	Operandentyp	Ergebnistyp	Bedeutung
1	*	*real*	*real*	Multiplikation
	*	*integer*	*integer*	Multiplikation
	*	*integer, real*	*real*	Multiplikation
	/	*integer*	*real*	Division
	/	*real*	*real*	Division
	/	*integer, real*	*real*	Division
	div	*integer*	*integer*	Division ohne Rest
	mod	*integer*	*integer*	modulus (Rest der Division)
2	+	*integer*	*integer*	Addition
	+	*real*	*real*	Addition
	+	*real, integer*	*real*	Addition
	—	*integer*	*integer*	Subtraktion
	—	*real*	*real*	Subtraktion
	—	*real, integer*	*real*	Subtraktion

Bild 5.1 Arithmetische Operatoren

Es gibt zwei Arten der Division. Die Division mit / führt immer zum Typ *real*, auch wenn Zähler und Nenner beide vom Typ *integer* sind:

7/3 = 2.3333333

Die Division mit **div** bedeutet die ganzzahlige Division unter Vernachlässigung des Restes:

7 **div** 3 = 2

Den Rest einer ganzzahligen Division erhält man mit dem Operator mod:

7 **mod** 3 = 1

In Ausdrücken können nach (5.1) Funktionen aufgerufen werden. In arithmetischen Ausdrücken also Funktionen mit einem Typ *integer* oder *real*. Dafür gibt es in PASCAL eine Reihe von Standardfunktionen, die ohne besondere Definition aufgerufen werden können (Bild 5.2).

Funktion	Argumenttyp	Ergebnistyp	Bedeutung
abs(x)	*integer*	*integer*	Betrag von x
abs(x)	*real*	*real*	Betrag von x
arctan(x)	*real, integer*	*real*	Hauptwert von arctan im Bogenmaß
cos(x)	*real, integer*	*real*	cos, x im Bogenmaß
exp(x)	*real, integer*	*real*	Exponentialfunktion
ln(x)	*real, integer*	*real*	natürlicher log, x > 0
sin(x)	*real, integer*	*real*	sin, x im Bogenmaß
sqr(x)	*integer*	*integer*	Quadrat von x
sqr(x)	*real*	*real*	Quadrat von x
sqrt(x)	*integer, real*	*real*	Quadratwurzel von x (x>=0)
ord(x)	*Ordinaltyp*	*integer*	Nummer von x in dem Ordinaltyp
trunc(x)	*real*	*integer*	größte ganze Zahl <=x (x>=0) kleinste ganze Zahl >=x (x<0)
round(x)	*real*	*integer*	round(x)=trunc(x+0.5) (x>=0) round(x)=trunc(x−0.5)(x<0)

Bild 5.2 Arithmetische Standardfunktionen

Als Argument einer solchen Funktion kann ein Ausdruck von dem genannten Typ angegeben werden. Zulässige Aufrufe sind also

$$sin(x+y) \qquad sqrt(1 + x*x) \qquad ln(a + b/2)$$

Während die ersten acht Standardfunktionen dem Leser wohl aus der Mathematik vertraut sind, dienen die beiden Funktionen *trunc* und *round* der gezielten Umwandlung einer *real*-Zahl in eine *integer*-Zahl. Bei der Funktion *trunc* wird einfach der gebrochene Teil weggelassen:

$$trunc(2.7) = 2 \qquad trunc(3.1) = 3 \qquad trunc(-4.6) = -4$$

Bei der Funktion *round* wird im mathematischen Sinne gerundet, also zum nächstliegenden ganzzahligen Wert übergegangen:

$$round(2.7) = 3 \qquad round(3.1) = 3 \qquad round(-4.6) = -5$$

Die Funktion *ord(x)* ist schon in §3.4 erklärt worden (zum Begriff Ordinaltyp s. §9.1).

Dem aufmerksamen Leser wird aufgefallen sein, daß es in PASCAL keinen Operator für die Exponentiation a^b gibt. Der Benutzer hat selbst für die Realisierung zu sorgen. Ist b vom Typ *integer*, so bedeutet

$$a^b = \underbrace{a \cdot a \cdot \ldots \cdot a}_{b\text{-mal}} \quad (b > 0)$$

$$a^{-b} = 1/(\underbrace{a \cdot a \cdot \ldots \cdot a}_{b\text{-mal}}) \quad (b > 0)$$

Ist b vom Typ *real*, so kann man sich auf

$$a^b = e^{b \cdot \ln a}$$

berufen, in PASCAL mit Hilfe der Standardfunktionen *exp* und *ln* also

$$exp(b*ln(a))$$

schreiben. Da *a* Argument des natürlichen Logarithmus ist, muß *a > 0* sein.

Dem Kenner anderer Programmiersprachen mag der Vorrat an arithmetischen Standardfunktionen kümmerlich erscheinen. Im §8.2 wird gezeigt werden, wie man sich selbst andere Funktionen definieren kann.

Beispiel 5.1: Es seien einige Beispiele für die Übertragung der mathematisch üblichen Schreibweise in PASCAL angeführt. Alle vorkommenden Variablen seien vom Typ *integer* oder *real*. Man achte insbesondere auf die Verwendung der Klammern.

$a - \sqrt{1 + x^2}$	$a - sqrt(1 + sqr(x))$
$\dfrac{a - b}{1 + \dfrac{x}{y}}$	$(a - b)/(1 + x/y)$
$\dfrac{x}{y + z}$	$x/(y + z)$
$\dfrac{\frac{x}{y}}{z}$	$x / y / z$ klarer aber $(x/y)/z$
$\dfrac{x}{\frac{y}{z}}$	$x /(y / z)$
$\dfrac{a}{b} - 6$	$a/b - 6$
$\dfrac{a}{b - 6}$	$a/(b - 6)$
$e^{-\delta t} \sin(\omega t + \varphi)$	$exp(-delta*t)*sin(omega*t+phi)$

$$\frac{a}{-3}$$ *a/(−3)*
                        Es dürfen nicht zwei Operatoren unmittelbar
                        aufeinander folgen!

$|x + 3|$ *abs(x+3)*

$|x| + 3$ *abs(x) + 3*   ∎

Im dem obigen Beispiel sind nur die unbedingt notwendigen Klammern gesetzt
worden. Die Syntaxdiagramme (5.1) - (5.4) und die anschließend formulierten Regeln geben natürlich immer Auskunft darüber, wo Klammern notwendig sind.
Wenn man Zweifel hat, ob

   i mod j + 2

nun *(i mod j)+2* oder *i mod (j+2)* bedeutet, so findet man dort die Antwort, daß es
mit *(i mod j)+2* gleichbedeutend ist, weil der Operator *mod* die Stufe 1, der Operator + die Stufe 2 hat, d.h. *mod* enger bindet als +. Da überflüssige Klammerpaare
nicht schaden, kann und sollte man sie verwenden.

5.2 Logische Ausdrücke

Logische Ausdrücke haben einen Wert vom Typ *boolean*. Bei ihnen können die
Operatoren von Bild 5.3 verwendet werden.

Stufe	Operator	Operandentyp	Ergebnistyp	Bedeutung
0	*not*	*boolean*	*boolean*	Negation
1	*and*	*boolean*	*boolean*	Konjunktion, UND
2	*or*	*boolean*	*boolean*	Disjunktion, ODER
3	=	einf. Typ	*boolean*	gleich
	<>	einf. Typ	*boolean*	ungleich
	<	einf. Typ	*boolean*	kleiner
	<=	einf. Typ	*boolean*	kleiner oder gleich
	>	einf. Typ	*boolean*	größer
	>=	einf. Typ	*boolean*	größer oder gleich

Bild 5.3 Logische Operatoren[1])

[1]) Die Anzahl der Vergleichsoperatoren und ihrer Operanden ist so noch nicht vollständig
und wird in §9 erweitert werden.

Nach der Vereinbarung

>*var p, q : boolean;*

bedeutet

>**not p**

die Negation des Wertes von p. War p *true,* ist es jetzt *false* und umgekehrt.

>*p and q*

bedeutet die UND-Verknüpfung, auch Konjunktion genannt. Das Ergebnis der Verknüpfung ist dann und nur dann vom Wert *true,* wenn sowohl p als auch q *true* sind.

>*p or q*

bedeutet die ODER-Verknüpfung, auch Disjunktion genannt. Das Ergebnis ist *true,* wenn *p* oder *q* oder beide *true* sind (oder anders gesagt: Das Ergebnis ist dann und nur dann *false,* wenn sowohl *p* als auch *q false* sind).

Es gibt bekanntlich 16 verschiedene Verknüpfungen von zwei logischen Variablen, von denen **and** und **or** zwei sind. Weiter kann man die restlichen 14 Verknüpfungen mit Hilfe von **not, and** und **or** ausdrücken. Insofern sind die obigen drei logischen Operatoren ausreichend, um alle denkbaren logischen Verknüpfungen zu beschreiben. Durch die Art und Weise, wie die Konstanten *true* und *false* in PASCAL definiert sind, wird sich in §9.11 zeigen, daß sich auch noch andere der 16 möglichen Verknüpfungen einfach formulieren lassen.

In §9.1 wird erklärt werden, was ein einfacher Typ ist. Hier möge die Bemerkung genügen, daß die vier Standardtypen *integer, real, char* und *boolean* alle dazugehören. Bei den Vergleichen müssen die beiden miteinander zu vergleichenden Operanden beide vom selben Typ sein mit der Ausnahme, daß man auch einen real-Wert mit einem integer-Wert vergleichen kann. Nach einer Vereinbarung

>*var x,y:real; i,j:integer; a,b:char;*

sind also die folgenden Vergleiche zulässig:

>x $<>$ y
>a = 'u'
>i $<$ 10
>x $<=$ j

Je nachdem, ob der Vergleich zutrifft oder nicht, hat er den Wert *true* oder *false.*

Die beiden Operanden eines Vergleichs können natürlich auch durch einen Ausdruck des entsprechenden Typs angegeben werden, wie z.B.

>*x+y $<$ 12.5*
>*abs(i) $>=$ 5*
>*b $<$ chr(45)*
>*x+ln(y–2) $>$ sqrt(1+sqr(y)–2*

Da ein Vergleich vom Typ *boolean* ist, können mehrere Vergleiche wieder durch logische Operatoren miteinander verknüpft werden:

(x > y) or (i = 10)
(a > 'A') and (a < 'Z')
not (i < j)

Man achte dabei auf die Klammern. Da die Vergleichsoperatoren der Stufe 3 angehören, haben sie die schwächste Bindung. Die Formulierung

i < 10 and j > 3

ist also falsch, weil zuerst *and* ausgeführt wird und *10 and j* natürlich unsinnig ist. Auch die PASCAL-Formulierung eines Intervalls durch

0 < x < 10

ist falsch, sondern muß

(0 < x) and (x < 10)

heißen.

Im Vorgriff auf die Anweisungen von §7 sei schon erwähnt, daß Vergleiche häufig dazu dienen, bedingte Anweisungen und Schleifen zu steuern. Es werden dann häufig Formulierungen wie

if x < y then anweisung1 else anweisung2

while (i<>10) and (j>i) do anweisung

repeat anweisungen until b = ''*

vorkommen.

Funktion	Argumenttyp	Ergebnistyp	Bedeutung
odd(x)	*integer*	*boolean*	*true*, wenn *x* ungerade *false*, wenn *x* gerade
eof(f)	*file*	*boolean*	*true*, wenn Ende der Datei *f* erreicht *false*, wenn Ende von *f* nicht erreicht
eoln(f)	*text*	*boolean*	*true*, wenn Zeilenende in Datei *f* erreicht *false*, wenn Zeilenende in Datei *f* nicht erreicht

Bild 5.4 Logische Standardfunktionen

Die Funktion *odd* erleichtert die Feststellung ob eine ganze Zahl gerade oder ungerade ist:

$$odd(5) = true \qquad odd(12) = false$$

6. Ein- und Ausgabe

Die Ein- und Ausgabe erfolgt durch die beiden Standardprozeduren

read   *write*

Bei jedem *read* und *write* ist anzugeben, woher gelesen und wohin geschrieben werden soll und wie dies im Einzelnen zu geschehen hat. Bei allen Programmiersprachen sind die Details der Ein- und Ausgabe relativ kompliziert. Wir wollen hier den einfachen Fall behandeln, daß die Eingabe über die Standarddatei *input*, die Ausgabe über die Standarddatei *output* erfolgt. Beides sind in PASCAL Namen von Variablen vom Standard-Datentyp *text*. Wie man die Ein- und Ausgabe über andere Dateien als *input* und *output* organisiert, wird in §9.23 behandelt werden. In §2.4 wurde schon gesagt, daß diese Dateien, mit denen ein Programm kommuniziert, im Programmkopf aufzulisten sind.

Was *input* und *output* ist, wird auf einem realen Computer durch die Systemumgebung festgelegt. Wir wollen hier davon ausgehen, daß *input* die Tastatur des Bildschirms ist, vor dem man arbeitet, und *output* eben dieser Bildschirm. Für die Eingabe bedeutet dies, daß alle Eingaben über die Tastatur erfolgen müssen. Da das bei vielen Eingabedaten natürlich lästig ist, ist zumeist der Fall vorgesehen, daß *input* wahlweise auch eine Datei auf einem Plattenspeicher sein kann, in der die Eingabedaten stehen. Das ist eine Sache, die außerhalb von PASCAL zu regeln und für uns hier ohne Bedeutung ist.

Auf der einen Seite ist die Wirkung von read/write in PASCAL genau definiert, auf der anderen Seite regelt das Betriebssystem, wie ein Programm mit der Peripherie kommuniziert. Da das unter MS-DOS anders ist als unter UNIX, oder BS2000 anders vorgeht als VMS, gibt es gerade bei der Ein- und Ausgabe vielfältige Abweichungen gegenüber Standard-Pascal.

Hier genügt die Vorstellung, daß *input* aus einer Folge von Zeichen besteht, die eine Zeilenstruktur und ein Ende hat (Bild 6.1).

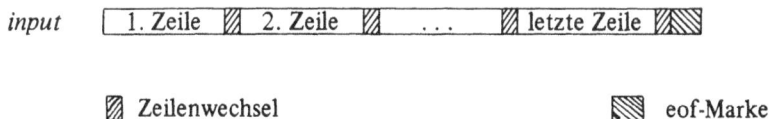

Bild 6.1: Struktur von *input*

Das Zeichen Zeilenwechsel wird durch die Taste ⟨RETURN⟩ erzeugt. Das Ende wird durch eine eof-Marke (Datei engl. file, eof = end of file) gekennzeichnet. Dazu kommt ein Dateizeiger (auch Fileindex genannt, in Abbildungen durch ↑ dargestellt), der auf die Stelle in *input* zeigt, an der gerade gelesen wird. Um die Wirkung beim Lesen besser zu zeigen, bedeuten ↑vor und ↑nach die Position des Dateizeigers vor und nach einem *read*.

Die Eingabeanweisung hat allgemein die Form

   read(v1,v2,...,vn)

wobei *vi* eine Variable des Typs *char*, *integer* oder *real* sein kann. Diese Leseanweisung ist gleichbedeutend mit

   read(v1); read(v2); ...; read(vn)

Für die folgende Beschreibung wollen wir von dem Vereinbarungsteil

   var *i,j:integer; x,y:real; c:char;*

ausgehen und die Eingabe der einzelnen Datentypen beschreiben.

Ist *vi* eine Variable vom Typ *char* (oder einem Unterbereich davon, s. §9.12), wird genau ein Zeichen gelesen und der Variablen *vi* zugewiesen (Bild 6.2). Steht der Dateizeiger beim Lesen gerade auf einem Zeilenwechsel, bekommt *vi* den Wert Blank.

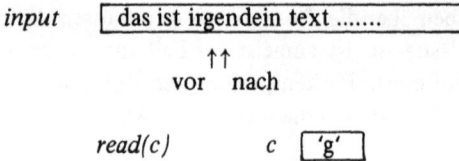

input   das ist irgendein text ....

                  ↑↑
               vor   nach

read(c)   c   'g'

Bild 6.2:   Lesen eines Zeichens.

Ist *vi* vom Typ *integer* (oder einem Unterbereich davon, s. §9.12), so werden so viele Zeichen gelesen, wie zur Bildung einer integer-Zahl notwendig sind. Führende Zeichen Blank und Zeilenwechsel werden überlesen. Die Eingabe ist beim ersten Zeichen ungleich Ziffer beendet. Die gelesene Zahl wird konvertiert und der Variablen *vi* als Wert zugewiesen. Steht in *input* an dieser Stelle keine integer-Zahl, kommt es zu einer Fehlermeldung. Die Wirkung zeigt Bild 6.3.

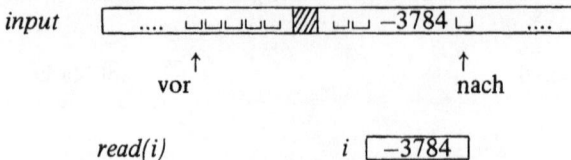

input   .... ⊔⊔⊔⊔⊔ ▨ ⊔⊔ −3784 ⊔   ....

              ↑   ↑
             vor   nach

read(i)   i   −3784

Bild 6.3:   Lesen einer integer-Zahl.

Ist *vi* vom Typ *real,* so werden so viele Zeichen gelesen, wie zur Bildung einer real-Zahl notwendig sind. Führende Zeichen Blank und Zeilenwechsel werden überlesen. Die Eingabe ist beim ersten Zeichen ungleich Ziffer beendet. Die gelesene Zahl wird konvertiert und der Variablen *vi* als Wert zugewiesen. Steht in *input* an dieser Stelle keine real-Zahl, kommt es zu einer Fehlermeldung. Die Wirkung zeigt Bild 6.4.

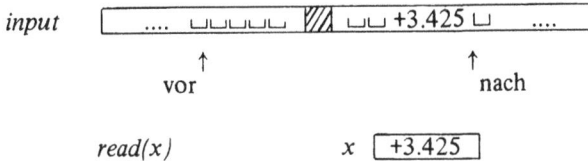

Bild 6.4: Lesen einer real-Zahl

Beim Aufruf von *read* mit mehreren verschiedenen Parametern wie z.B.

read(i,k,x,y,c)

entspricht die Wirkung der Folge

read(i); read(k); read(x); read(y); read(c)

wobei der Dateizeiger laufend weitergestellt wird.

Ferner gibt es die Standardprozedur

readln

readln steht für read line und bedeutet, daß der Dateizeiger hinter den nächsten Zeilenwechsel, also auf den Anfang einer neuen Zeile positioniert wird (Bild 6.5).

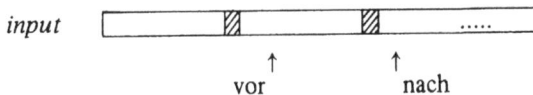

Bild 6.5: Wirkung von *readln*.

Ein Aufruf

readln(v1,v2,...,vn)

steht für

read(v1); read(v2); ....; read(vn); readln

d.h. nach dem Lesen von *v1, v2, ..., vn* wird auf den Anfang einer neuen Zeile übergegangen, wobei die restlichen Zeichen nach *vn* in dieser Zeile überlesen werden (Bild 6.6).

input | ▨ ⊔⊔ 23 ⊔ 457 ⊔ 689 ⊔ hallo ⊔ ▨ | ......

↑   ↑
vor   nach

readln(i,k)   i [23]

k [457]

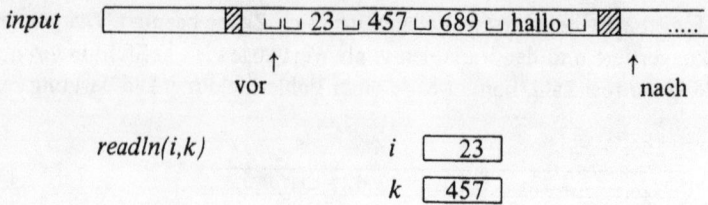

Bild 6.6: Wirkung von *readln*.

Üblicherweise findet die Eingabe gepuffert statt. Wenn ein Programm auf ein *read* läuft, wartet es auf eine Eingabe. Die dann eingegebenen Zeichen werden in einen Puffer geschrieben und *read* noch nicht ausgeführt. Das hat zur Folge, daß man die Zeichen noch ändern kann, indem man mit dem Cursor nach links geht und die alten Zeichen überschreibt. Erst beim Drücken der Taste ⟨RETURN⟩, also beim Schreiben von Zeilenwechsel nach *input,* wird *read* wirklich ausgeführt. Es werden dann so viele Zeichen aus der abgeschlossenen Zeile gelesen, wie *read* verlangt. Das kann folgende Konsequenz haben. Werden in die Zeile zuviele Daten geschrieben, so werden bei *read* nur die darin benötigten Daten gelesen. Das nächste *read* bedient sich dann weiter mit den restlichen Daten dieser Zeile. Es ist also guter Brauch, nach einer Aufforderung zur Eingabe grundsätzlich mit *readln* zu lesen.

Mitunter möchte man wissen, ob der Dateizeiger von *input* gerade auf dem Zeichen Zeilenwechsel oder am Dateiende, der eof-Marke steht. Dazu gibt es die beiden, schon in §5.2 genannten Standardfunktionen *eof* (end of file) und *eoln* (end of line) vom Typ *boolean.* Sie sind definiert durch (Bild 6.7)

$$eoln = \begin{cases} true, \text{ wenn Dateizeiger auf Zeilenwechsel steht} \\ false, \text{ wenn Dateizeiger nicht auf Zeilenwechsel steht} \end{cases}$$

$$eof = \begin{cases} true, \text{ wenn Dateizeiger das Ende erreicht hat} \\ false, \text{ wenn Dateizeiger das Ende nicht erreicht hat} \end{cases}$$

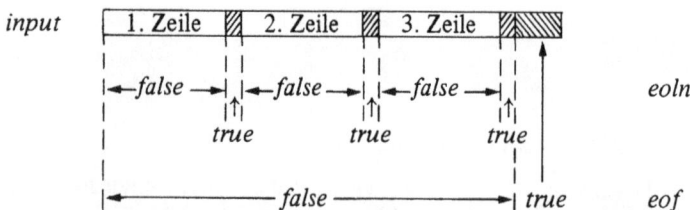

input | 1. Zeile ▨ 2. Zeile ▨ 3. Zeile ▨▨▨

|←*false*→| |←*false*→| |←*false*→| *eoln*
true   *true*   *true*

|←————————— *false* —————————→| *true*   *eof*

Bild 6.7: Standardfunktionen *eof* und *eoln*.

Die Funktion *eof* wird zweckmäßig benutzt, wenn bei der Eingabe offengelassen werden soll oder muß, wieviele Daten eingegeben werden sollen.

Beispiel 6.1: Das folgende Programm zählt, wieviele Zeichen eingegeben worden sind. Die benötigten Anweisungen werden in §7 erklärt.

```
program zeichenzaehlen(input,output);
var c:char; anzahl:integer;
begin
    anzahl := 0;
    while not eof do begin
                read(c);
                anzahl:=anzahl+1;
            end;
    writeln('Anzahl der Zeichen:', anzahl:5);
end.
```
■

Die Formulierung „*while not eof do*" heißt „solange das Ende von *input* nicht erreicht ist, tue". Ist *input* auf eine Datei des Plattenspeichers gerichtet, darf man davon ausgehen, daß das Betriebssystem eine eof-Marke ans Ende der Datei gesetzt hat, die beim Lesen von der Funktion *eof* entdeckt wird. Ist *input* hingegen die Eingabetastatur, muß der Benutzer (s. Bild 6.1) diese eof-Marke eingeben. Was das für ein Zeichen ist, dazu äußert sich PASCAL nicht. Das ist systemabhängig und kann $$ oder // oder (wie bei Turbo-PASCAL) ⟨CTRL⟩-Z oder irgendein anderes Zeichen sein. Übrigens zählt das Programm von Beispiel 6.1 natürlich auch die Zeilenwechsel als je ein Zeichen mit. Und wenn man statt eines Zeichens Zahlen einliest und zählen will, geht das natürlich genauso.

Beispiel 6.2: Man möchte nicht die Zeichen einer Eingabe insgesamt, sondern die Zeichen pro Zeile zählen. Dann kann man mit der Funktion *eoln* prüfen, wann ein Zeilenende erreicht worden ist.

```
program zeichenzaehlen(input,output);
var c:char; zeilennr,anzahl:integer;
begin
    zeilennr := 0;
    while not eof do
            begin
                zeilennr := zeilennr+1;
                anzahl := 0;
                while not eoln do begin
                        read(c);
                        anzahl:=anzahl+1;
                    end;
                writeln('Zeile ',zeilennr:3,' hat ',anzahl:3,' ␣ Zeichen');
                readln; (* s. anschließende Bemerkung *)
            end;
end.
```
■

Die Formulierung „*while not eoln do*" bedeutet „solange das Zeilenende nicht erreicht ist, tue". Das *readln* am Ende der Schleife für *eof* ist unbedingt notwendig. Nach Bild 6.7 wird *eoln* beim Erreichen des Zeilenendes *true*, und die Schleife für *eoln* wird das nächste mal nicht ausgeführt. Damit wird *read(c)* aber nicht mehr gemacht. Nach Bild 6.5 hat das *readln* den Zweck, den Dateizeiger über den Zeilenwechsel hinwegzuheben, damit die nächste Ausführung der eoln-Schleife korrekt mit dem ersten Zeichen zu zählen beginnt.

Die Ausgabeanweisung hat allgemein die Form

> *write(p1,p2,...pn)*

wobei die *pi* Ausdrücke vom Typ *integer, real, char, boolean* oder eine Zeichenkette sein können. Die Ausgabe erfolgt über die Datei *output*, d.h. die Prozedur *write* schreibt die Werte der Ausdrücke *pi* in die Datei *output*. Normalerweise ist *output* der Bildschirm, an dem man gerade arbeitet. Es kann aber auch ein drukkendes Gerät sein. Ebenso wie *input* hat man sich *output* als eine Folge von Zeichen mit einer Zeilenstruktur vorzustellen. Der Dateizeiger zeigt wieder auf diejenige Stelle in *output*, ab der der nächste Wert geschrieben wird. Es gilt wieder, daß die obige Ausgabeanweisung gleichbedeutend mit

> *write(p1); write(p2); ...; write(pn)*

ist. Für die folgende Beschreibung gehen wir wieder von der Vereinbarung

> **var** *i,j:integer; x,y:real; c:char;*

aus.

Hat *pi* einen Wert vom Typ *integer*, so wird der Wert konvertiert und in einer Standardform, z.B. mit 11 Stellen nach output geschrieben (Bild 6.8).

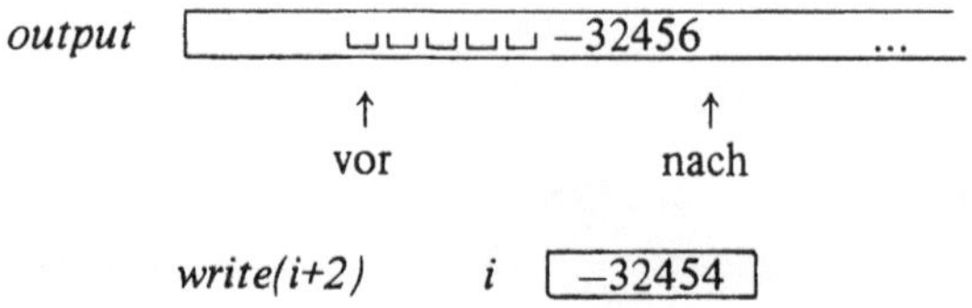

output ⌞⌞⌞⌞⌞⌞ –32456   ...

↑ vor   ↑ nach

write(i+2)   i –32454

Bild 6.8: Wirkung von *write* für den Typ *integer*

Hat *pi* einen Wert vom Typ *real*, so wird der Wert konvertiert und in einer Standardform, z.B. Darstellung mit 11-stelliger Mantisse und Exponent, nach *output* geschrieben (Bild 6.9).

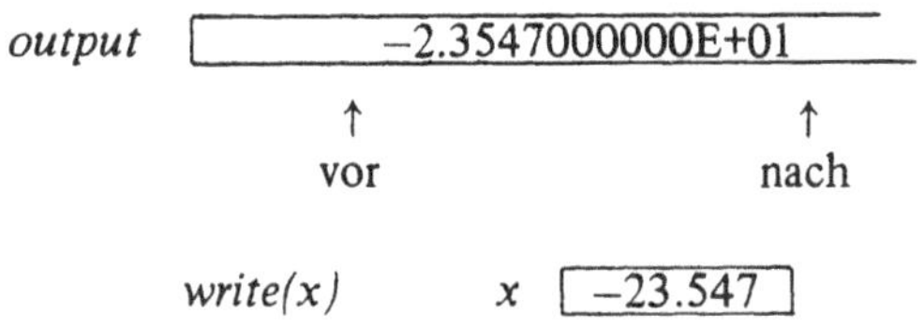

output   [−2.3547000000E+01   ]
              ↑   ↑
             vor   nach

write(x)   x   [−23.547]

Bild 6.9: Wirkung von *write* für den Typ *real*

Hat *pi* einen Wert vom Typ *char*, so wird genau dieses Zeichen geschrieben (Bild 6.10).

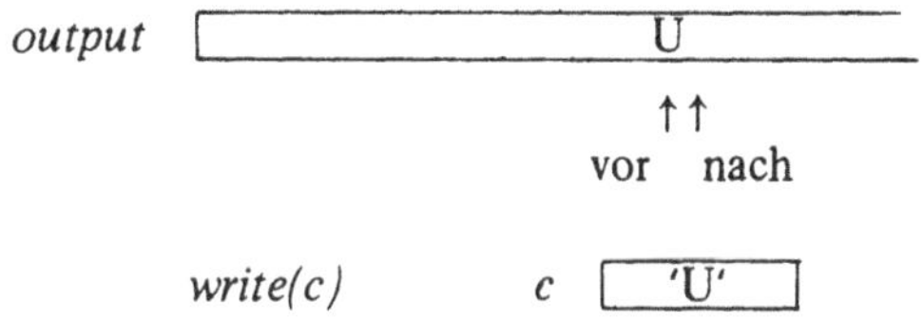

output   [U   ]
                         ↑↑
                      vor   nach

write(c)   c   ['U']

Bild 6.10: Wirkung von *write* für den Typ *char*

Ist *pi* eine Zeichenkette, so wird diese geschrieben (Bild 6.11).

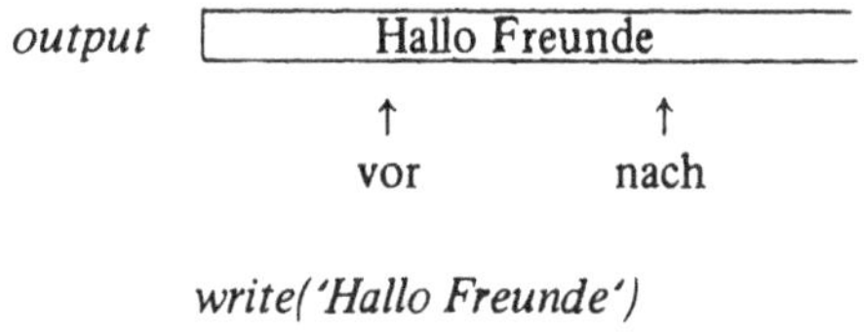

output   [Hallo Freunde   ]
               ↑   ↑
              vor   nach

write('Hallo Freunde')

Bild 6.11: Wirkung von *write* für eine Zeichenkette

Hat *pi* einen Wert vom Typ *boolean*, so wird *true* oder *false* geschrieben (Bild 6.12).

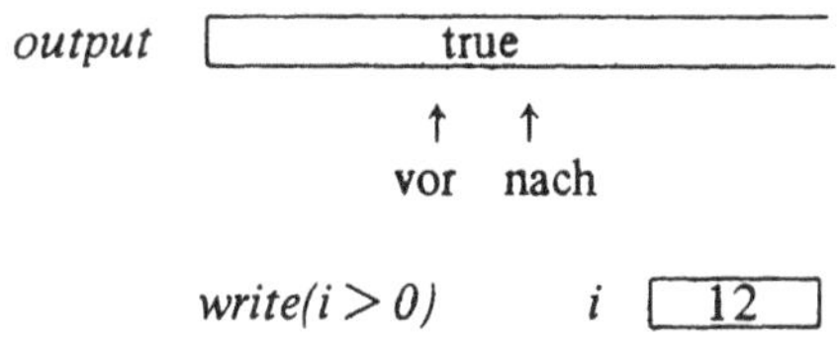

output   [true   ]
               ↑   ↑
              vor   nach

write(i > 0)   i   [12]

Bild 6.12: Wirkung von *write* für den Typ *boolean*

Man beachte, daß die Argumente von *write* Ausdrücke sind, deren Werte geschrieben werden. Die Argumente von *read* waren Namen von Variablen, denen durch Einlesen ein Wert zugewiesen wird.

Es gibt ferner die Anweisung

writeln

war write line bedeutet. Es wird nach *output* ein Zeilenwechsel geschrieben. Wie bei *readln* gilt auch hier wieder, daß die Anweisung

writeln(p1,p2,...,pn)

gleichbedeutend ist mit

write(p1); write(p2); ...; write(pn); writeln

Nachdem die Werte *p1, p2, ..., pn* geschrieben sind, wird also auf eine neue Zeile übergegangen (Bild 6.13).

Die obigen Definitionen erschweren das Drucken von Tabellen. Insbesondere das Schreiben der Zahlen in dieser (oder einer ähnlichen) Standardform ist mitunter lästig. Es ist deshalb die Möglichkeit vorgesehen, den Ausdrücken *pi* Formatangaben hinzuzufügen.

Ist *pi* vom Typ *integer, char, boolean* oder eine Zeichenkette, so kann man

write(pi:d)

schreiben. Dabei ist *d* ein Ausdruck vom Typ *integer*, dessen Wert die Schreibstellen angibt, innerhalb deren der Wert von *pi* geschrieben wird.

Ist *pi* vom Typ *real*, so kann man

write(pi:d:s)

schreiben. Dabei hat *d* dieselbe Bedeutung wie eben, und *s* ist ein Ausdruck vom Typ *integer*, dessen Wert die Anzahl der Stellen nach dem Dezimalpunkt festlegt (Bild 6.13).

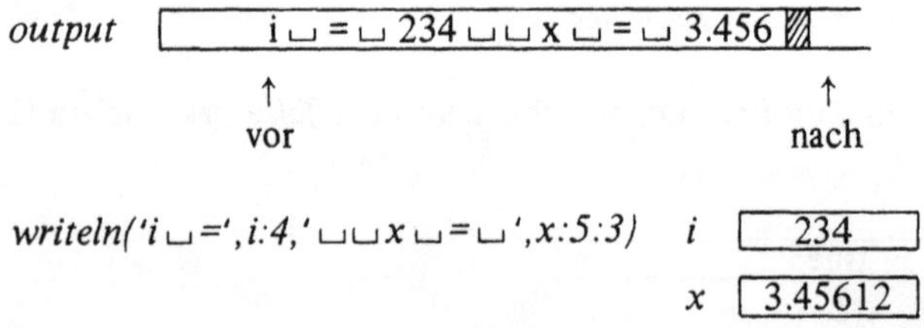

output ⌐ i ␣ = ␣ 234 ␣␣ x ␣ = ␣ 3.456 ▨ ⌐
        ↑   ↑
       vor   nach

writeln('i ␣ =', i:4,' ␣␣ x ␣ = ␣ ', x:5:3)   i [234   ]

                                            x [3.45612]

Bild 6.13: Wirkung von *write* mit Formatangaben

Dabei ergibt sich natürlich die Frage, was geschieht, wenn die Angabe *d* der Datenbreite nicht ausreichend ist, wenn nach i = 12345 mit *write(i:2)* oder *write('nasowas':4)* geschrieben werden soll. Es kann dann zu einer Fehlermeldung oder Warnung kommen. Zumeist wird aber die Angabe von *d* ignoriert und der Wert vollständig geschrieben, was natürlich eine Tabelle zerstört.

Beispiel 6.3: Die Formatangaben *d* und *s* sind wieder Ausdrücke, was eine sehr variable Druckanordnung ermöglicht. Hier ein kleines Beispiel.

```
program schraegdrucken(output);
var i:integer;
begin
    for i := 1 to 8 do writeln(i:i);
end.
```

Es ergibt sich das Druckbild

```
1
 2
  3
   4
    5
     6
      7
       8
```
■

Auch die Ausgabe erfolgt wieder gepuffert. Mit *write* wird in einen Puffer geschrieben und nicht auf den Bildschirm oder einen Drucker (oder wohin eben *output* verweist). Das kann zur Folge haben, daß bei einer Anweisungsfolge

```
write('Gib eine integer-Zahl:');
read(i);
```

der Text nicht ausgegeben wird, sondern nur in den Puffer geschrieben wird, und das Programm auf *read(i)* stehen bleibt. Der Puffer wird bei *writeln* geleert, auch wenn er noch nicht voll ist, so daß die Folge

```
writeln('Gib eine integer-Zahl:');
read(i);
```

zum dem gewünschten Effekt führt. Das *writeln* bewirkt allerdings, daß der Cursor auf den Beginn einer neuen Zeile geht und die Zahl also eine Zeile tiefer auf dem Bildschirm steht. Man brauchte also eigentlich eine Ausgabeanweisung, die den Puffer ohne Übergang auf eine neue Zeile ausgibt. Dafür ist in Standard-PASCAL nichts vorgesehen. Die meisten PASCAL-Versionen haben allerdings eine Standardprozedur *flush(output)*, die dieses leistet. Bei einer Anweisungsfolge

```
write('i = '); flush(output);
read(i);
```

wird dann i = auf den Bildschirm geschrieben, und der Wert von *i* kann hinter dem Gleichheitszeichen angegeben werden.

Man sollte sich angewöhnen, jede Eingabe per *read* durch eine Anweisung mit *writeln* anzufordern, damit der Bildschirm nicht einfach leer und das Programm stehen bleibt.

Da ein Programm bei einem *read* stehen bleibt und auf Eingabe wartet, kann man dies dazu benutzen, die Ausgabe auf einen Bildschirm anzuhalten. Ein Bildschirm hat gewöhnlich 24 Zeilen. Kommt in einem Programm eine Schleife der Art

```
for i := 1 to 100 do
    begin ...
            writeln(...);
            ...
    end;
```

vor, so rollen die 100 Zeilen möglicherweise schnell über den Bildschirm, und man sieht dann nur die letzten 24 Zeilen. Mit *var c:char* und

```
for i := 1 to 100 do
    begin ...
            writeln(...);
            if i mod 23 = 0 then begin
                            writeln('weiter mit return:':75);
                            read(c);
                        end;
            ...
    end;
```

kann man den Bildschirm nach je 23 Zeilen anhalten und rechts unten zum Fortsetzen auffordern.

Es sei am Ende an den Anfang des Kapitels erinnert, daß hier nur der einfache Fall der Eingabe über *input* und der Ausgabe über *output* behandelt worden ist. Wie die Verhältnisse bei *read* und *write* allgemeiner aussehen, wird Gegenstand von §9.23 sein.

7. Anweisungen

Die Anweisungen beschreiben den algorithmischen Kern eines Problems. Sie beschreiben die Aktionen, die mit den im Vereinbarungsteil definierten Daten durchgeführt werden sollen. Der Anweisungsteil ist in Def. (2.11) beschrieben worden. Er besteht aus einer Folge von Anweisungen, die in *begin* und *end* eingeschlossen sind, wobei je zwei Anweisungen durch ein Semikolon getrennt werden. Es ist nun zu beschreiben, welche Arten von Anweisungen es in PASCAL gibt.

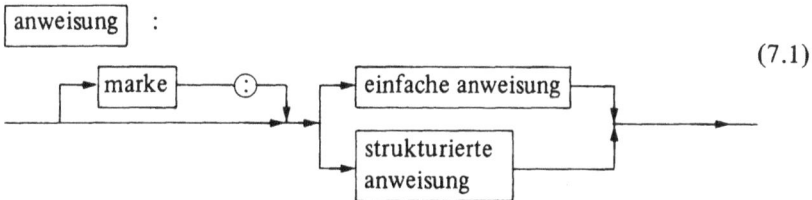

anweisung :

(7.1)

Danach kann jede Anweisung eine Marke tragen. Ohne Marken werden die Anweisungen in der Reihenfolge ausgeführt, in der sie im Programm aufgeführt sind. Soll diese Reihenfolge nicht eingehalten werden, kann man Sprunganweisungen verwenden. Das Ziel der Sprunganweisung wird durch eine Marke gekennzeichnet. Die Marken werden daher in Verbindung mit der Sprunganweisung in §7.8 behandelt werden.

Die Def. (7.1) zeigt weiter, daß die Anweisungen in zwei Klassen eingeteilt werden können. Die einfachen Anweisungen sind solche, die sich nicht in andere Anweisungen unterteilen lassen. Davon gibt es die folgenden Arten:

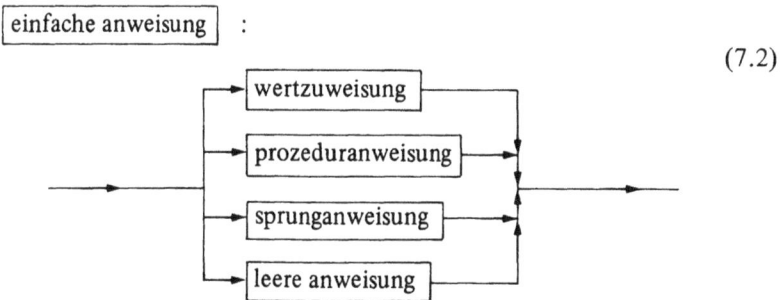

einfache anweisung :

(7.2)

Von den einfachen Anweisungen ist die Wertzuweisung die zentrale Anweisung einer Programmiersprache. Die Prozeduranweisung ist eng mit der Prozedurvereinbarung verknüpft. Wir werden beide zusammen in §8.1 behandeln. Es sei nur betont, daß die Ein- und Ausgabeanweisungen *read* und *write* syntaktisch Prozeduranweisungen sind. Die Sprunganweisung ist, wie wir in §7.8 sehen werden, von relativ untergeordneter Bedeutung. Die leere Anweisung (s. §7.9) gibt es überhaupt nur aus vorwiegend formalen Gründen.

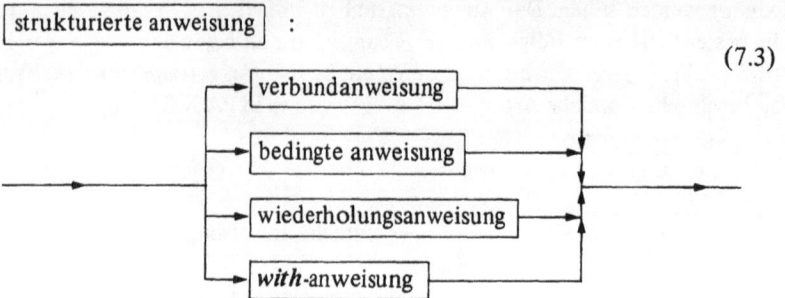

strukturierte anweisung :

(7.3)

verbundanweisung

bedingte anweisung

wiederholungsanweisung

with-anweisung

Eine strukturierte Anweisung besteht ihrerseits aus anderen Anweisungen, wobei man drei Fälle unterscheiden kann. Die Anweisungen werden entweder nacheinander ausgeführt (Verbundanweisung), in Abhängigkeit von gewissen Bedingungen (bedingte Anweisung) oder mehrmals nacheinander (Wiederholungsanweisung). Die *with*-Anweisung wurde hier nur der Vollständigkeit halber aufgeführt. Sie nimmt gegenüber den eben genannten drei Fällen eine Sonderstellung ein, weil sie nur zusammen mit dem Datentyp *record* verwendet werden kann. Wir werden sie also erst in Def. (9.17) beschreiben.

Bei der bedingten Anweisung hat man zu unterscheiden nach der Anzahl der Verzweigungen:

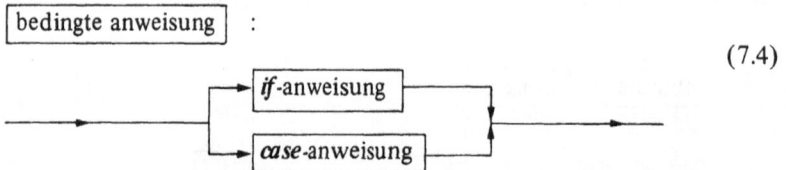

bedingte anweisung :

(7.4)

if-anweisung

case-anweisung

Liegt eine Verzweigung in nur zwei Äste vor, dann kann man dies durch einen logischen Ausdruck erreichen, dessen Wahrheitswert eine von zwei Möglichkeiten auswählt. Es ist dies die *if*-Anweisung. Für mehr als zwei Verzweigungsmöglichkeiten ist die *case*-Anweisung vorhanden.

Bei der Wiederholungsanweisung wird eine Anweisung mehrfach ausgeführt, was man beim Programmieren auch als Schleife bezeichnet. Dabei lassen sich wiederum zwei prinzipiell verschiedene Fälle unterscheiden. Entweder man weiß beim Aufstellen des Programms die Anzahl der Wiederholungen (determinierte Schleife) oder die Anzahl der Wiederholungen ergibt sich erst beim Programmlauf (iterative Schleife). In PASCAL gibt es dementsprechend

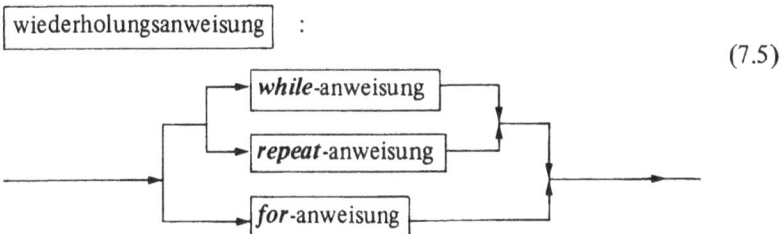

| wiederholungsanweisung | : |

(7.5)

while-anweisung

repeat-anweisung

for-anweisung

Die *for*-Anweisung entspricht der determinierten Schleife. Bei den iterativen Schleifen ist die Anzahl der Wiederholungen von einer Bedingung abhängig. Dabei kann man die beiden Fälle unterscheiden, ob die Bedingung vor oder nach einer Wiederholung geprüft wird. Dem entsprechen die beiden in Def. (7.5) optisch hervorgehobenen Fälle der *while*-Anweisung (Test vor einer Wiederholung) und der *repeat*-Anweisung (Test nach einer Wiederholung).

Es gibt in PASCAL also vier einfache und sieben strukturierte Anweisungen. Von diesen elf Anweisungen werden neun in den folgenden Abschnitten beschrieben werden. Für die Prozeduranweisung wird auf §8.1, für die *with*-Anweisung auf §9.22 verwiesen.

7.1   Wertzuweisung

Die Wertzuweisung hat die Aufgabe, den momentanen Wert einer Variablen durch einen neuen Wert zu ersetzen, der sich durch die Auswertung eines Ausdrucks ergibt.

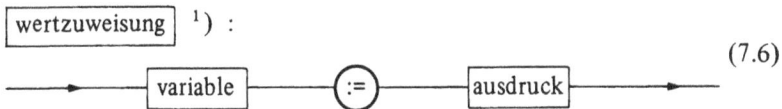

| wertzuweisung | [1]) : |

(7.6)

variable — (:=) — ausdruck

Dabei sind auf der linken Seite alle Variablen zugelassen mit Ausnahme solcher des Typs *file* (s. §9.23). Ganz wesentlich bei der Wertzuweisung ist, daß der Typ der Variablen mit dem Typ des Ausdrucks übereinstimmen muß. Nach

$$\textit{var } x, y : real; i, j : integer;$$
$$z : char; p, q : boolean;$$

---

[1]) Die Zuweisung eines Wertes an einen Funktionsnamen wird in §8.2 behandelt werden (s. Def. (8.8)).

sind Beispiele von Wertzuweisungen

$$y := x + cos(x/3)$$
$$i := i + 1$$
$$z := 'e'$$
$$p := (x > 0) \text{ and } (x < 1)$$
$$q := \text{not } p$$

Bei der verlangten Typengleichheit von Variablen und Ausdruck gibt es aus praktischen Gründen eine Ausnahme. Hat der Ausdruck den Typ *integer*, so darf die
Variable den Typ *real* haben:

$$x := 51$$
$$y := j - 12$$

Da sich ein *integer*-Wert ohne Wertverlust in einen *real*-Wert umformen läßt, ist
diese Ausnahme ganz natürlich. Anders liegen die Verhältnisse bei der Zuweisung
eines *real*-Wertes an eine *integer*-Variable. Die Wertzuweisung

$$i := 13.67$$

ist ebenso unzulässig wie sinnlos. Der Benutzer hat in diesem Fall die Wahl zwischen

$$i := trunc(13.67)$$
$$i := round(13.67)$$

7.2   Verbundanweisung

Eine Verbundanweisung ist eine Folge von Anweisungen, die in der Reihenfolge
ausgeführt werden, in der sie niedergeschrieben sind. Diese Anweisungsfolge, die
aus einer oder (meist) mehreren Anweisungen besteht, wird durch die Anweisungs-
klammern **begin** und **end** eingeschlossen.

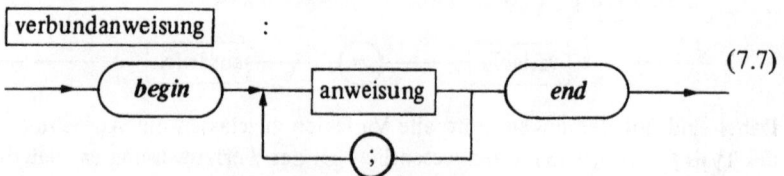

(7.7)

Die einzelnen Anweisungen der Verbundanweisung werden durch Semikolon getrennt. Sollen etwa die Werte von *a* und *b* vertauscht werden, so kann man dies
durch die Verbundanweisung

$$\textbf{begin } h := a;\ a := b;\ b := h \textbf{ end}$$

erreichen.

Dem aufmerksamen Leser wird aufgefallen sein, daß der Begriff Verbundanweisung identisch mit dem Begriff Anweisungsteil von Def. (2.11) ist. Es sollte in Def. (2.9) die Zweiteilung eines PASCAL-Programms in Vereinbarungen und Anweisungen besonders hervorgehoben werden. Wir können nun also

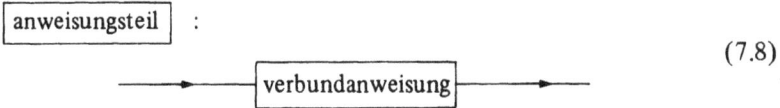

$$\boxed{\text{anweisungsteil}} \quad : \qquad\qquad\qquad\qquad\qquad\qquad (7.8)$$

$$\longrightarrow \boxed{\text{verbundanweisung}} \longrightarrow$$

schreiben. Und damit ist also zugleich ausgedrückt, daß die Anweisungen eines Programms in der Reihenfolge ihrer Niederschrift ausgeführt werden.

Darüberhinaus ist der Begriff Verbundanweisung aus syntaktischen Gründen für die folgenden strukturierten Anweisungen von Bedeutung. Durch diesen Begriff wird aus einer Folge von mehreren Anweisungen syntaktisch eine einzige Anweisung, aus einem Plural ein Singular. Wenn es bei den folgenden Anweisungen heißen wird, da oder dort muß eine Anweisung stehen, dann kann man dafür auch eine Verbundanweisung nehmen und so an dieser Stelle auch mehrere Anweisungen, eben nur in *begin* und *end* eingeschlossen, aufführen.

7.3 *while*-Anweisung

Die *while*-Anweisung ist eine Wiederholungsanweisung, also eine Schleifenanweisung, bei der die Anzahl der Wiederholungen von einer Bedingung abhängig ist. Dabei wird die Bedingung zu Beginn eines neuen Durchlaufes geprüft. Ihre Form ist

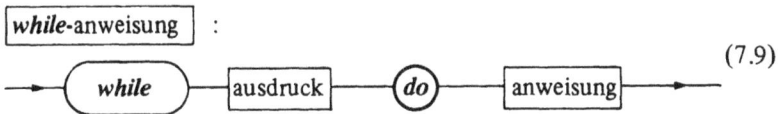

$$\boxed{\textit{while-}\text{anweisung}} \quad : \qquad\qquad\qquad\qquad\qquad (7.9)$$

$$\longrightarrow (\textit{while}) \longrightarrow \boxed{\text{ausdruck}} \longrightarrow (\textit{do}) \longrightarrow \boxed{\text{anweisung}} \longrightarrow$$

Dabei muß der Ausdruck einen Wert vom Typ *boolean* haben. Einen solchen Ausdruck nennt man auch einen logischen Ausdruck. Ihre Wirkung ist in Bild 7.1a als Flußdiagramm angegeben. Bei der strukturierten Programmierung wird dafür das Struktogramm von Bild 7.1b verwendet. Man beachte, daß die Schleife solange ausgeführt wird, wie der logische Ausdruck den Wert *true* hat. Es kann also sein, daß die Anweisung nach *do* überhaupt nicht ausgeführt wird.

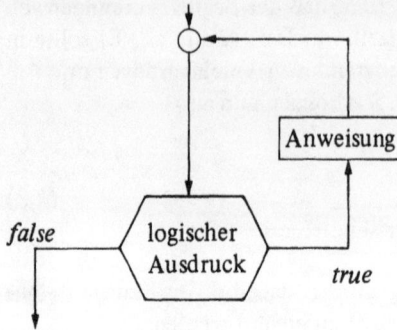

Bild 7.1a: *while*-Anweisung als Flußdiagramm

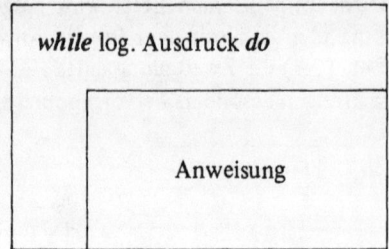

Bild 7.1b: *while*-Anweisung als Struktogramm

Man beachte ferner, daß nach *do* nur eine Anweisung stehen darf. Falls nach *do* mehrere Anweisungen ausgeführt werden sollen, so bietet die Verbundanweisung die Möglichkeit, den Forderungen der Syntax der *while*-Anweisung zu entsprechen, weil eine Verbundanweisung zwar mehrere Anweisungen enthalten kann, selbst aber nur als eine Anweisung gilt. Nach diesen Bemerkungen sehe sich der Leser das Programm am Ende von §2.4 und die Beispiele 6.1 und 6.2 an.

Beispiel 7.1:

```
program anzahl(input,output);
(* es sollen positive Zahlen eingelesen, aufsummiert und deren Anzahl
   ermittelt werden. Ende der Eingabe ist die Zahl -1 *)
var x, summe : real; anzahl : integer;
begin
  summe := 0; anzahl := 0;
  read(x);
  while x <> -1 do
    begin
      summe := summe + x;
      anzahl := anzahl + 1;
      read(x);
    end;
  writeln('summe:' ,summe:10:5);
  writeln('anzahl:' ,anzahl:4);
end.                                                    ■
```

Diese Konstruktion ist typisch für eine *while*-Schleife. Damit die abschließende Zahl −1 nicht auch noch aufsummiert und gezählt wird und der Fall mit erfaßt wird, daß die Eingabe überhaupt mit −1 anfängt, muß man die Schleife nach dem Prinzip

> testen
> verarbeiten
> lesen

aufbauen. Das Beispiel 7.1 zeigt auch den häufigen Fall, daß nach **do** mehrere Anweisungen auszuführen sind. Sie sind dann durch **begin** und **end** einzufassen, so daß nach **do** nur die eine Verbundanweisung steht.

Schließlich sei noch ein Beispiel gebracht, wo die Schleife abzubrechen ist, wenn auch nur eine von zwei Bedingungen erfüllt ist. Es ist eine Erweiterung des Beispiels von Ende des § 2.4.

Beispiel 7.2: Es sollen Zahlen eingelesen und aufsummiert werden, bis entweder ein bestimmter Betrag erreicht ist oder keine Zahlen mehr vorhanden sind.

```
program aufsummieren(input, output);
const betrag = 287.5;
var x, summe : real;
begin
    summe := 0;
    read(x);
    while (summe <= betrag) and not eof do
            begin summe := summe + x;
                    read(x)
            end;
    writeln('summe␣=␣', summe:7:1)
end.                                                    ■
```

7.4 *repeat*-Anweisung

Bei der **repeat**-Anweisung erfolgt der Test auf Abbruch der Schleife nach einem Durchlauf. Ihre Form ist

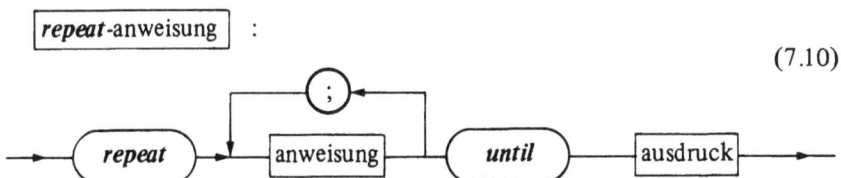

$$(7.10)$$

Der Ausdruck muß wieder ein logischer Ausdruck sein. Die Anweisungen zwischen *repeat* und *until* werden solange ausgeführt, wie der logische Ausdruck den Wert *false* hat. Die Wirkung ist als Flußdiagramm in Bild 7.2a dargestellt. Bei Struktogrammen verwendet man häufig das Symbol von Bild 7.2b. Durch die Form der Struktogramme von Bild 7.1b und 7.2b soll angedeutet werden, wo der Schleifentest liegt.

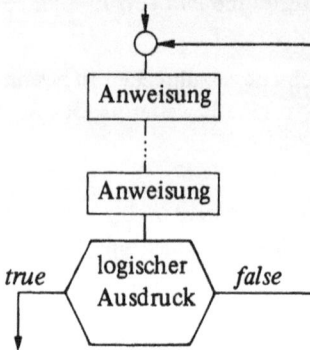

Bild 7.2a: *repeat*-Anweisung als Flußdiagramm

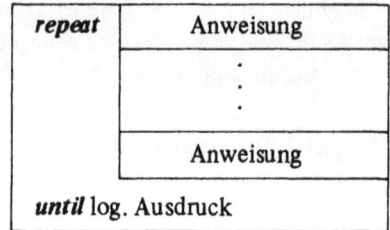

Bild 7.2b: *repeat*-Anweisung als Struktogramm

Beispiel 7.3:

In dem folgenden Beispiel wird von einem Anfangswert bis zu einem Endwert mit einer bestimmten Schrittweite gezählt. Es zeigt zugleich den Unterschied zwischen einer *repeat*- und einer *while*-Schleife.

```
program zaehlenmitrepeatschleife(input,output);
var x, anfang, ende, step : real;
begin
    writeln('Gib Anfang:'); readln(anfang);
    writeln('Gib Ende:'); readln(ende);
    writeln('Gib Schrittweite:'); readln(step);
    x := anfang;
    repeat writeln(x:10:3);
         x := x + step;
    until  x > ende;
end.
```

```
program zaehlenmitwhileschleife(input,output);
var x, anfang, ende, step : real;
begin
    writeln('Gib Anfang:'); readln(anfang);
    writeln('Gib Ende:'); readln(ende);
```

```
    writeln('Gib Schrittweite:'); readln(step);
    x := anfang;
    while x <= ende do
        begin
            writeln(x:10:3);
            x := x + step;
        end;
end.                                                      ■
```

Bei der *repeat*-Schleife wird im Gegensatz zur *while*-Schleife immer der Anfangswert ausgegeben, auch wenn der Endwert kleiner als der Anfang ist. Ist der Endwert größer als der Anfangswert und die Schrittweite negativ, werden beide Schleifen endlos durchlaufen. Wir kommen darauf in Beispiel 7.6 noch einmal zurück.

Die Bilder 7.1a und 7.2a zeigen, daß nicht nur die Lage der Tests verschieden ist,
sondern auch die Behandlung der Ausgänge. Bei der *while*-Anweisung heißt es
„wiederhole die Schleife solange der logische Ausdruck *true* ist" (bzw. „solange,
bis der logische Ausdruck *false* wird"). Bei der *repeat*-Anweisung heißt es „wiederhole die Schleife solange, bis der logische Ausdruck *true* wird". Beim Lesen einer
unbestimmten Anzahl von Daten hat man also

while not *eof* **do** .   **repeat**
                   :

                                      until *eof*

Besteht das Abbruchkriterium aus der Verknüpfung zweier logischer Variablen p
und q, so hat man (nach dem Gesetz von de Morgan) die Wahl zwischen

while p **and** q **do** .   **repeat**
                   :

                                  until not$(p$ **and** $q)$

                   bzw.

                           repeat
                             :

                                  until not p **or not** q

oder

while p **or** q **do** .   **repeat**
                   :

                                  until not$(p$ **or** $q)$

                   bzw.

                           repeat
                             :

                                  until not p **and not** q

Da man im Falle eines Vergleichs an Stelle von p und q das *not* durch den entgegengesetzten Vergleichsoperator ersetzen kann, wird man der zweiten obigen *repeat*-Formulierung den Vorzug geben. So ist

while (x < 0) and (y < 0) do .

gleichbedeutend mit

repeat .

  until (x ⩾ 0) or (y ⩾ 0)

7.5 *if*-Anweisung

Die *if*-Anweisung dient zur Beschreibung einer Alternative, wenn sich das Programm also in zwei Äste verzweigen soll. Zur Auswahl der beiden Möglichkeiten dient ein logischer Ausdruck.

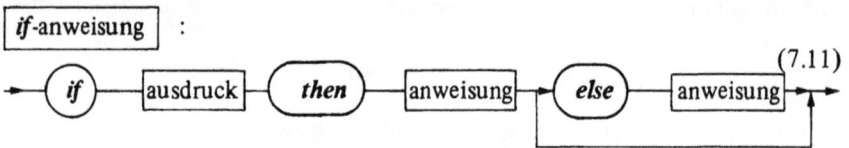

$$(7.11)$$

Ist der logische Ausdruck nach *if true,* wird die Anweisung nach *then,* sonst die nach *else* ausgeführt. Ist im Falle *false* nichts zu machen, kann der Teil mit *else* auch entfallen. Das entsprechende Flußdiagramm zeigt Bild 7.3a, das Struktogramm Bild 7.3b.

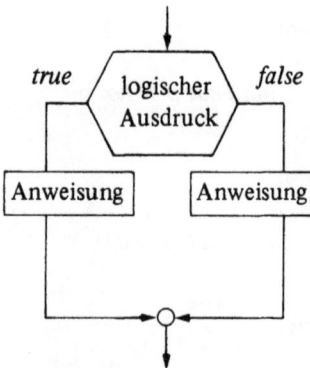

Bild 7.3a: *if*-Anweisung als Flußdiagramm

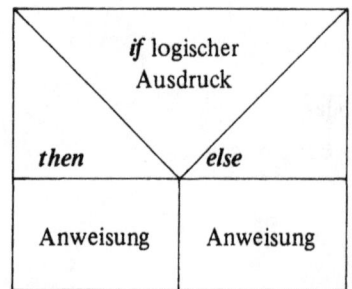

Bild 7.3b: *if*-Anweisung als Struktogramm

Sind nach **then** oder *else* mehrere Anweisungen notwendig, so sind diese wieder als Verbundanweisung zu schreiben.

Als erstes Beispiel sei Beispiel 7.1 so abgeändert, daß getrennt Summe und Anzahl der positiven und negativen Zahlen zu ermitteln sind.

Beispiel 7.4:

```
program anzahl(input, output);
( * Ende der Eingabe ist 0 *)
var x, summin, sumpos : real;
begin
    summin := 0; sumpos := 0;
    anzmin := 0; anzpos := 0;
    read(x);
    while x <> 0 do
        begin
            if x > 0 then begin anzpos := anzpos +1;
                                sumpos := sumpos + x
                      end
                     else begin anzmin := anzmin +1;
                                summin := summin + x
                          end;
            read(x)
        end;
    writeln('positiv: ⎵⎵', sumpos:10:5, anzpos:6);
    writeln('negativ: ⎵⎵', summin:10:5, anzmin:6)
end.
```

■

Sind mehr als 2 Möglichkeiten zu unterscheiden, so muß man die *if*-Anweisungen schachteln. Zur Steuerung der Auswahl kann man den Wert einer *integer*-Variablen nehmen.

Beispiel 7.5:

```
program waehrung(input, output);
( * es sind betraege x in auslaendischen waehrungen einzulesen und in dm
    umzurechnen. Es sei i = 1 usdollar, i = 2 sfr, i = 3 oeschillinge. der betrag −1
    beendet die eingabe. es ist der gesamtwert zu ermitteln *)
var x, dm : real; i : integer;
begin
    read(x); dm := 0;
    while x <> −1 do begin
        read(i);
        if i = 1 then dm := dm + 3.20*x
```

```
            else if i = 2 then dm := dm + 1.12*x
                          else if i = 3 then dm := dm + 0.14*x;
      read(x)
             end;
   writeln('betrag dm␣␣', dm:9:2)
end.
```

■

Wie man sieht, führen nur drei Möglichkeiten schon zu sehr unübersichtlichen Formulierungen. Und das Beispiel 7.5 soll auch mehr als abschreckendes Beispiel dienen. Für die mehrfache Verzweigung ist die *case*-Anweisung (§7.7) vorgesehen, und das obige Beispiel 7.5 soll vor allem dazu dienen, den Vorteil der *case*-Anweisung zu demonstrieren (s.a. Beispiel 7.10).

Bei der Schachtelung der *if*-Anweisungen kann es wegen des fehlenden *else*-Teiles zu Zweideutigkeiten kommen. Bei der Formulierung

if ausdruck1 *then if* ausdruck2 *then* anweisung1 *else* anweisung2

ist nicht ohne weiteres sicher, zu welchem *if* das *else* gehören soll, ob das Struktogramm von Bild 7.4a oder das von Bild 7.4b gemeint ist.

In PASCAL ist das Struktogramm von Bild 7.4a gemeint. Wegen der besseren Lesbarkeit sollte man aber

```
if ausdruck1 then begin if ausdruck2 then anweisung1
                                     else anweisung2
                  end
```

schreiben. Meint man hingegen den Tatbestand von Bild 7.4b, so muß man

```
if ausdruck1 then begin if ausdruck2 then anweisung1
                  end
             else anweisung 2
```

schreiben.

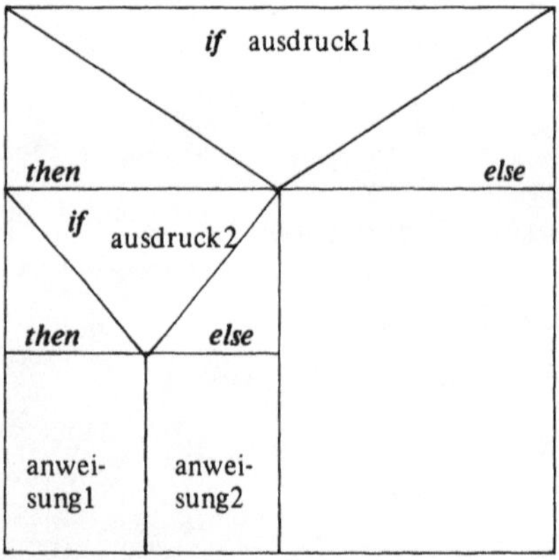

Bild 7.4a

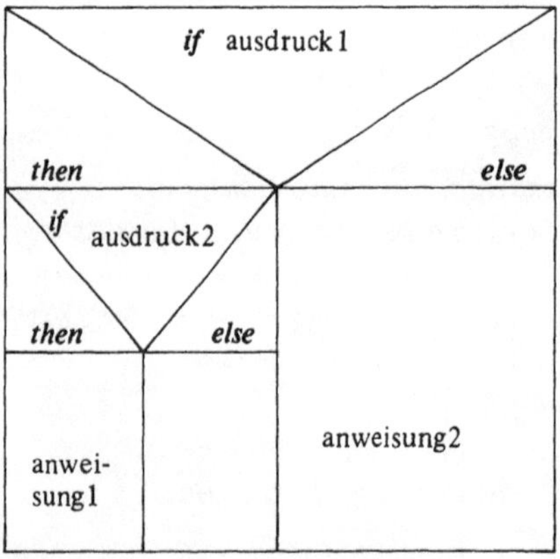

Bild 7.4b

Beispiel 7.6:

Es wird das Beispiel 7.3 aufgegriffen und für alle sinnvollen Kombinationen von Anfang, Ende und Schrittweite richtig gezählt.

```
program zaehlen(input,output);
var x, anfang, ende, step : real;
   korrekt : boolean;
begin
   repeat
      writeln('Gib Anfang:'); readln(anfang);
      writeln('Gib Ende:'); readln(ende);
      writeln('Gib Schrittweite:'); readln(step);
      if (anfang < ende) and (step < 0) or
         (anfang > ende) and (step > 0) or
         (step = 0) or (anfang = ende)
                  then begin
                          writeln('Eingabedaten unsinnig');
                          korrekt := false;
                       end
                  else korrekt := true;
   until korrekt;
   x := anfang;
   while (anfang < ende) and (x <= ende) or
        (anfang > ende) and (x >= ende)      do
                  begin
                     writeln(x:10:3); x := x + step;
                  end
end.                                                    ∎
```

7.6   *for*-Anweisung

Die *for*-Anweisung dient zur Formulierung von Schleifen, wenn die Anzahl der Durchläufe vor Eintritt in die Schleife festliegt. Die Form ist

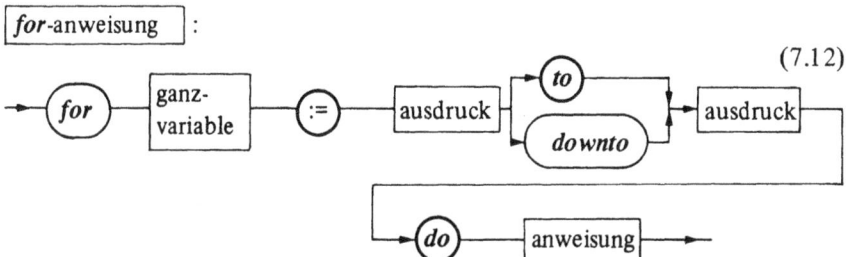

Die Variable nach *for* heißt auch Laufvariable und muß eine Ganzvariable sein (s. Def. (4.4)). Der erste Ausdruck liefert den Anfangswert, der zweite den Endwert der Laufvariablen. Laufvariable und die beiden Ausdrücke müssen vom selben Typ sein, der ein Ordinaltyp sein muß. Über Ordinaltypen werden wir zwar erst im §9.1 sprechen. Hier sei nur so viel gesagt, daß die Typen *integer, char* und *boolean* ordinal sind, nicht jedoch *real*. Da die *for*-Anweisung zum Abzählen einer bestimmten Anzahl von Schleifendurchgängen dient, gibt es auch keine Notwendigkeit für eine Laufvariable vom Typ *real*.

Es ist deshalb auch überflüssig, eine besondere Schrittweite vorzusehen. Ist die Laufvariable vom Typ *integer*, so ist die Schrittweite bei *to* immer 1, bei *downto* immer −1. Nach *var i : integer* bewirkt

for i := 2 to 5 do write(i)

das Drucken der Zahlen *2, 3, 4, 5*, bei

for i := 7 downto 4 do write(i)

das Drucken der Zahlen *7, 6, 5, 4*.

Auch der Typ *char* ist ordinal. In §2.1 hatten wir betont, daß die Zeichen eine geordnete Menge bilden. Für die *for*-Anweisung bedeutet dies, daß bei einer Laufvariablen vom Typ *char* eben diese Reihenfolge gemeint wird. Die „Schrittweite" ist der Übergang zum nächsten oder vorhergehenden Zeichen. Nach *var c : char* bewirkt

for c := 'a' to 'e' do write(c)

das Drucken der Zeichen *a, b, c, d, e*, bei

for c := 'r' downto 'n' do write(c)

das Drucken der Zeichen *r, q, p, o, n*. Wir werden im §9.11 noch einmal auf den Zusammenhang zwischen Ordinaltypen und der *for*-Anweisung zurückkommen.

Laufvariable, Anfangswert und Endwert dürfen in der Anweisung nach *do* nicht verändert werden. Man kann also bei einer Laufvariablen vom Typ *integer* nur mit der Schrittweite 1 (oder −1) von einem Anfang bis zu einem Ende zählen, und die Anzahl der Wiederholungen liegt am Beginn der *for*-Anweisung fest.

Soll eine *real*-Variable von 0 bis 1 mit der Schrittweite 0.1 variieren, so weiß man zwar, daß 11 Schleifendurchgänge gemacht werden müssen. Andererseits ist die Schrittweite 0.1, so daß man folgende Formulierung nehmen kann:

var x : real; i : integer;

x := 0;
for i := 1 to 11 do
⋮
x := x + 0.1;
⋮

Ist eine *for*-Anweisung ausgeführt worden, so ist danach der Wert der Laufvariablen nicht definiert. Wird eine *for*-Anweisung hingegen durch eine Sprunganweisung verlassen, so hat die Laufvariable danach den Wert, den sie im Moment des Verlassens hatte.

Beispiel 7.7: Das folgende Programm ersetzt in den Zahlen 0 .. 99 diejenigen durch ∗, die durch eine Zahl n teilbar sind, in denen n als Ziffer vorkommt oder deren Quersumme gleich n ist.

```
program zahlenspiel(input,output);
var i,n,zehner,einer,quersumme,teiler:integer;
begin
    writeln('gib eine Zahl n mit 0<n<10 ein:');
    read(n);
    for i := 0 to 99 do begin
        zehner := i div 10;
        einer := i mod 10;
        quersumme := zehner + einer;
        teiler := i mod n;
        if i mod 10 = 0 then writeln;
        if (zehner=n) or (einer=n) or (quersumme=n) or
          (teiler=0) then write('*':4)
                        else write(i:4);
                        end;
end.
```
∎

Beispiel 7.8: Das folgende Programm druckt den Zeichensatz aus. Dabei sind die ersten 32 Zeichen, die Steuerzeichen, weggelassen worden (s. auch Anhang C).

```
program zeichensatz(output);
var i : integer;
begin
    for i := 32 to 127 do
        begin
            if (i + 9) mod 10 = 0 then writeln;
            (* Zeilenwechsel nach je 10 Pärchen Nr. – Zeichen *)
            write(i:5,chr(i):3);
        end;
end.
```
∎

Beispiel 7.9: Es werden Temperaturen von Celsius in Fahrenheit umgerechnet. Zu-erst werden die Celsius-Grade von 0..100 umgerechnet.

```
program temperatur(output);
const start = 32;
     faktor = 1.8;
var celsius:integer; fahrenheit:real;
begin
    writeln(' Celsius  Fahrenheit'); writeln;
    for celsius := 0 to 100 do
        begin
            fahrenheit := celsius*faktor + start;
            writeln(celsius:8,fahrenheit:10:2);
        end;
end.
```

Wenn man nur die Celsius-Grade 0, 5, 10, ..., 95, 100 umrechnen will, vermißt man die Möglichkeit, bei der *for*-Anweisung die Schrittweite angeben zu können. Man kann dann entweder zu einer **while-** oder **repeat**-Schleife greifen. Man kann aber auch bei einer *for*-Schleife bleiben, da ja die Anzahl der Schleifendurchgänge (21) bekannt ist. Das Fortschalten bei *celsius* muß dann innerhalb der Schleife er-folgen.

```
program temperatur(output);
const start = 32;
     faktor = 1.8;
var celsius,i:integer; fahrenheit:real;
begin
    writeln(' Celsius  Fahrenheit'); writeln;
    celsius := 0;
    for i := 1 to 21 do
        begin
            fahrenheit := celsius*faktor + start;
            writeln(celsius:8,fahrenheit:10:2);
            celsius := celsius+5;
        end;
end.                                              ■
```

7.7 *case*-Anweisung

Soll sich ein Programm an einer Stelle in mehrere Äste verzweigen, ist also eine von mehreren Möglichkeiten auszuwählen, so ist dafür die *case*-Anweisung ge-eignet.

$$\boxed{\textit{case}\text{-anweisung}} \quad : \hspace{8cm} (7.13)$$

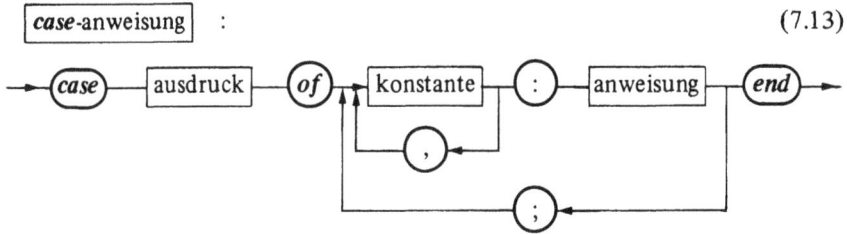

Die Konstanten nach *of* müssen im Typ mit dem Ausdruck davor übereinstimmen, und es muß dies ein Ordinaltyp sein (z.B. einer der Standardtypen *integer*, *boolean* oder *char;* s. a. §9.1). Die Wirkung der *case*-Anweisung besteht darin, daß diejenige Anweisung ausgeführt wird, deren davorstehende Konstante dem Wert des Ausdrucks entspricht. Anders formuliert wird durch den Ausdruck eine von mehreren Möglichkeiten ausgewählt. Man bezeichnet den Ausdruck daher auch als Selektor. Ist die entsprechende Anweisung (die natürlich auch eine Verbundanweisung sein kann) ausgeführt, so wird mit der auf *end* folgenden Anweisung fortgefahren. Kommt der Wert des Ausdrucks unter den Konstanten nicht vor, führt die *case*-Anweisung auf eine Fehlermeldung. Um einen unerwünschten Programmabbruch zu vermeiden, gibt es bei manchen Implementierungen das Wortsymbol *otherwise*, mit dem dieser Fall abgefangen werden kann:

> *case* ... *of*
>
> > *konstante* : *anweisung* ;
> > ⋮
> > *otherwise* : *anweisung* **end**

In Beispiel 7.5 haben wir gesehen, wie man die Auswahl unter mehr als zwei Möglichkeiten mit verschachtelten *if*-Anweisungen realisieren kann, was aber zu sehr unübersichtlichen Formulierungen führt.

Beispiel 7.10:

```
program waehrung(input, output);
(* bessere formulierung von beispiel 7.5 *)
var x, dm : real; i : integer;
begin
    dm := 0; read(x);
    while x <>-1 do begin
        read(i);
        case i of 1: dm := dm + 3.20*x;
                  2: dm := dm + 1.12*x;
                  3: dm := dm + 0.14*x
        end;
```

```
        read(x)
              end;
    writeln('betrag ⌣dm ⌣⌣', dm:9:2)
end.
```
◾

Nach

    var ch : char; x, y, z : real;

könnte eine *case*-Anweisung auch lauten:

```
case ch of 's': y := sin(x);
           'c': y := cos(x);
           't': y := sin(x)/cos(x);
           '+': y := x + z;
           '-': y := x - z
           end;
```

Für den Fall, daß der Ausdruck nach *case* einem allgemeinen Ordinaltyp angehört, findet sich in §9.1 ein Beispiel.

Wenn man mit einer *case*-Anweisung nur eine aus zwei Möglichkeiten auswählen will, so ist das dasselbe, was man auch mit einer *if*-Anweisung beschreiben kann. So kann man eigentlich ganz auf die *if*-Anweisung verzichten und statt

    if x < 10 *then* (* dieses machen *) *else* (* jenes machen *);

auch schreiben

```
case x < 10 of
   true:  ( * dieses machen* );
   false: ( * jenes machen * )   end;
```

Nach (7.13) kann eine der möglichen Anweisungen auch durch mehrere Konstanten gekennzeichnet werden. Eine praktische Anwendung ist etwa

    var c:char

    writeln('Noch einmal? J/N'); read(c);
    case c *of*
            'j','J' : (* noch einmal etwas machen *);
            'n','N' : (* nicht mehr machen *)
            otherwise: (* neue Antwort anfordern *) *end;*

Die Frage kann dann sowohl mit Groß- wie mit Kleinbuchstaben beantwortet werden. Und hier zeigt sich auch, wie praktisch (das bei Standard-PASCAL fehlende) *otherwise* ist.

7.8 Sprunganweisung

Bei der Verbundanweisung wurde gesagt, daß die Anweisungen in der hingeschriebenen Reihenfolge ausgeführt werden. Mit einer Sprunganweisung kann man diese Reihenfolge durchbrechen, indem man in einer Sprunganweisung die nächste auszuführende Anweisung bezeichnet. Diese Bezeichnung geschieht durch Marken, die bei der Sprunganweisung und der nächsten auszuführenden Anweisung (dem Sprungziel) anzugeben sind.

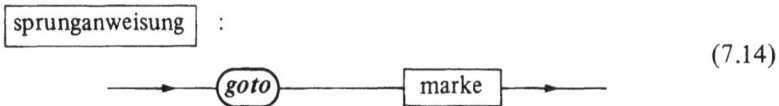

$$\boxed{\text{sprunganweisung}} \quad :$$

$$\longrightarrow \left(\!\textit{goto}\!\right)\!\!\longrightarrow\!\boxed{\text{marke}}\!\longrightarrow$$

(7.14)

Als Marken werden in PASCAL vorzeichenlose ganze Zahlen (s. Def. (3.1)) verwendet.

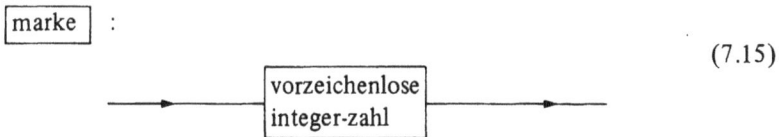

$$\boxed{\text{marke}} \quad :$$

$$\longrightarrow \boxed{\begin{array}{l}\text{vorzeichenlose}\\ \text{integer-zahl}\end{array}}\longrightarrow$$

(7.15)

Beim Sprungziel steht die Marke durch einen Doppelpunkt getrennt vor der betreffenden Anweisung, wobei jede Anweisung eine Marke tragen kann (s. Def. (7.1)). Das Sprungziel kann sowohl vor als auch hinter der Sprunganweisung stehen:

```
begin
    ⋮
30 : x := x + 0.5;
    ⋮
    if x = 7 then goto 30;

    goto 40;
    ⋮
40 : write (x);

end
```

Die Marken bedürfen einer eigenen Vereinbarung, wie Def. (2.10) zeigt.

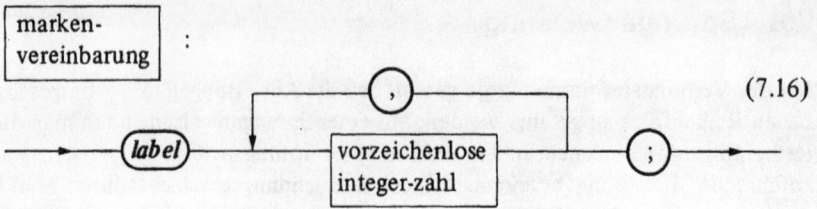

(7.16)

Zu dem obigen Beispiel gehörte dann noch die Vereinbarung

label 30, 40;

Die Sprunganweisung ist in den letzten Jahren in Verruf geraten. Der Grund dafür ist darin zu suchen, daß bei der Verwendung von Sprüngen die statische Niederschrift des Programmtextes nicht mehr mit dem dynamischen Ablauf übereinstimmt. Die Folge davon ist, daß dem Programmtext nur schlecht angesehen werden kann, was zur Laufzeit wirklich geschieht. Programme mit vielen Sprunganweisungen sind schwer zu lesen und vor allem auch schwierig zu korrigieren. Beim Korrigieren eines fehlerhaften Programms können leicht neue Fehler hinzukommen, wenn man die vielfältigen, durch die Sprünge hergestellten Beziehungen nicht sicher durchschaut. Das Beispiel 7.5 über die Währungsumrechnung sei noch einmal mit unnötig vielen Sprüngen formuliert.

Beispiel 7.11:

```
program waehrung(input, output);
label 10, 11, 12, 13, 14, 15, 16;
var x, dm : real; i : integer;
begin
    dm := 0;
    goto 10;
11:if x = -1 then goto 16;
    read(i);
    goto 12;
10:read(x);
    goto 11;
12:if i = 1 then goto 13;
    if i = 2 then goto 14;
    if i = 3 then goto 15;
    goto 10;
13:dm := dm + 3.20*x;
    goto 10;
14:dm := dm + 1.12*x;
    goto 10;
```

15:dm := dm + 0.14*x;
    goto *10;*
16:writeln('betrag⌴dm⌴⌴', dm:9:2)
end.
                                                       ■

Diese (absurde) Formulierung soll die oben genannten Argumente gegen die Sprunganweisung verdeutlichen. Dazu kommt die Einsicht, daß eine Programmiersprache prinzipiell auf die Sprunganweisung verzichten kann. Jeder Algorithmus läßt sich allein mit Verbundanweisung, *if*-Anweisung und *while*-Anweisung beschreiben.

Das Fazit dieser Diskussion sollte sein, die Sprunganweisung sparsam zu verwenden, gewissermaßen nur bei ungewöhnlichen Fällen. Bei einem solchen Gebrauch kann die Übersichtlichkeit eines Programms sogar durchaus gewinnen. Wenn es etwa heißt

if *test* **then** *(* schreibe eine fehlermeldung *)*
    else *(* mache die berechnung *)*

und die Berechnung macht den größten Teil des Programmtextes aus (in dem dann vielleicht andere *if-*, *while-*, *for*-Anweisungen vorkommen), dann erspart man sich eine Verschachtelungstiefe, wenn man schreibt

if *test* **then begin**
        (* schreibe eine fehlermeldung *)
        goto *5*
    end;
(* mache die berechnung *)

5: .
    :

In diesem Buch kommt die Sprunganweisung nur im Beispiel 9.9 vor.

Die Existenz einer Sprunganweisung und damit der Möglichkeit, dynamisch beliebige Anweisungsfolgen zu bilden, belastet eine Programmiersprache mit einer Anzahl von Regeln für zugelassene und nicht zugelassene Sprünge. Daß die Marken in PASCAL einer Vereinbarung bedürfen wie die Variablen weist daraufhin, daß sie ähnliche Eigenschaften bezüglich ihres Gültigkeitsbereiches haben. So ist es, und wir werden in §8.3 bei den Blöcken genauer darauf zu sprechen kommen. Vorläufig begnügen wir uns mit der Regel, daß in einem Programm, das aus nur einem Block besteht, alle Marken vereinbart und verschieden sein müssen und jede Marke auch nur einmal als Sprungziel vorkommen darf.

Eine andere Schwierigkeit ergibt sich bei dem Verhältnis von Sprunganweisungen und strukturierten Anweisungen (s. Def. (7.3)). Es ist generell verboten, in eine strukturierte Anweisung hineinzuspringen, z.B. so:

```
if test then 20 : anweisung            goto 5;
        else  anweisung;               ⋮
                                       while test do begin
    ⋮                                               5 : anweisung;
    goto 20;                                   end;
```

Zumeist wird dies vom Compiler jedoch nicht getestet, so daß sich durchaus lauf-fähige Programme ergeben können.

Hingegen ist es erlaubt, aus einer strukturierten Anweisung herauszuspringen, so-fern man nur zu einer Anweisung derselben Verbundanweisung springt, z.B. so:

```
begin                                  begin
    ⋮                                      ⋮
    3 : anweisung;                         for ... to ... do begin
    ⋮                                                    ⋮
    if test then anweisung                               goto 10;
        else begin                                       ⋮
              ⋮                                      end;
              goto 3;                   ⋮
              ⋮                         10 : anweisung;
        end;                           ⋮
    ⋮                                  end;
end;
```

Im Zusammenhang zwischen Sprunganweisungen und *case*-Anweisungen muß auf den syntaktischen Unterschied zwischen den „Marken" von Anweisungen in einer *case*-Anweisung und den Marken von Sprunganweisungen hingewiesen werden, zumal in beiden Fällen der Doppelpunkt verwendet wird, und der besonders dann verwischt wird, wenn in einer *case*-Anweisung ganze Zahlen benutzt werden:

```
label 10, 11;
begin
10 : anweisung1;
    case ... of 10 : anweisung2;
                11 : anweisung3
            end;
    ⋮
    goto 10;
end
```

Bei *goto* 10 wird natürlich nach anweisung1 gesprungen. Abgesehen davon, daß man ein solches Durcheinander von Bezeichnungen nicht verwenden sollte, sei nochmals festgehalten, daß die Zahlen 10 und 11 in der *case*-Anweisung syntak-tisch *integer*-Konstanten, die Zahlen 10 und 11 hinter *goto* vereinbarte Marken sind.

Gerade bei der Sprunganweisung gibt es in den Benutzerhandbüchern der einzelnen Implementierungen häufig Einschränkungen oder Erweiterungen gegenüber der Norm. Die Sprunganweisung ist also mit einer gewissen Vorsicht zu benutzen. Am wenigsten Fehler kann man allerdings machen, wenn man sie gar nicht erst benutzt.

7.9 Leere Anweisung

Auf den ersten Blick mag es kurios erscheinen, daß eine Anweisung durch „nichts" definiert wird:

$\boxed{\text{leere anweisung}}$:

$\longrightarrow$

(7.17)

Dies geschieht vor allem aus syntaktischen Gründen. Nach Def. (7.7) ist das Semikolon Trennzeichen zweier Anweisungen und danach dürfte zwischen der letzten Anweisung und *end* kein Semikolon stehen. Wenn man aber bei einer Verbundanweisung

begin
    anweisung;
    ⋮
    anweisung;
    anweisung
end

die letzte Anweisung entfernen oder danach noch eine neue (nunmehr letzte) Anweisung einfügen möchte, müßte man auch immer sorgfältig auf das Entfernen oder Hinzufügen des Semikolons achten. Nach Einführung der leeren Anweisung ist auch

    ⋮
    anweisung;
end

zulässig. Der Compiler interpretiert die Folge ; *end* in der Weise, daß er zwischen ; und *end* eine leere Anweisung annimmt (und das Semikolon also Trennzeichen bleibt).

Nach Def. (7.1) dürfen nur Anweisungen Marken haben. Wenn man an das Ende einer Verbundanweisung springen will, so könnte man das ohne leere Anweisung

nur dadurch bewerkstelligen, daß man vor dem *end* eine Anweisung schreibt, die
nur zum Anbringen der Marke da ist:

> *begin*
> ⋮
> *if* $x < 0$ *then goto 20;*
> ⋮
> *write(x);*
> *20: x := x*
> *end*

Mit der leeren Anweisung bekommt auch

> ⋮
> *write(x);*
> *20 : end*

einen Sinn. Zwischen : und *end* steht eben eine leere Anweisung. So trägt das *end*
nur scheinbar eine Marke und die Regel, nur Anweisungen können markiert werden, bleibt trotzdem richtig.

Da nach Def. (7.2) eine leere Anweisung eine Anweisung wie jede andere ist, kann
überall da, wo eine Anweisung stehen kann oder muß eben auch eine leere Anweisung stehen. So ist

> *if* $x = 0$ *then else write(z)*

eine gültige *if*-Anweisung, und eine versehentlich eingegebene Anweisung

> $z = 3*sin(x/2);;$

braucht man nicht zu korrigieren.

8. Prozeduren und Funktionen

Prozeduren und Funktionen haben die Aufgabe, Teile eines Programms unter einem eigenen Namen zusammenzufassen. Man kann dann diesen Programmteil unter seinem Namen aufrufen. Diese so abkürzend beschriebenen Programmteile können dabei mit wechselnden Parametern aufgerufen werden. Mit Hilfe der Prozeduren und Funktionen kann man ein Programm strukturieren und übersichtlicher machen, da zusammengehörige Programmteile einen eigenen Namen erhalten. Damit verbunden ist eine Kürzung des Programmtextes, da die betreffenden Programmteile nur einmal aufzuschreiben sind. Und schließlich ist es möglich, vorgefertigte Prozeduren und Funktionen zu übernehmen.

Die bisher geschilderten Eigenschaften betreffen den Programmierkomfort. Unter Verzicht auf Strukturiertheit kann man immer auch ohne Prozeduren und Funktionen auskommen. Erst die rekursive Benutzung von Prozeduren und Funktionen bringt ein wirklich neues Element in die Programmiersprache. Diesem wichtigen Aspekt werden wir den §8.4 widmen.

Bisher wurden Prozeduren und Funktionen immer gemeinsam genannt. Der Unterschied ist in der Tat nicht groß und wird aus praktischen Gründen gemacht. Eine Prozedur kann man sich als ein Gebilde von Bild 8.1 vorstellen. Dem Pro-

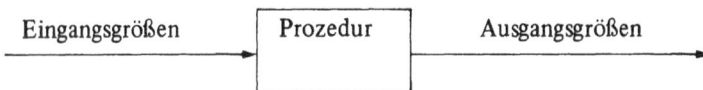

Eingangsgrößen | Prozedur | Ausgangsgrößen

Bild 8.1: Prinzip einer Prozedur

grammteil, der die Prozedur darstellt, werden Eingangsgrößen übergeben, aus denen die Prozedur Ausgangsgrößen produziert. Hat eine Prozedur die spezielle Eigenschaft, nur eine Ausgangsgröße zu produzieren, dann handelt es sich um eine

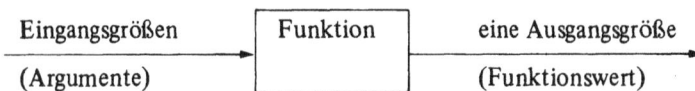

Eingangsgrößen | Funktion | eine Ausgangsgröße

(Argumente)   (Funktionswert)

Bild 8.2: Prinzip einer Funktion

Funktion (Bild 8.2). Da man gewöhnlich mit diesem Wert unmittelbar weiterarbeiten möchte, ist es zweckmäßig, wenn man diesen Funktionswert gleich in einen Ausdruck einbringen kann.

Und der wesentliche Unterschied liegt denn auch in der Art des Aufrufs. Prozeduren werden durch eine eigene Anweisung, die Prozeduranweisung, aufgerufen, Funktionen innerhalb von Ausdrücken. Die in §8.1 beschriebenen Eigenschaften der Prozeduren gelten daher weitgehend auch für die Funktionen. Die mit der Art des Aufrufs verbundenen Unterschiede werden dann in §8.2 zur Sprache kommen.

8.1   Prozeduren

Nach Def. (2.10) endet der Vereinbarungsteil eines Programms mit der Vereinbarung der Prozeduren (und Funktionen). Erst nach der Vereinbarung der Prozedur darf diese dann in dem folgenden Anweisungsteil benutzt werden. Die Vereinbarung hat die folgende Form

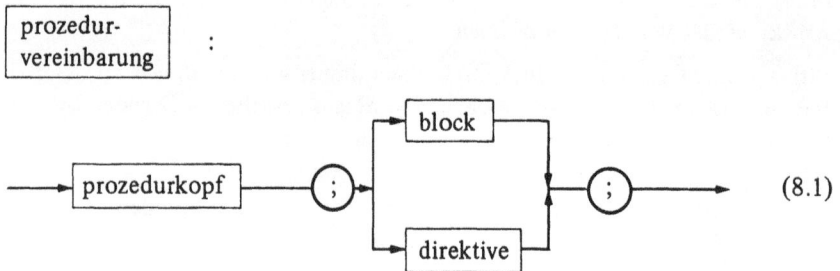

(8.1)

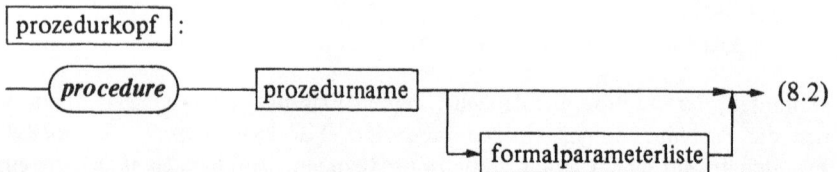

(8.2)

Eine Prozedur kann Ein- und Ausgangsgrößen verlangen, die beim späteren Aufruf anzugeben sind. Es müssen dann schon bei der Vereinbarung die Art und Anzahl der später einzusetzenden Parameter angegeben werden. Dies geschieht in der Parameterliste. Die dort aufgelisteten Parameter nennt man auch formale Parameter. Sie werden beim Aufruf durch aktuelle Parameter ersetzt. Die formalen Parameter werden zur Formulierung der Prozedur in dem dann folgenden Block gebraucht. Die Bezeichnung formal soll andeuten, daß sie zwar zur Beschreibung der Prozedur verwendet werden, nicht aber bei der späteren Ausführung. Sie sind gewissermaßen nur Platzhalter für die beim Aufruf später einzusetzenden aktuellen Parameter, mit denen dann die Prozedur wirklich ausgeführt wird.

formalparameterliste : [1])

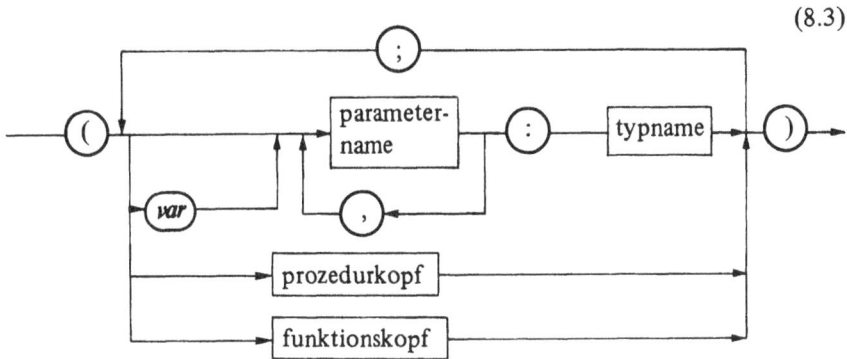

(8.3)

Bei dieser auf den ersten Blick komplizierten Form der Parameterliste wollen wir die Fälle, daß ein Parameter selbst wieder eine Funktion oder Prozedur ist, vorläufig außer Betracht lassen (s. Beispiel 8.6). Über den trivialen Fall, daß es überhaupt keine Parameter gibt, ist nichts weiter zu sagen. Die Parameterliste fehlt dann eben (8.2).

Als Typnamen für die formalen Parameter stehen uns vorläufig nur die Standardtypen *integer, real, char* und *boolean* zur Verfügung (weitere s. §9). Wir wollen uns hier insbesondere um den Unterschied kümmern, ob vor einem Parameternamen das Wortsymbol *var* steht oder nicht.

Nach Def. (8.1) folgt auf den Prozedurkopf entweder ein Block oder eine Direktive. Da das Auftreten eines Blockes der Regelfall ist, wollen wir uns zunächst damit befassen und auf die Direktiven am Ende dieses Paragraphen zu sprechen kommen. Bei einem Block kann die Prozedur nach Def. (2.9) also ihrerseits einen Vereinbarungsteil und damit Prozeduren und Funktionen enthalten usw. Die Folgen dieser Schachtelung von Blöcken über die Prozedurvereinbarung werden wir in §8.3 untersuchen.

Vor einem praktischen Beispiel haben wir noch die Prozeduranweisung von Def. (7.2) nachzutragen, die zu den einfachen Anweisungen gehört.

prozeduranweisung :

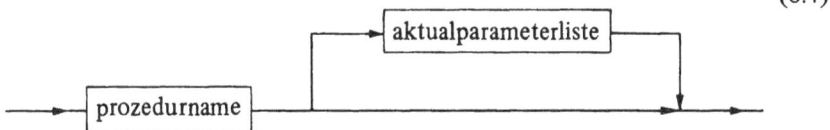

(8.4)

---

[1]) s. dazu Konformreihungs-Parameter S. 135

Der Teil mit den aktuellen Parametern fehlt immer dann, wenn die zugehörige Prozedurvereinbarung keine formalen Parameter hat.

aktualparameterliste :

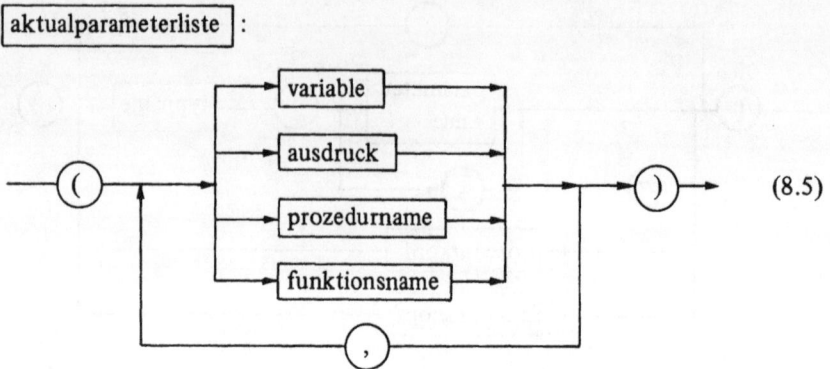

(8.5)

Auf eine Schwierigkeit für Anfänger sei besonders hingewiesen. Die Namen der formalen Parameter können völlig frei und ohne Rücksicht auf sonst im Programm verwendete Namen gewählt werden. Die aktuellen, beim Aufruf verwendeten Parameter müssen zum Zeitpunkt des Aufrufes gültig vereinbarte Namen sein. Wenn in den folgenden Beispielen ein formaler Parameter denselben Namen wie der aktuelle Parameter hat, so soll nicht der Eindruck entstehen, daß dies so sein muß. Und wenn der aktuelle Parameter einen anderen Namen als der entsprechende formale Parameter hat, so soll daraus auch nicht geschlossen werden, daß dies so sein muß. Im übrigen müssen die aktuellen Parameter in Anzahl, Reihenfolge und Typ mit den formalen Parametern übereinstimmen.

Wesentlich für den Gebrauch von Prozeduren ist das Verständnis, wie Parameter an eine Prozedur übergeben werden. Hat eine Prozedur einen formalen Parameter a und soll der aktuelle Parameter beim Aufruf x heißen (natürlich vom selben Typ wie a), so hat man nach Bild 4.1 zu unterscheiden, ob man der Prozedur den Namen x oder seinen Wert übergibt. Dies ist bei der Prozedurvereinbarung bei dem formalen Parameter dadurch anzugeben, daß vor seinem Namen das Wortsymbol *var* steht oder nicht (s. (8.3)). Bei einer Vereinbarung mit *var* a meint man die Übergabe des Namens von x Referenzaufruf), bei einer Vereinbarung ohne *var* meint man die Übergabe des Wertes von x (Wertaufruf).

Beispiel 8.1: Um den Parametermechanismus zu demonstrieren, soll eine Prozedur *zaehl* den aktuellen Parameter einfach um 1 erhöhen. Dabei werden verschiedene Übergabearten benutzt.

program *parametermechanismus(input,output);*
var *i,k,x,y:integer;*

```
procedure zaehlperwertaufruf(a : integer);
begin
   a := a+1;
end;

procedure zaehlperreferenzaufruf(var a : integer);
begin
   a := a+1;
end;

procedure zaehl(a : integer;var b : integer);
begin
   b := a+1;
end;

begin (***** Anweisungsteil *****************)
   writeln('Gib drei integer-Zahlen ein:'); readln(i,k,x);
   writeln('i vor zaehlperwertaufruf:' ,i:5);
   zaehlperwertaufruf(i);
   writeln('i nach zaehlperwertaufruf:' ,i:5);
   writeln('k vor zaehlperreferenzaufruf:' ,k:5);
   zaehlperreferenzaufruf(k);
   writeln('k nach zaehlperreferenzaufruf:' ,k:5);
   writeln('x vor zaehl:' ,x:5);
   zaehl(x,y);
   writeln('y nach zaehl:' ,y:5);
end.
```

Wenn man das Programm startet und die Eingabe z.B. mit den Zahlen 8 8 8 bedient, ergibt sich die Ausgabe:

```
i   vor zaehlperwertaufruf:      8
i   nach zaehlperwertaufruf:     8
k   vor zaehlperreferenzaufruf:      8
k   nach zaehlperreferenzaufruf:     9
x   vor zaehl:    8
y   nach zaehl:   9
```

Danach hat die Prozedur *zaehlperwertaufruf* nicht zum gewünschten Ergebnis geführt

∎

Um das Ergebnis des letzten Beispiels zu verstehen, muß man wissen, wie die Parameter an die Prozedur übergeben werden.

Ist ein formaler Parameter Wertparameter wie in *zaehlmitwertaufruf,* also ohne den Vorsatz *var,* so wird vor der Ausführung der Wert des aktuellen Parameters an den formalen Parameter übergeben. Man kann das so beschreiben:

zaehlmitwertaufruf(x)   entspricht   **begin**
$\qquad\qquad a := x;$
$\qquad\qquad$ **begin**
$\qquad\qquad\qquad a := a+1;$
$\qquad\qquad$ **end;**
$\qquad$ **end;**

Ist ein formaler Parameter Referenzparameter (auch Variablenparameter genannt), also mit dem Vorsatz *var*, so tritt der aktuelle Parameter an stelle des formalen Parameters. Man kann das auch so beschreiben:

zaehlmitreferenzaufruf(x);   entspricht   **begin**
$\qquad\qquad x := x+1;$
$\qquad$ **end;**

Das Fazit ist also:

— Bei einem Wertaufruf, wird eine Kopie des aktuellen Wertes an die Prozedur übergeben, und die Prozedur arbeitet mit dieser Kopie.

— Bei einem Referenzaufruf wird das Original der aktuellen Variablen an die Prozedur übergeben, und die Prozedur arbeitet mit diesem Original.

Eine andere Konsequenz der obigen Beschreibung kam in diesem Fazit schon zum Ausdruck und sei ausdrücklich formuliert:

— Bei einem Wertaufruf kann als aktueller Parameter ein Ausdruck von dem in der Vereinbarung des formalen Parameters verlangten Typ angegeben werden, dessen Wert übergeben wird.

— Bei einem Referenzaufruf kann als aktueller Parameter nur eine Variable von dem in der Vereinbarung des formalen Parameters verlangten Typ angegeben werden, der an die Prozedur übergeben wird und an die Stelle des entsprechenden formalen Parameters tritt.

In (8.5) stehen als mögliche aktuelle Parameter die syntaktischen Begriffe ausdruck und variable. Syntaktisch ist eine Variable natürlich auch ein Ausdruck, und es hätte also auch ausdruck gereicht. Ist ein aktueller Parameter eine Variable, so hängt es einfach von der Vereinbarung des entsprechenden formalen Parameters ab, ob sein Wert oder sein Name übergeben werden.

In Bild 8.1 wurden Eingangsgrößen und Ausgangsgrößen einer Prozedur unterschieden. Es ist nun hoffentlich klar, daß Ausgangsgrößen immer Referenzparameter sein müssen, weil man anders keine von der Prozedur erzeugten Werte aus der Prozedur herausbekommen kann. Bei den Eingangsgrößen hat man die Wahl zwischen Wert- und Referenzparametern. Bei Wertparametern kann man Ausdrücke einsetzen, bei Referenzparametern nur Namen von Variablen. Bei Wertparametern bearbeitet die Prozedur Kopien der aktuellen Werte, bei Referenzparametern das Original. In der Praxis werden Eingangsparameter meistens Wertparameter sein.

Im Beispiel 8.1 waren bei den Prozeduren *zaehlmitwertaufruf* und *zaehlmitrefe-renzaufruf* Eingangs- und Ausgangsgrößen jeweils gleich. Da für die Ausgangsgrö-ßen Referenzaufruf verlangt wird, lieferte die Prozedur *zaehlmitwertaufruf* keinen vernünftigen Wert. Bei der Prozedur *zaehl* wurde zwischen der Eingangsgröße *a* und der Ausgangsgröße *b* unterschieden. Mit *a* als Wertparameter und *b* als Refe-renzparameter kam auch ein richtiges Ergebnis zustande. Und man könnte sie auch mit *zaehl(12,y)* oder *zaehl(3∗x+2,y)* aufrufen, wie man aus folgendem sieht:

zaehl(x,y)   entspricht   *begin*
                                                  a := x;
                                                  begin
                                                    y := a+1;
                                                  end;
                                              end;

Will man die Werte zweier Variablen mit Hilfe einer Prozedur Tausch vertauschen, so muß es also

*procedure tausch(**var** a,b : integer);*
var hilf : integer;
begin hilf := a; a := b; b := hilf end;

heißen, weil man ja die vertauschten Werte nach der Prozedur haben will. Wählt man Wertaufruf, läßt also **var** weg, so werden die Kopien der aktuellen Parameter vertauscht, und die genannten aktuellen Werte bleiben unverändert. Zur Rolle der Hilfsgröße *hilf*, einer lokalen Variablen, mehr in §8.3.

Beispiel 8.2: Bei der Eingabe mögen neben anderen Angaben gewisse Zahlen durch ein vorausgehendes Merkmal (∗ / : usw.) gekennzeichnet sein. Es soll eine Prozedur namens *lies* formuliert werden, die die nächste in bestimmter Weise ge-kennzeichnete Zahl liest. Dabei ist der Fall zu berücksichtigen, daß es keine solche Zahl mehr gibt.

*procedure lies(**var** x:real; merkmal:char; **var** leer:boolean);*
var c:char;
begin
    leer := false; read(c);
    while *(c <> merkmal)* **and not** *eof do read(c);*
    if *c = merkmal* **then** *read(x)*
                      else *leer := true*
end;

Nach der Prozedur *lies* hat also entweder *x* als Wert die nächste mit einem be-stimmten Merkmal versehene Zahl oder der formale Parameter *leer* den Wert *true.*

In einem Programm sollen alle mit * gekennzeichneten Zahlen gelesen und deren Mittelwert gebildet werden. Das vollständige Programm lautet dann:

```
program sternzahlen(input, output);
var z, s, mittel : real; anz : integer; ende : boolean;
procedure lies(var x:real; merkmal:char; var leer:boolean);
var c : char;
begin
    leer : = false; read(c);
    while (c <> merkmal) and not eof do read(c);
    if c = merkmal then read(x)
                    else leer := true
end  (* of lies *);

begin
    s := 0; anz := 0;
    lies(z, '*', ende);
    while not ende do begin
                    s := s + z; anz := anz + 1;
                    lies(z, '*', ende)
                end;
    if anz <> 0 then begin
                    mittel := s/anz;
                    writeln('mittelwert der *-zahlen:', mittel)
                end
            else writeln('es gab keine *-zahlen')
end.
```

Entsprechend Bild 8.1 gilt für die Prozedur *lies* Bild 8.3. Es macht also nur Sinn, für die Ausgangsparameter x und *leer* Referenzaufruf zu vereinbaren *(var x : real; var leer : boolean)*, für den Eingangsparameter *merkmal* aber Wertaufruf *(merkmal : char)*. Wertaufruf für x und *leer* würde bedeuten, daß die damit in der Prozedur verknüpften Werte nicht aus der Prozedur herausgebracht werden. Referenzaufruf für *merkmal* würde bedeuten, daß der aktuelle Parameter nicht als Wert '*' angegeben werden dürfte.

Der §9 wird noch viele Beispiele für Prozeduren enthalten. Der Leser achte besonders darauf, welche Aufrufart für die Parameter verwendet werden. Für den Fall, daß ein Parameter auch wieder eine Funktion oder Prozedur ist, wird auf Beispiel 8.6 verwiesen.

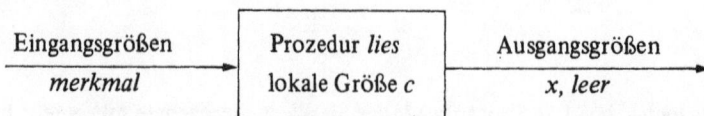

Eingangsgrößen	Prozedur *lies*	Ausgangsgrößen
merkmal	lokale Größe *c*	*x, leer*

Bild 8.3: Prinzip der Prozedur *lies*

Es ist noch der Fall zu besprechen, daß nach Def. (8.1) auf den Prozedurkopf nicht ein Block sondern eine Direktive folgt. Damit soll dem Compiler gesagt werden, daß der die Prozedur beschreibende Block nicht unmittelbar folgt, sondern an anderer Stelle zu finden ist. Die Direktiven gehören nicht eigentlich zu PASCAL sondern dienen zur Steuerung des auf die Compilierung folgenden Binderlaufs. Man findet sie nicht im PASCAL-Report sondern im Benutzerhandbuch der betreffenden Implementierung. Sie sind daher der einzige syntaktische Begriff, der in diesem Buch nicht weiter definiert wird. Sie gehören nicht zu den Wortsymbolen von §2.1 und sind daher in diesem Buch nicht fett gedruckt und auch im Anhang A nicht aufgeführt. Der Benutzer tut aber gut daran, diese Namen in seinem Programm trotzdem nicht in anderer Bedeutung zu verwenden.

Im folgenden soll ein typischer Satz von Direktiven beschrieben werden. Für den Fall, daß der Prozedurrumpf nicht auf den Prozedurkopf folgt, gibt es im wesentlichen drei Gründe. Im Zusammenhang mit sich „über Kreuz" aufrufenden Prozeduren (oder Funktionen) muß der Prozedurblock im Programmtext später aufgeführt werden. Die Direktive heißt *forward* und die Prozedurvereinbarung hat also die Form

```
──▶ prozedurkopf ─── ( ; ) ─── ( forward ) ─── ( ; ) ──▶
```

Dieser Vorwärtsbezug gehört zum Thema Rekursion und wird näher in §8.4 beschrieben werden. Eine Anwendung dafür findet sich in Beispiel 8.11.

Ein weiterer Fall liegt vor, wenn die Prozedur (oder Funktion) aus einer Bibliothek entnommen werden soll und bereits vorher übersetzt worden ist. Man schreibt dann

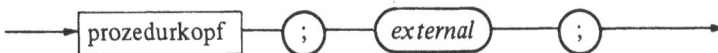

```
──▶ prozedurkopf ─── ( ; ) ─── ( external ) ─── ( ; ) ──▶
```

Dies kann etwa vorliegen, wenn man ein sehr großes Programm in kleinere Einheiten unterteilen will, die getrennt übersetzt werden sollen. Nach dem eben beschriebenen Prozedurkonzept müssen alle im Anweisungsteil verwendeten Prozeduren (und Funktionen) im Vereinbarungsteil vereinbart sein. Dies ist manchmal nicht nur lästig, sondern führt auch zu langen Übersetzungszeiten und langem Objektcode. Es ist also erwünscht, daß man sich selbst eine Bibliothek von vorübersetzten Prozeduren (und Funktionen) anlegen kann, die dann in das vorliegende Programm eingebunden werden. Gerade bei Personal Computern mit ihren meist relativ kleinen Arbeitsspeichern wird diese Möglichkeit stark unterstützt (s. §§ 10-12).

Schließlich wird drittens häufig die Möglichkeit geboten, nicht in PASCAL geschriebene Unterprogramme zu verwenden. Nach

```
──▶ prozedurkopf ─── ( ; ) ─── ( fortran ) ─── ( ; ) ──▶
```

können in FORTRAN geschriebene Unterprogramme benutzt werden.

Es muß noch hinzugefügt werden, daß bei den Direktiven *external* und *fortran* häufig Einschränkungen hinsichtlich der Parameterübergabe oder der Fehlermeldungen gemacht werden. Typisch ist etwa, daß Prozeduren mit der Direktive *fortran* nur Referenzparameter haben dürfen.

8.2 Funktionen

Hat eine Prozedur genau eine Ausgangsgröße, so ist es mathematisch eine Funktion. Die Eingangsgrößen sind die Argumente der Funktion, die Ausgangsgröße der Funktionswert. Wenn man diesen von der Prozedur erzeugten Wert innerhalb eines Ausdrucks aufrufen will, so führt das zu relativ umständlichen Anweisungsfolgen, wie das nächste Beispiel zeigt.

Beispiel 8.3: In PASCAL gibt es keine Standardfunktion für die Exponentiation „x hoch n". Dann könnte man dafür die folgende Prozedur schreiben, die für ein ganzzahliges n und beliebiges x

$$x \begin{cases} = x*x...*x & \text{für } n>0, \text{ n-mal den Faktor x} \\ = 1 \\ = 1/(x*x*...x*) & \text{für } n<0 \end{cases}$$

berechnet.

```
procedure hoch(x:real; n:integer; var result:real);
var i:integer;
begin
   if n = 0 then result := 1
         else begin
               result:=1;
               for i := 1 to abs(n) do result := result*x;
               if n < 0 then result := 1/result
            end;
end;
```

Will man nach

```
var n,m:integer; a,b,c,ahochn,bhochm:real;
```

den Ausdruck $a^n + b^m$ berechnen, so führt das auf die Anweisungsfolge

```
hoch(a,n,ahochn);
hoch(b,m,bhochm);
c := ahochn + bhochm;
```
∎

Da dieser Fall sehr häufig vorkommt, daß man den von einer Prozedur erzeugten Wert innerhalb von Ausdrücken (und nicht durch eine eigene Anweisung) aufrufen will, gibt es in Programmiersprachen den Begriff Funktion.

funktions-
vereinbarung :

funktions-
kopf ; block ; (8.6)

direktive

funktionskopf :

function funktionsname formalparameterliste

(8.7)

: typname

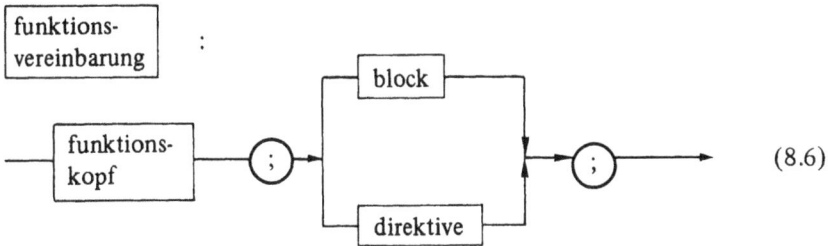

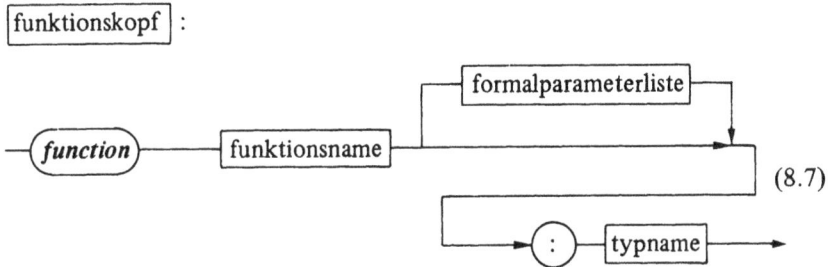

Für die Liste der formalen Parameter gilt die Definition (8.3). Es gilt auch alles, was bei Prozeduren über Wert- und Referenzaufruf sowie die Direktiven gesagt wurde. Hinter dem Doppelpunkt steht der Typ des Funktionswertes, der gleichzeitig der Typ des Funktionsnamens ist. Dieser Typ muß ein einfacher Typ (§9.1) oder ein Zeigertyp (§9.3) sein. Während einem Prozedurnamen kein Wert und damit auch kein Typ zukam und von der Prozedur erzeugte Ausgangsgrößen in der Parameterliste vorkommen mußten, ist bei Funktionen der einzig erzeugte Wert an den Funktionsnamen gekoppelt. Die Parameterliste enthält also nur Eingangsgrößen. Dies hat zur Folge, daß dem Funktionsnamen auch dieser Funktionswert zugewiesen werden muß. Deshalb muß es in dem Block wenigstens eine Wertzuweisung geben, auf deren linker Seite der Funktionsname und auf deren rechter Seite ein Ausdruck des verlangten Typs steht. Dies war der Grund für die Einschränkung bei der Def. (7.6). Die Wertzuweisung lautet vollständig:

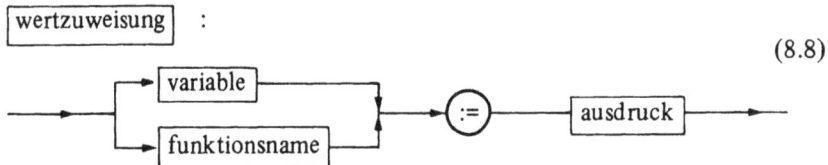

wertzuweisung :
(8.8)

variable
:= ausdruck
funktionsname

Es sei daran erinnert, daß demgegenüber der Prozedurname innerhalb der Prozedur nicht vorkam. Auf die besonderen Verhältnisse bei rekursivem Aufruf wird in §8.4 eingegangen werden.

Der Aufruf einer Funktion erfolgt innerhalb eines Ausdrucks, wie die Def. (5.1) von Faktor zeigt.

funktionsaufruf :

aktualparameterliste

—————— funktionsname ————————————————→ (8.9)

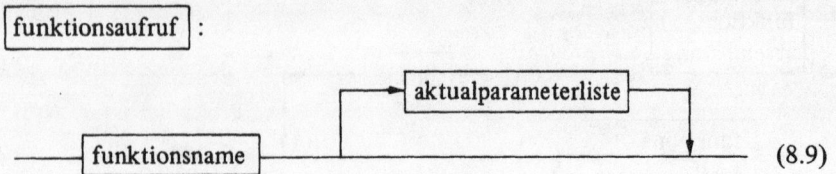

Beispiel 8.4: Die Exponentiation von Beispiel 8.3 kann man danach wie folgt beschreiben.

> *function hoch(x:real; n:integer):real;*
> *var i:integer; prod:real;*
> *begin*
>   *if n = 0 then hoch := 1*
>   *else begin*
>   *prod := 1;*
>   *for i := 1 to abs(n) do prod := prod∗x;*
>   *if n < 0 then hoch := 1/prod*
>   *else hoch := prod;*
>   *end;*
> *end;*

Nach der Vereinbarung

> *var a,b,c,:real; n,m:integer;*

kann man den Wert $a^n + b^m$ jetzt durch eine Wertzuweisung berechnen:

> *c := hoch(a,n) + hoch(b,m);*   .   ■

Es wird dringend empfohlen, die Prozedur *hoch* mit der Funktion *hoch* zu vergleichen. Die Prozedur *hoch* hat ihren Ausgangswert über den Parameter *result* abgeliefert, der in der Prozedur wie eine normale Variable benutzt wurde. Bei der Funktion *hoch* ist der Ausgangswert an den Funktionsnamen *hoch* gebunden, dessen Typ am Ende des Funktionskopfes steht. Dem Funktionsnamen *hoch* darf (und muß) innerhalb der Funktion nur ein Wert zugewiesen werden. Er darf nicht wie der formale Parameter *result* in der Prozedur *hoch* verwendet werden, weswegen die lokale Variable *prod* benutzt wurde, um das Produkt der n Faktoren x zu bilden. Dafür wird die Funktion *hoch* dann innerhalb eines Ausdruckes aufgerufen.

Beispiel 8.5: Im Beispiel 6.1 wurden die Zeichen einer Eingabe gezählt. Es sollen nun nur die Buchstaben gezählt werden. Dazu wird eine Funktion vom Typ *boolean* verwendet, die feststellt, ob ein gelesenes Zeichen c ein Buchstabe war oder nicht

> *program buchstabenzaehlen(input,output);*
> *var c:char; anzahl:integer;*

```
function istbuchstabe(c:char):boolean;
begin
    if (c >= 'A') and (c <= 'Z') or (c >= 'a') and (c <= 'z')
                    then istbuchstabe := true
                    else istbuchstabe := false;
end;

begin ( *********** Anweisungsteil *****************)
    anzahl := 0;
    writeln('Gib irgendeinen Text ein:');
    while not eof do
            begin
                read(c);
                if istbuchstabe(c) then anzahl := anzahl + 1;
            end;
    writeln('Zahl der Buchstaben:' ,anzahl:6);
end.
```
∎

Beispiel 8.6: Bei Integralen kommen Funktionen als Parameter vor. Für ein Integral gilt (Bild 8.4) näherungsweise (Simpsonsche Regel)

$$\int_a^b f(x)\,dx \approx \frac{h}{3}\,(f_0+4f_1+2f_2+4f_3+\ldots+2f_{n-2}+4f_{n-1}+f_n)$$

wobei n (gerade) die Anzahl und h = (b−a)/n die Breite der Streifen sind.

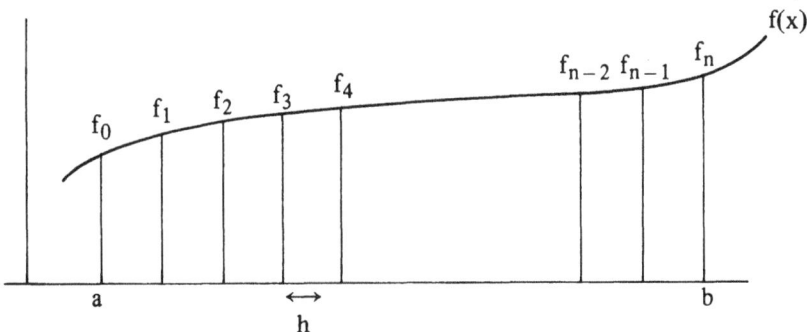

Bild 8.4

Das konkrete Integral

$$\int_0^{2.5} x\cdot e^{-x^2}\,dx$$

ließe sich dann durch das folgende Programm berechnen. Die Genauigkeit hängt natürlich von n ab, das hier als lokale Größe der Funktion *integral* genommen wird. Will man das Integral für verschiedene Werte von n berechnen, nimmt man n besser als formalen oder auch globalen Parameter.

```
program simpson(output);
function y(x : real) : real;
    begin y := x*exp(-x*x) end;
function integral(a, b : real; function f (x : real) : real) : real;
    const n = 20;
    var h, s : real; i : integer;
    begin
        h := (b-a)/n;
        s = f(a) + f(b);
        for i := 1 to n-1 do
                    if odd(i) then s := s + 4*f(a+i*h)
                              else  s := s + 2*f(a+i*h);
        integral := h/3*s
    end;
begin
    write(integral(0, 2.5, y))
end.                                                    ■
```

Bei dem letzten Beispiel beachte man, wie eine Funktion als Parameter behandelt wird. Die formale Funktion f ist mit ihrem Funktionskopf *function f (x : real) : real* in der Parameterliste aufzuführen. Beim Aufruf kann sie durch den Namen einer aktuellen Funktion y ersetzt werden, deren Funktionskopf mit dem von f verträglich ist, d.h. wenn Typ des Funktionswertes und die Parameter in Zahl, Reihenfolge und Typ von f und y übereinstimmen.

Der Rumpf einer Funktion oder Prozedur ist ein Block, dessen Vereinbarungsteil natürlich auch wieder Prozeduren und Funktionen enthalten kann, die dann für diese Prozedur oder Funktion lokal sind (s. §8.3).

Beispiel 8.7: Es soll ein Anfangsstück des Pascalschen Zahlendreiecks erzeugt werden. Dazu wird eine Funktion *binom(n,k)* vereinbart. Wegen

$$\binom{n}{k} = \frac{n!}{k! \, (n-k)!}$$

benutzen wir für *binom* eine Funktion *fak(x)*.

```
program pascal(output);
var a, b : integer;
function binom(n, k : integer) : integer;
    function fak(x : integer) : integer;
```

```
var i, f : integer;
begin
    f : = 1;
    if x > 0 then for i := 1 to x do f := f*i;
    fak := f
end ( * of fak *);
begin
    binom := fak(n) div (fak(k)*fak(n−k))
end ( * of binom *);
begin
    for a := 0 to 10 do begin
        writeln;
        for b := 0 to a do write(binom(a,b) : 5)
                end
end.                                                       ■
```

Die Funktion *fak* kann so nur innerhalb von *binom* verwendet werden. Wollte man sie auch in dem Anweisungsteil des Programms *pascal* verwenden, müßte man sie außerhalb, gewissermaßen gleichberechtigt mit *binom* vereinbaren. In §8.4 werden wir eine andere (bessere) Formulierung für den Binomialkoeffizienten anführen.

8.3 Blockstruktur

Ein Programm besteht nach Def. (2.6) aus einem Programmkopf und einem Block. Ein Block (s. Def. (2.9)) selbst besteht aus Vereinbarungen und Anweisungen. Zu den Vereinbarungen können Prozeduren und Funktionen gehören, die nach Def. (8.1) und (8.6) neben dem Kopf aus einem Block bestehen und somit selbst wieder Vereinbarungen und damit Blöcke enthalten können. Über die Prozeduren und Funktionen können Blöcke also geschachtelt auftreten, wie Bild 8.5 an einem Beispiel zeigt.

Mit dieser Blockstruktur ist der Gültigkeitsbereich der Namen verbunden: Als Grundregel gilt, daß jeder vereinbarte Name nur für den Block gilt, in dem die Vereinbarung steht. Diese Gültigkeit erstreckt sich auch auf die untergeordneten Blöcke. Man sagt auch, der Name ist für diesen Block lokal. Wegen der Blockschachtelung kann es in einem Block also Namen verschiedener Qualität geben, nämlich Namen, die in diesem Block vereinbart worden sind und Namen, die in einem diesen Block umfassenden Block vereinbart worden sind. Die ersteren heißen für diesen Block lokal, die zweiten global.

In Bild 8.5 ist ein Beispiel für eine Blockschachtelung dargestellt. Die Blöcke sind mit B_i, die zugehörigen Anweisungen mit A_i bezeichnet. Die Variablen x, y, i sind für B lokal, für B_1, B_2, B_{11} global. Für B_{11} ist auch die Prozedur $p1$ global. Die

```
program example(input, output);
  var x,y:real; i:integer;
  procedure p1(x:real; var z:integer);
    var i,j:integer; b:boolean;
    function f(x:real; a:boolean):real;
      var k:integer;
      begin
        ⋮
        x := x+k;
        ⋮
      end;
    begin
      ⋮
      x := i/2;
      ⋮
    end;
  procedure p2(x:real; var r:integer)
    var y:char;
    begin
      ⋮
      read(y);
      ⋮
    end;
  begin
    ⋮
    x := i/2;
    write(y);
    ⋮
  end.
```

A_{11} A_1 A_2 A B_{11} B_1 B_2 B

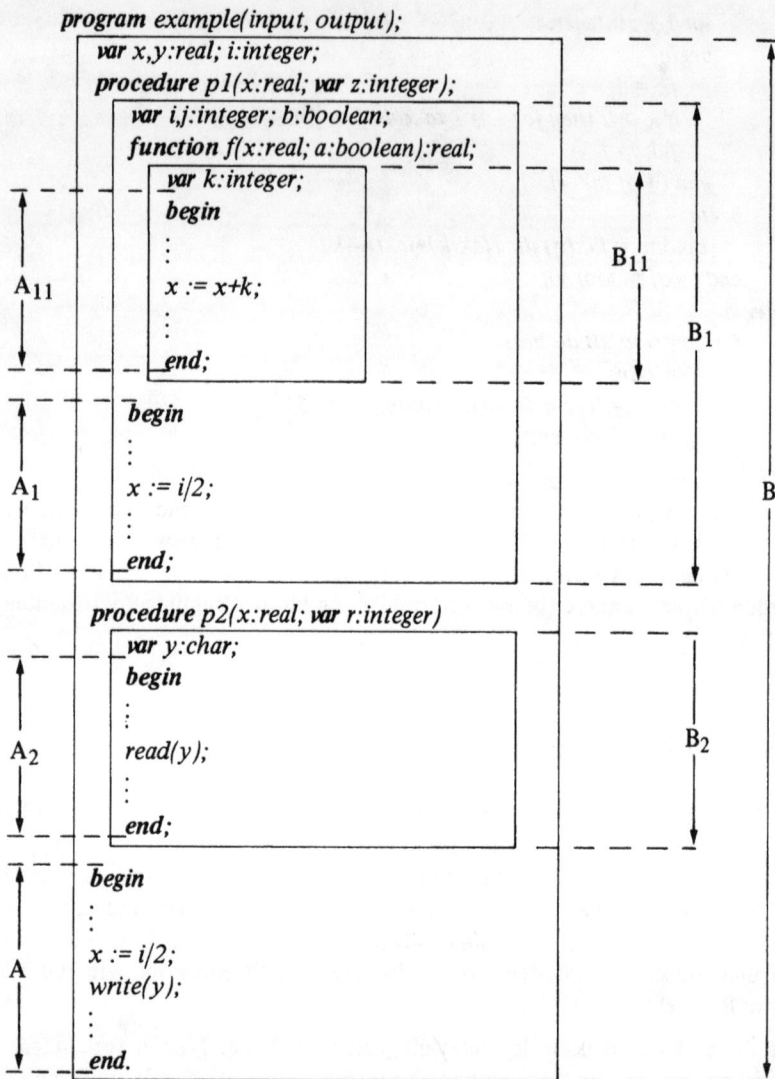

Bild 8.5: Blockschachtelung

in einem Block lokalen Größen sind außerhalb dieses Blockes nicht vorhanden. Die Variable b etwa von Block B_1 ist für B und B_2 nicht existent, und die Funktion f kann man nur in den Anweisungen A_1, nicht aber in A oder A_2 aufrufen.

Besonders wichtig ist eine Regelung für den Kollisionsfall, wenn eine für einen Block globale Größe denselben Namen wie eine lokale Größe hat. In diesem Fall hat die lokale Größe Vorrang, d.h. in dem Block ist mit diesem Namen immer die lokale Größe gemeint. Die gleichnamige globale Größe wird für die Dauer des Blockes außer Kraft gesetzt. Dies gilt auch, wenn die Namen verschiedene Typen haben. Für den Block B_1 ist *i* sowohl lokal wie global. Wenn in A_1 eine Wertzuweisung *x := i/2* vorkommt, so ist mit *i* die lokale Größe gemeint. Die gleiche Anweisung in A meint mit *i* das für Block B lokale *i*. Für B_2 ist *y:real* global, *y:char* lokal. Wenn es in A_2 nun *read(y)* heißt, so wird entsprechend *y:char* ein Zeichen gelesen, in A mit *write(y)* ein *real*-Wert gedruckt. Für die Formulierung von Prozeduren und Funktionen hat diese Regelung zur Folge:

Die Wahl der Namen für lokale Größen ist beliebig und unabhängig davon, welche Namen globale Größen haben. Innerhalb der Prozedur bzw. Funktion ist damit immer der lokale Name gemeint und eine etwaige gleichnamige globale Größe wird dadurch nicht verändert.

Das hat natürlich umgekehrt zur Folge, daß man in einer Prozedur zwar globale Größen verwenden kann, dann deren Namen aber nicht gleichzeitig für lokale Größen benutzen darf. So kann man etwa in A_2 die für B_2 globale Variable *i* verwenden. Die Verwendung globaler Größen kann mit sogenannten Seiteneffekten verbunden sein. Wenn man in *p2* den Wert von *i* ändert und in A dann *p2* aufruft, so hat *i* nach dem Aufruf einen anderen Wert als vorher. Seiteneffekte machen ein Programm schwer lesbar und sind Ursache von schwierig zu entdeckenden Fehlern.

Die Freiheit der Namenswahl gilt auch für die formalen Parameter. Die formalen Wertparameter, die als Anfangswert den Wert des aktuellen Ausdrucks erhalten, gelten ansonsten in der Prozedur bzw. Funktion als lokale Größen. Die formalen Referenzparameter werden durch die Namen der aktuellen Referenzparameter ersetzt, die für die Prozedur bzw. Funktion global sein müssen. Falls es gleichnamige lokale Größen gibt, werden die globalen aktuellen Parameter intern umbenannt, damit sie nicht außer Kraft gesetzt werden.

Beispiel 8.8: Obgleich Namen für Datentypen erst im §9 eingeführt werden, sei das folgende Beispiel angeführt. Es zeigt, wie konsequent PASCAL mit lokalen und globalen Namen umgeht.

```
program parametertest(input,output);
type ganz = integer;
var  j    : integer;

procedure probe(a:integer);
    type fest = ganz;          (* 1 *)
         ganz = boolean;       (* 2 *)
    var  vf   : fest;
         vg   : ganz;          (* 3 *)
         vi   : integer;
```

```
begin
    vf := a;
    vi := a;
    vg := a;                        (* 4 *)
end;
begin
    j := 5;
    probe(j);
end.
```

Bei (* 1 *) wird der lokale Name *fest* eingeführt, der gleich dem (noch) globalen Typnamen *ganz*, also *integer*, ist. In (* 2 *) wird der lokale Name *ganz* als Typ *boolean* eingeführt, und damit der globale Name *ganz* für den Block der Prozedur *probe* außer Kraft gesetzt. Die lokale Variable *vf* ist also vom Typ *fest* (d.h. *integer*), die lokale Variable *vg* in (* 3 *) vom Typ *ganz* (d.h. nun *boolean*). Wenn man dieses Programm compilieren läßt, muß der Compiler bei (* 4 *) mit einer Fehlermeldung der Art „Typen nicht verträglich" abbrechen, weil der formale Parameter *a* vom Typ *integer* und die Wertzuweisung also nicht korrekt ist.

∎

Für die Sprünge gilt unter dem Gesichtspunkt der Blockstruktur die folgende Regelung. Die in einem Block vereinbarten Marken dürfen nur in dem Anweisungsteil dieses Blockes als Sprungziele verwendet werden. In dem ganzen Block kann es aber Sprunganweisungen geben, die sich darauf beziehen. Wenn es also in dem Block B eine Vereinbarung

label *10, 20;*

gibt, dann kann es nur in A damit markierte Anweisungen geben, in der Prozedur *p2* z.B. aber eine Sprunganweisung *goto 20*. Dieser Fall liegt in Beispiel 9.9 vor. Gibt es im Block B_1 eine Vereinbarung

label *30;*

so kann man sich in A nicht durch eine Anweisung *goto 30* auf ein Sprungziel in A_1 beziehen. Grob gesagt läuft diese Regelung also darauf hinaus, daß man aus einer Prozedur zwar heraus, nicht aber hineinspringen kann.

Unter dem Gesichtspunkt der Blockstruktur kann man auch die Stellung der Standardnamen erklären. Man kann sich vorstellen, daß das Benutzerprogramm, das ja nach Def. (2.6) im wesentlichen ein Block ist, wie in Bild 8.6 in eine vom Compiler zur Verfügung gestellte Umgebung eingebettet ist. Der Compiler stellt gewissermaßen einen Block mit den Vereinbarungen der Standardnamen zur Verfügung, in den das Benutzerprogramm als untergeordneter Block eingebettet wird. Die Standardnamen sind für den Benutzerblock dann globale Größen. So ist es verständlich, daß die Standardnamen als globale Größen nur in der vorgegebenen Bedeutung benutzt und nicht anderweitig definiert werden müssen. Wenn man dies trotzdem tut, in einem Programm also eine lokale Variable

var sin : boolean

einführt, so setzt man eben die globale Standardfunktion *sin* außer Kraft, kann sie also nicht mehr benutzen.

```
const maxint = . . .
type real = . . .
      integer = . . .
      char = . . .
      boolean = . . .
procedure read . . .
procedure write . . .
         ⋮
function sin(x:real):real ;
function ln(x:real):real ;

         ⋮

program benutzer(input, output)
      const . . .
      var . . .
      procedure . . .

      begin
         ⋮
      end.
```

Bild 8.6:   Zur Vereinbarung der Standardnamen

Noch eine andere Besonderheit von PASCAL muß in diesem Zusammenhang erwähnt werden. In der Einleitung wurde betont, daß PASCAL einen besonders einfachen und effizienten Compiler haben sollte. Man hatte wohl an einen 1-Paß-Compiler gedacht, der die Übersetzung in einem Durchgang ausführen kann. Aus diesem Grund wird verlangt, daß ein Name erst benutzt werden kann, nachdem er definiert bzw. vereinbart ist. Der Benutzung eines Namens muß seine Definition bzw. Vereinbarung „textuell" vorangehen. In einem Konstantenteil etwa muß man

const max = 567;
        min = −max;

und darf nicht

const min = −max;
        max = 567;

schreiben. Für die Prozeduren und Funktionen bedeutet dies insbesondere, daß man beim Aufruf einer Prozedur bzw. Funktion in einer anderen die aufgerufene zuvor vereinbart haben muß. Bei

> ***procedure** neu(z:real);*
>
> ⋮
>
> ***procedure** alt(x:real);*
>   ***begin***
>
>   ⋮
>
>   *neu(x);*
>
>   ⋮
>
>   ***end***

darf die Reihenfolge nicht vertauscht werden. Danach wäre es eigentlich auch verboten, daß sich eine Prozedur bzw. Funktion selbst aufruft. Es handelt sich dann um einen rekursiven Aufruf, und diesem wichtigen Spezialfall ist der folgende §8.4 gewidmet. Zu den (indirekten) rekursiven Aufrufen gehört auch, daß sich zwei Prozeduren „über Kreuz" aufrufen:

> ***procedure** alt(x:real);*
>
> ⋮
>
> *neu(x);*
>
> ⋮
>
> ***procedure** neu(y:real);*
>
> ⋮
>
> *alt(y);*
>
> ⋮

Wie man mit Hilfe der Direktive *forward* eine Lösung finden kann, wird ebenfalls in §8.4 beschrieben und am Beispiel 8.11 demonstriert werden.

Eine andere zulässige Ausnahme von dem Prinzip der textuell vorausgehenden Definition gibt es bei Daten vom Typ Zeiger (s. §9.3), und auch dabei handelt es sich wieder um Rekursionen.

8.4   Rekursive Prozeduren und Funktionen

Ein Objekt heißt rekursiv, wenn es sich teilweise selbst enthält. Eine Definition ist rekursiv, wenn das zu Definierende teilweise durch sich selbst definiert wird. Wie bei einem Fernsehbild, wo die Kamera auf den eigenen Monitor gerichtet ist, bewirkt die Rekursion so eine unendlich tiefe Verschachtelung. Jede Rekursion muß daher einmal abgebrochen werden. Bei einer rekursiven Definition bedarf es einer Definition, wo das zu Definierende sich nicht selbst definiert. Das Rekursionsschema muß so beschaffen sein, daß der Einsetzungsmechanismus zu dieser nichtrekursiven Definition hinstrebt.

Die Rekursion ist eine Möglichkeit, um durch einen endlichen Text unendlich viele Objekte zu definieren. Die andere Möglichkeit ist die Iteration. Auch bei ihr braucht man ein Abbruchkriterium, um eine konkrete iterative Definition zu terminieren. Nennen wir zunächst einige Beispiele. Das klassische Beispiel ist die Fakultät, deren iterative Definition

$$n! = 1 \cdot 2 \cdot \ldots \cdot n,$$

deren rekursive Definition

$$n! = n \cdot (n-1)!$$
$$0! = 1$$

lautet. Eine Folge $<x_i>$ kann man dadurch definieren, daß man entweder das i-te Glied direkt angibt, etwa

$$x_i = \frac{x^i}{i!} \qquad (i = 1, 2, \ldots)$$

oder rekursiv, indem man angibt, wie sich das i-te Glied aus dem (oder den) vorhergehenden Glied(ern) ergibt:

$$x_i = x_{i-1} \cdot \frac{x}{i}$$

$$x_1 = x$$

Auch Sprachen sind extrem rekursiv, wodurch es möglich ist, durch eine endliche Grammatik eine unendliche Anzahl von syntaktisch richtigen Formulierungen zu erzeugen. Die Definition des Begriffs Name in (2.5) erfolgte iterativ:

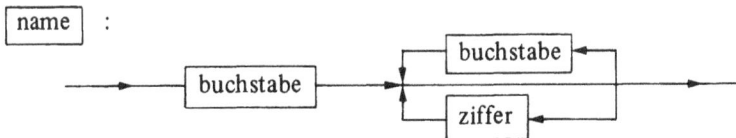

Die rekursive Definition würde lauten

name :

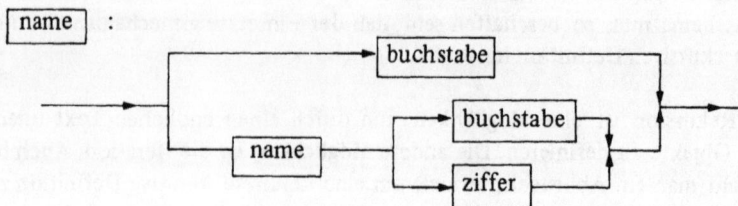

Dem Sinn nach bedeutet diese Definition: „Ein Name ist entweder ein Buchstabe oder ein Name gefolgt von einem Buchstaben oder einer Ziffer". In §2.3 haben wir dafür einfach gesagt, daß ein Name eine beliebig lange Folge von Buchstaben und/oder Ziffern ist, die mit einem Buchstaben anfängt.

Die Beispiele zeigen den entscheidenden Unterschied zwischen Rekursion und Iteration. Die Beschreibung durch eine Iteration erfordert eine Schleife, die Rekursion kann denselben Tatbestand ohne Schleife ausdrücken.

Auch Datenstrukturen sind häufig rekursiv, wie wir das in §9.3 von Listen und Bäumen sehen werden („Eine Liste ist entweder leer oder enthält ein Element, dessen Nachfolger eine Liste ist". „Ein Baum ist entweder leer oder hat einen Knoten, an dessen Ästen Bäume hängen").

Ein Computer ist wegen seiner Eigenschaft, einen Vorgang schnell mit hoher Zuverlässigkeit wiederholen zu können, zur Ausführung von Iterationen und Rekursionen besonders geeignet. Die Iterationen sind mit Hilfe der Wiederholungsanweisungen von §7 (*for, repeat, while*) leicht zu realisieren. Wenn man die Rekursion in eine Programmiersprache einführen will, bieten sich dafür Prozeduren und Funktionen an. Es ist geradezu umgekehrt. Wenn es noch keine Prozeduren und Funktionen gäbe, müßte man sie wegen der Rekursion einführen. Eine Prozedur erlaubt es, eine Anweisung mit einem Namen zu versehen, durch den sie aufgerufen werden kann. Sie kann sich also auch prinzipiell selbst aufrufen. Durch geeignete aktuelle Parameter oder ein geeignetes Abbruchkriterium muß man dafür sorgen, daß die Rekursion terminiert wird. Das kann man dadurch erreichen, daß ein Parameter x abnimmt und die Rekursion bei $x = 0$ beendet wird. Eine typische Konstruktion ist z.B.

procedure proc(x : integer, . . .);

   begin
     ⋮
   if x > 0 then proc(x−1, . . .)
     ⋮
   end;

oder bei einer Funktion

function f(x : integer, . . .) : integer;

> *begin*
> :
> *if x > 0* **then** *f := (∗ ausdruck mit f(x−1, . . .) ∗)*
>   **else** *f := (∗ ausdruck ohne f( ) ∗)*
> :
> *end;*

Beispiel 8.9: Es soll eine Zeichenkette gelesen und umgekehrt ausgegeben werden. Das Ende der Zeichenkette sei das Zeichen $. Es ist dies ein Beispiel für eine parameterlose Prozedur. Der Abbruch der Rekursion wird durch Lesen des Endezeichens $ herbeigeführt.

program invers(input,output);

procedure invers;
var c:char;
begin
  read(c);
  if c <> '$' **then** *invers;*
  write(c);
end;

begin
  invers;
end.   ■

Um Rekursion zu verstehen, ist der Begriff des Kellers (engl. stack) notwendig. Bei jedem rekursiven Aufruf wird ja die Ausführung unterbrochen und eine neue Ausführung dieser Prozedur angefangen. Die unterbrochene Ausführung muß später fortgesetzt werden. Die einzelnen Ausführungen unterscheiden sich durch die Werte der lokalen Parameter. Ein Keller ist ein speziell verwalteter Speicherbereich, der nach dem LIFO-Prinzip verwaltet wird (LIFO = Last In First Out). Der Keller hat einen „Boden" und einen Zeiger (den sog. stack pointer), der immer auf das oberste Kellerelement zeigt. Das Schreiben in und Lesen aus dem Keller erfolgt immer oben an der Stelle des Zeigers. Das Schreiben nennt man auch Abkellern (push), das Lesen Auskellern (pop up, pull).

Bei einem rekursiven Aufruf werden die Werte aller lokalen Größen abgekellert und beim Fortsetzen dieser Ausführung wieder ausgekellert. Damit nach einer vollständigen Ausführung eines Aufrufs sichergestellt wird, das Programm hinter dem Aufruf fortzusetzen, ist auch jeweils die Rückkehradresse mit abzukellern. Für das Beispiel 8.9 zeigt das Bild 8.7 die Kellerbelegung für die Eingabe ROT$.

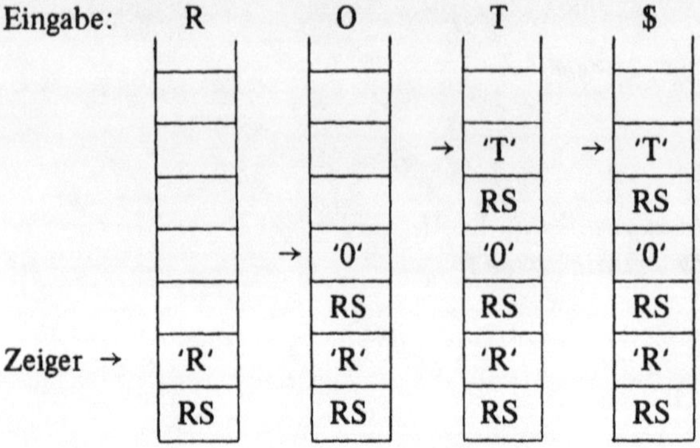

Eingabe: R   O   T $

Bei Eingabe '$' werden die angefangenen Ausführungen von *invers* nun beendet. Beim Auskellern werden die Zeichen in der Reihenfolge

TOR

ausgegeben.

Zeiger →

Bild 8.7: Belegung des Kellers für Beispiel 8.9 (RS = Rücksprungadresse)

Beispiel 8.10:

Als Beispiel diene eine Funktion zur Berechnung des Binomialkoeffizienten $\binom{n}{k}$. Entsprechend der iterativen Definition

$$\binom{n}{k} = \frac{n \cdot (n-1) \cdot \ldots \cdot (n-k+1)}{1 \cdot 2 \cdot \ldots \cdot k}$$

könnte man schreiben

```
function binom(n,k : integer) : integer;
    var i, s : integer;
    begin
    s := 1;
    if k > 0 then for i := 1 to k do s := s * (n−i+1) div i;
    binom := s
    end;
```

Der Kürze halber unterstellen wir, daß die Funktion richtig, d.h. mit $n \geqslant k \geqslant 0$, aufgerufen wird. Entsprechend der rekursiven Definition

$$\binom{n}{k} = \binom{n}{k-1} \cdot \frac{n-k+1}{k} \quad , \quad \binom{n}{0} = 1$$

könnte man aber auch rekursiv schreiben

```
function binom(n, k : integer) : integer;
    begin
    if k > 0 then binom := binom(n,k−1) * (n−k+1) div k
            else  binom := 1
    end;
```

■

Man beachte den Gebrauch des Funktionsnamens *binom*. Bei der iterativen Formulierung kommt *binom* genau einmal auf der linken Seite einer Wertzuweisung vor. Bei der rekursiven Formulierung kommt *binom* ebenfalls, wie das in §8.2 verlangt wurde, auf der linken Seite von Wertzuweisungen vor, wird aber außerdem aufgerufen. Und dies muß innerhalb eines Ausdrucks mit Angabe von aktuellen Parametern geschehen.

Ruft eine Prozedur oder Funktion wie *binom* sich selbst auf, spricht man auch von einer direkten Rekursion. Rufen sich Prozeduren gegenseitig auf, wie wir das schon am Ende von §8.3 angedeutet hatten, so spricht man von einer indirekten Rekursion:

```
procedure alt(x : real);

    begin
        :
        neu(x);
    end;
procedure neu(y : real);

    begin
        :
        alt(y);
        :
    end;
```

Um *neu* benutzen zu können, bevor es definiert wird, kann man durch die Direktive *forward*, einen sog. Vorwärtsbezug, den Prozedurkopf *neu* anführen und dann angeben, daß der zugehörige Block später im Programm folgt.

```
procedure neu(y : real); forward;
procedure alt(x : real);
    begin
        :
        neu(x);
        :
    end;
procedure neu; (* hier entfaellt jetzt die parameterangabe *)
    begin
        :
        alt(y);
        :
    end;
```

Bevor dann der Block der mit *forward* aufgeführten Prozedur folgt, ist ihm die Angabe

> *procedure* prozedurname;

voranzustellen. Die Parameterliste (und bei Funktionen die Angabe über den Typ des Funktionswertes) stehen beim Vorwärtsbezug.

Beispiel 8.11: Es wird durch direktes, fast naives Vorgehen ermittelt, ob eine Zahl n Primzahl ist oder nicht. Dazu wird eine Funktion *prim* vom Typ *boolean* benutzt, die prüft, ob n durch eine der Primzahlen bis $\sqrt{n}$ teilbar ist. Für den Test auf Teilbarkeit wird eine Funktion *next(i)* benutzt, die die nächste auf *i* folgende Primzahl erzeugt. Die beiden Funktionen *prim* und *next* rufen sich gegenseitig über Kreuz auf.

```
program primzahlen(input,output);
var n,k : integer;

function next(i:integer):integer; forward;
(* die Funktion next wird erst später definiert *)

function prim(j:integer):boolean;
var k:integer;
begin
    k := 2;
    while (sqr(k)<=j) and (j mod k <> 0) do k := next(k);
    if sqr(k) > j then  prim := true
                else prim := false;
end (* of prim *);

function next; (* die Parameter stehen oben im forward-Bezug *)
var m:integer;
begin
    m := i+1;
    while not prim(m) do m := m+1; (* next ruft seinerseits prim auf! *)
    next := m;
end (* of next *);

begin
    writeln('gib eine zahl:'); readln(n);
    if prim(n) then writeln(n:4,' ist Primzahl')
            else writeln(n:4,' ist keine Primzahl');
    (* und so könnte man die Primzahlen bis n ausgeben:
    writeln(' JA',' ':5,'NEIN');
    for k := 2 to n do if prim(k) then writeln(k:4)
                                else writeln(k:13); *)
end.                                                    ■
```

Die indirekte Rekursion kann sich auch über mehr als zwei Stufen erstrecken. In unseren Syntaxdiagrammen gibt es eine solche vierstufige indirekte Rekursion.

Man sehe sich unter diesem Aspekt die Definitionen (5.1) − (5.4) einmal an: faktor wird durch ausdruck, term durch faktor, einfacher ausdruck durch term und ausdruck schließlich durch einfacher ausdruck definiert. Mit dieser Rekursion kann man beliebig verklammerte arithmetische Ausdrücke definieren. Die terminierende Definition dieses Kreises liegt bei faktor, der auch anders als durch ausdruck definiert werden kann.

Theoretisch sind Iteration und Rekursion äquivalent, weil man jede Iteration in eine Rekursion umformen kann und umgekehrt. Das folgende Beispiel zeigt, wie man eine Schleife in eine Rekursion verwandeln kann.

Beispiel 8.12:

```
program iterationzurekursion(output);
var i : integer;

procedure schleife(i:integer);
var k:integer;
begin
   k := 1;
   while k <= i do begin
                     write(k:3);
                     k := k+1;
                  end;
end (* of schleife *);

procedure rekursion(i:integer);
begin
   if i > 1 then rekursion(i−1);
   write(i:3);
end;

begin
   schleife(10);
   writeln;
   rekursion(10);
end.
```
■

Programmtechnisch läuft eine Iteration auf eine Schleife, eine Rekursion auf den eigenen Aufruf einer Prozedur oder Funktion hinaus. Zur Laufzeit wird die Schleife zeitlich nacheinander ausgeführt, während bei der Rekursion alle Werte im Keller gehalten werden. Im obigen Beispiel wird bei der Prozedur *schleife* die **while**-Schleife zehnmal ausgeführt, bei der Prozedur *rekursion* wird ein Keller angelegt, in den die Zahlen 10..1 abgekellert werden. Es ist einleuchtend, daß die Rekursion mehr Speicherplatz und Rechenzeit erfordert als die entsprechende iterative Formulierung. Mit dem folgenden Beispiel kann man diesen Effekt sehr schön demonstrieren.

Beispiel 8.13: Die Fibonacci-Zahlen sind eine Zahlenfolge, die durch

$$x[1] = x[2] = 1,$$
$$x[i] = x[i-1] + x[i-2] \text{ für } i > 2$$

definiert ist. Sie beschreiben das Wachstum einer Population. Die obige Definition ist rekursiv: „Das i-te Glied der Folge ist für $i > 2$ die Summe der beiden vorhergehenden Glieder". In dem folgenden Programm wird die i-te Fibonacci-Zahl sowohl iterativ wie rekursiv berechnet.

```
program fibonacci(input,output);
var gl:integer;

function fibit(n:integer):integer;
var a,b,c,i:integer;
begin
  a := 1; b := 1;
  for i := 3 to n do begin
                c := a+b; a := b; b := c
            end;
  fibit := c
end (* of fibit *);

function fibrek(n:integer):integer;
begin
  if (n = 1) or (n = 2) then fibrek := 1
                else fibrek := fibrek(n-1)+fibrek(n-2)
end (* of fibrek *);

begin
  writeln('welches Glied der Folge wollen Sie wissen?'); read(gl);
  writeln(fibit(gl):5,fibrek(gl):8)
end.
```

■

Wenn man das obige Beispiel laufen läßt, so werden die ersten 10 Glieder der Fibonacci-Folge etwa gleich schnell berechnet. Beim 20. Glied dauert die rekursive Berechnung etwa fünfmal länger als die iterative, beim 30. Glied schon mehr als hundertmal länger. Der Unterschied ist hier besonders drastisch, weil sich *fibrek* gleich zweimal selbst aufruft. Übrigens wächst die Zahl der rekursiven Aufrufe wieder selbst wie die Folge der Fibonacci-Zahlen.

Wenn man also ein Problem wahlweise iterativ und rekursiv formulieren kann, ist der iterativen Formulierung stets der Vorzug zu geben. Nun ist es aber so, wie das letzte Beispiel zeigt, daß man die rekursive Formulierung leicht hinschreiben kann, weil das Problem rekursiv definiert vorliegt, während die iterative Formulierung schwieriger zu finden ist. Die Funktion *fibrek* ist natürlich auch viel leichter zu verstehen als *fibit*. Wir werden in diesem Buch noch auf Beispiele stoßen (etwa die Beispiele 9.9, 9.14), bei denen sich praktisch nur die rekursive Formulierung leicht angeben läßt.

9. Datentypen

Ein Programm hat die Aufgabe, Daten zu verarbeiten. Aus Eingabedaten sind im Laufe des Programms Ausgabedaten zu erzeugen. Unter dem allgemeinen Begriff Daten verbirgt sich eine Vielfalt von möglichen Typen. Daten können so einfache Dinge wie Zahlen, Zeichen, Wahrheitswerte oder Elemente von Mengen sein, aber auch aus solchen einfachen Daten aufgebaut sein wie Vektoren, Matrizen, Zeichenketten, Mengen bis hin zu Personen, die durch Zeichenketten, Zahlen und andere Merkmale beschrieben werden, oder dann gar Listen von Personen usw.

Der Datentyp spielt in der Programmierung eine zentrale Rolle. Er legt die Wertmenge fest, zu der eine Konstante gehören, die eine Variable annehmen, ein Ausdruck erzeugen oder eine Funktion berechnen kann. Es erleichtert die Benutzung der Sprache und die Compilierung außerordentlich, wenn man einer Konstanten, Variablen, Funktion oder einem Ausdruck in einfacher Weise ansehen kann, welcher Datentyp angenommen oder erzeugt werden kann.

Unter diesem Gesichtspunkt sei daran erinnert, daß bei der Vereinbarung in Def. (4.3) jeder Variablenname mit einem Datentyp gekoppelt wird, bei den Operatoren in §5 die Typen der beteiligten Operanden und des Ergebnisses genau festgelegt sind, bei den Funktionen in Def. (8.7) der Typ des Funktionswertes anzugeben ist und ebenso die formalen Parameter nach Def. (8.3) eine Typangabe verlangen.

Es ist eine der wesentlichen Eigenschaften von PASCAL, daß es nicht nur Namen für Konstanten, Variablen, Prozeduren und Funktionen, sondern auch für Datentypen gibt. Die Vereinbarung oder besser Definition dieser Namen für Datentypen erfolgt im Teil Typdefinition (s. Def. (2.10)). Seine Form ist

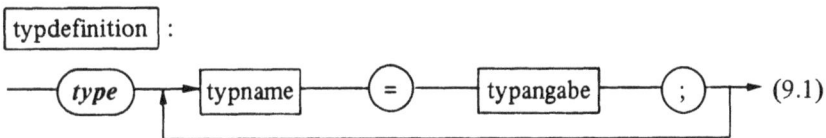

$$\boxed{\text{typdefinition}}:$$

Den Typ selbst kann man auf zweierlei Art angeben.

typangabe :

$$
\begin{array}{c}
\boxed{\text{typname}} \\
\boxed{\text{typ}}
\end{array}
\tag{9.2}
$$

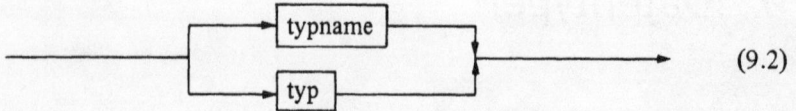

Man kann entweder an dieser Stelle den Typ selbst angeben oder sich auf einen früher eingeführten Typnamen beziehen. Bevor wir auf die Typen eingehen, sei in Erinnerung gerufen, an welchen wichtigen Stellen diese Begriffe bisher vorgekommen sind. Da wir noch keine selbstdefinierten Typen verwendet haben, ist der Unterschied noch nicht deutlich geworden. Bei der Variablenvereinbarung in (4.3) wird Typangabe verlangt, d.h. man hat die Wahl zwischen den beiden Möglichkeiten von (9.2). Hingegen werden die formalen Parameter nach (8.3) und der Funktionswert nach (8.7) durch einen Typnamen beschrieben. Und es sei weiter daran erinnert, daß die Standard-Datentypen *integer, real, char* und *boolean* Typnamen sind!

In der Praxis wird es darauf hinaus laufen, daß man für die Parameter von Prozeduren und Funktionen unbedingt Typnamen braucht, während man bei den Variablen abwägen kann, ob ein Typname zweckmäßig ist oder wegbleiben kann.

Damit wird der Zusammenhang zwischen einem Datentyp und seinem Namen hergestellt. Um der Vielfalt der in der Praxis zu verarbeitenden Daten gerecht zu werden, sollte eine Programmiersprache einen gewissen Vorrat von grundlegenden Typen sowie Methoden zur Strukturierung dieser Grundtypen enthalten. Man unterscheidet daher

typ :

$$
\begin{array}{c}
\boxed{\text{einfacher typ}} \\
\boxed{\text{strukturierter typ}} \\
\boxed{\text{zeigertyp}}
\end{array}
\tag{9.3}
$$

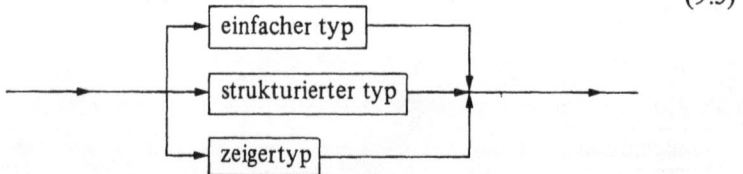

Mit diesen drei Arten von Datentypen werden wir uns in den folgenden §§9.1–9.3 befassen. Die Vielfalt der Datentypen insgesamt zeigt das Bild 9.1.

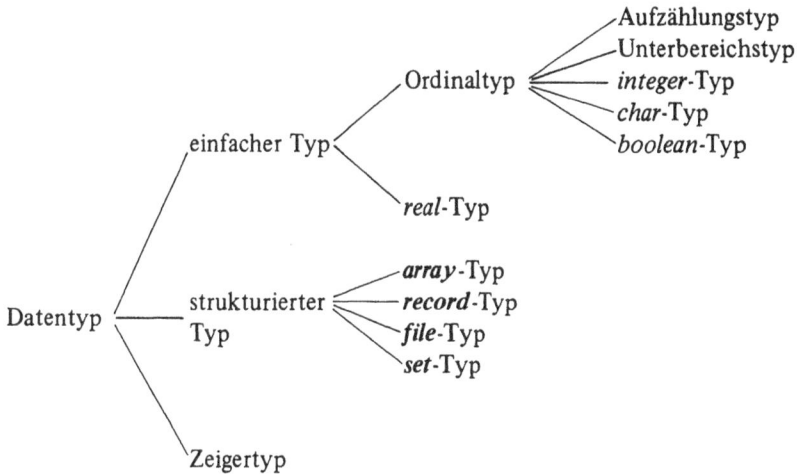

Datentyp
- einfacher Typ
  - Ordinaltyp
    - Aufzählungstyp
    - Unterbereichstyp
    - *integer*-Typ
    - *char*-Typ
    - *boolean*-Typ
  - *real*-Typ
- strukturierter Typ
  - *array*-Typ
  - *record*-Typ
  - *file*-Typ
  - *set*-Typ
- Zeigertyp

Bild 9.1:

9.1 Einfache Datentypen

Unter einfachen·Datentypen versteht man solche, deren Werte unstrukturiert sind, die nicht aus noch einfacheren Typen zusammengesetzt sind. Es sind die atomaren Bausteine der strukturierten Datentypen. Ihr Wertebereich ist eine geordnete Menge.

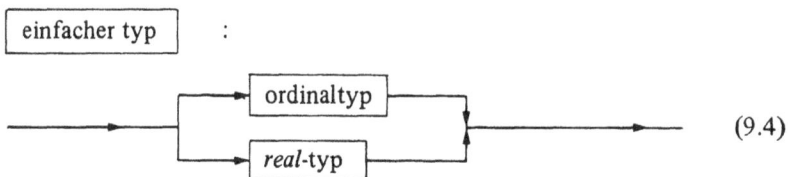

einfacher typ :

$$\text{(ordinaltyp / real-typ)} \tag{9.4}$$

Aus praktischen Gründen unterscheidet man zwischen dem Ordinaltyp und dem *real*-Typ. Der real-Typ ist durch den Standardnamen real erklärt. Die in einem Computer darstellbaren *real*-Zahlen stellen zwar auch eine endliche, geordnete Menge dar, ihre Mächtigkeit und vor allem der Übergang von einem Element zum Nachfolger sind sehr anlagenabhängig. Es ist daher praktisch, bei den einfachen Typen zwischen dem Ordinaltyp und dem *real*-Typ zu unterscheiden.

Der Ordinaltyp ist weiter folgendermaßen untergliedert:

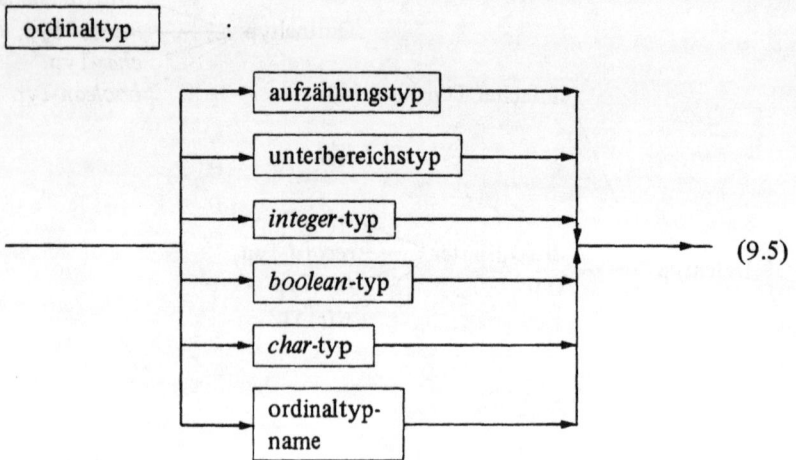

$$\boxed{\text{ordinaltyp}} \quad :$$

```
                    ┌─────────────────────┐
              ┌────►│   aufzählungstyp     ├────┐
              │     └─────────────────────┘    │
              │     ┌─────────────────────┐    │
              ├────►│  unterbereichstyp   ├────┤
              │     └─────────────────────┘    │
              │     ┌─────────────────────┐    │
        ──────┼────►│    integer-typ      ├────┼──────►        (9.5)
              │     └─────────────────────┘    │
              │     ┌─────────────────────┐    │
              ├────►│    boolean-typ      ├────┤
              │     └─────────────────────┘    │
              │     ┌─────────────────────┐    │
              ├────►│     char-typ        ├────┤
              │     └─────────────────────┘    │
              │     ┌─────────────────────┐    │
              └────►│    ordinaltyp-      ├────┘
                    │       name          │
                    └─────────────────────┘
```

9.11   Aufzählungstyp

Beim Aufzählungstyp wird der Wertebereich als geordnete Menge aufgezählt, wobei die einzelnen Werte durch Namen bezeichnet werden. Zu bemerken wäre noch, daß in den älteren Fassungen dieser Datentyp als Skalartyp bezeichnet wurde.

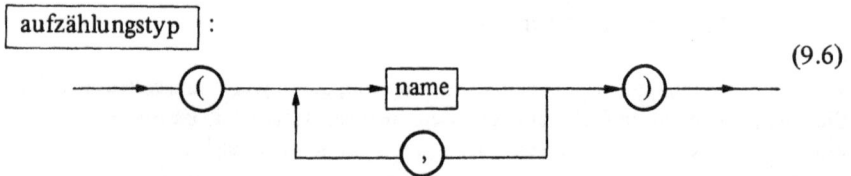

$$\boxed{\text{aufzählungstyp}} \quad :$$

```
                                                               (9.6)
    ──────►( ( )─────┬───►│ name │───┬───►( ) )──────►
                     ▲               │
                     └────( , )──────┘
```

Beispiele für Definitionen dieser Art sind

> **type** tag = (mon, die, mit, don, frei, sam, son);
>   farbe = (rot, gruen, blau, weiss, gelb);
>   sex = (mann, frau);

Vereinbarungen der Art

> **var** x : tag; y : farbe; z : sex;

besagen dann, daß die Variable x einen der Werte von mon bis son, die Variable z einen der Werte mann oder frau annehmen kann. Dabei dürfen in zwei verschiedenen Typdefinitionen nicht die gleichen Namen für Werte vorkommen. Die in der Typdefinition von Aufzählungstypen aufgezählten Namen stellen die Konstanten der Variablen des entsprechenden Typs dar.

Durch die Aufzählung der Namen in Def. (9.6) wird eine Reihenfolge festgelegt. Für die Aufgezählten Werte gibt es also ein „vorher" und „nachher". So folgt *blau* auf *gruen*, und *don* geht *frei* voraus. Für Ordinaltypen gibt es die folgenden Standardfunktionen:

succ(x)	Nachfolger von x
pred(x)	Vorgänger von x
ord(x)	Ordnungszahl von x

Das Argument x ist ein Ordinaltyp, der Funktionswert von *succ* und *pred* ist ein Ordinaltyp derselben Art wie x, bei *ord* vom Typ *integer*. Es ist also

succ(mon) = die
pred(frau) = mann
ord(weiss) = 3

Die Funktion *ord* ist schon in §3.4 bei dem Standardtyp *char* vorgekommen. Man beachte, daß die Zählung in Def. (9.6) bei 0 beginnt, daß also *ord(mon) = 0* ist. Wird der Definitionsbereich überschritten wie bei *pred(rot)* oder *succ(son)*, so ist der Funktionswert nicht definiert.

Die Ordinaltypen *integer*-typ, *boolean*-typ und *char*-typ sind durch die entsprechenden standardmäßig vorhandenen Typnamen erklärt. Die Konstanten dieser Typen sind schon in §3 bei den Standard-Datentypen beschrieben worden. Sie bilden eine geordnete Wertemenge, deren Ordnung beim Typ *char* durch den verwendeten Code festgelegt wird. Beim Typ *boolean* kommt *false* vor *true*. Es gilt also die für das Anwenderprogramm globale Typdefinition

type *boolean = (false, true)*

Für die folgenden Beispiele und Erläuterungen wollen wir die Vereinbarungen

type *farbe = (rot, gruen, blau, weiss, gelb);*
    ort = (kn, ul, ka, fr, hd);
var *color : farbe;*
    kennzeichen : ort;
    p, q : boolean;
benutzen.

Variablen vom Aufzählungstyp kann man durch Wertzuweisungen wie

color := gelb;
kennzeichen := fr;

einen der in der Typdefinition aufgezählten Werte zuweisen.

Da der Wertebereich eine geordnete Menge darstellt, sind auch die Vergleichsoperatoren (s. §5.2) allgemein auf einfache Typen, also auch Aufzählungstypen, sinnvoll anwendbar. So hat

> *rot* $<$ *weiss*   den Wert *true,*
>   *kn* $=$ *fr*   den Wert *false.*

So ist etwa

> *if color* $=$ *gruen then color* $:=$ *succ(color)*

eine sinnvolle Anweisung. Bei den logischen Operatoren in §5.2 hatten wir gesehen, daß es die Operatoren *and, not* und *or* standardmäßig gibt. Andere logische
Verknüpfungen kann man nun dadurch realisieren, daß man sich auf die Typdefinition des Ordinaltyps *boolean* beruft (in der *false* vor *true* aufgezählt ist). So entspricht

> *p* $=$ *q*   der Äquivalenz,

für die man auch

> *(p and q) or (not p and not q)*

schreiben könnte,

> *p* $<>$ *q*   der Antivalenz,
>   *p* $<=$ *q*   der Implikation von *q* durch *p.*

Bei der *for*-Anweisung in §7.6 ist der Begriff ordinal schon einmal vorgekommen.
Laufvariable und Laufgrenzen mußten von demselben Ordinaltyp sein. Die
„Schrittweite" bedeutet dabei den Übergang zum nächsten Wert im Wertebereich
entsprechend der Typdefinition.

> *for color* $:=$ *gruen to gelb do* . . .

bedeutet, daß die Variable *color* nacheinander die Werte *gruen, blau, weiss, gelb*
(in dieser Reihenfolge) annimmt.

Auch bei der *case*-Anweisung in §7.7 mußten der Ausdruck und die die Anweisungen auswählenden Konstanten Ordinaltypen sein. Wir wollen eine solche *case*-
Anweisung benutzen, um die Werte der Variablen *kennzeichen* zu drucken. Es sei
daran erinnert (§6), daß die Standardprozedur *write* nur für die vier Standardtypen vorgesehen ist. Man kann also nicht ohne weiteres

> *write(kennzeichen)*

oder

> *write(kn, ul)*

schreiben. Will man die Werte von Aufzählungsvariablen ausdrucken, muß man sich
eine eigene Prozedur schreiben, z.B. also

> *procedure druck(x:ort);*
> *begin*
>   *case x of kn : write('kn');*
>   *ul : write('ul');*
>   *ka : write('ka');*

fr : write('fr');
hd : write('hd') **end**
end;

Ebenso ist hervorzuheben, daß bei *read* standardmäßig keine Variablen vom Aufzählungstyp vorkommen dürfen. Man muß sich also selbst eine

procedure *lies (* **var** *x : ort)*

schreiben.

Die Ein- und Ausgabe von Aufzählungsgrößen ist relativ umständlich über eigene Prozeduren durchzuführen. Es gibt daher zunehmend Compiler, die über die Norm hinausgehend bei *read* und *write* auch Aufzählungsgrößen zulassen.

9.12 Unterbereichstyp

Von bereits definierten Ordinaltypen (also auch den Standardtypen *integer, char, boolean,* nicht aber *real*) kann man einen Teil- oder Unterbereich festlegen. Dazu ist in der Definition der kleinste und größte Wert des Unterbereichs anzugeben, wobei der kleinste Wert nicht größer als die obere Grenze sein darf.

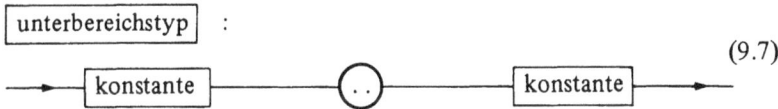

(9.7)

Beispiele dafür sind:

type letter = 'a' . . 'z';
lotto = 1 . . 49;
tag = (mon, die, mit, don, frei, sam, son);
werktag = mon . . sam;
var *glueck : lotto; day : werktag; buchstabe : letter;*

Die Variable *glueck* kann nur einen der Werte *1 . . . 49* annehmen, die Variable *buchstabe* nur eines der Zeichen *'a' . . . 'z'* usw.

Der Sinn des Unterbereichstyps liegt einmal darin, daß man Variablen an ihrem (passend gewähltem) Namen gleich den Wertebereich ansehen kann. Ein anderer Vorteil besteht darin, daß die Einhaltung der Grenzen zur Laufzeit des Programms überprüft werden kann, daß also Wertzuweisungen wie

glueck := 75;
day := son;

zu einer Fehlermeldung führen. Da die Überwachung der Bereichsgrenzen natürlich Rechenzeit kostet, erlauben es die meisten Compiler durch Angabe von Compiler-Optionen, die Überwachung ein- und auszuschalten. Während der Testphase eines Programms wird man die Bereichsgrenzen überwachen lassen, bei späteren Läufen abschalten. Davon ist aber mit größter Vorsicht Gebrauch zu machen.

Ein weiterer Vorteil liegt in einer möglichen Ersparnis an Speicherplatz. Meist werden integer-Zahlen durch 32 Bit gespeichert. Wenn man weiß, daß eine ganzzahlige Variable den Bereich von −32768..32767 oder 0..65535 nicht überschreiten wird oder gar nur mit 0..255 auskommt, dann empfiehlt sich eine Vereinbarung

type *shortinteger* = 0..65535;
     kurz   = −32767..32768;
     byte   = 0..255;

weil dann eine Variable vom Typ *shortinteger* oder *kurz* mit 16 Bit, eine vom Typ *byte* gar nur mit 8 Bit auskommt.

Das Hauptanwendungsgebiet der Unterbereichstypen liegt bei den strukturierten Datentypen, vor allem den Arrays (§9.21), wo die Indexgrenzen auf diese Weise festgelegt werden können. Für sinnvolle Beispiele sei also auf später verwiesen.

In diesem Zusammenhang sei noch einmal auf den Anfang von §9 verwiesen. Wenn man den Typnamen sonst im Programm nicht braucht, kann man den Typ auch in der Variablenvereinbarung angeben. So kann man im obigen Beispiel die Namen *letter* und *lotto* vermeiden und kürzer

var glueck : 1 .. 49; buchstabe : 'a' .. 'z';

schreiben.

9.2   Strukturierte Datentypen

Aus den einfachen Datentypen lassen sich nun komplizierter aufgebaute Datentypen konstruieren.

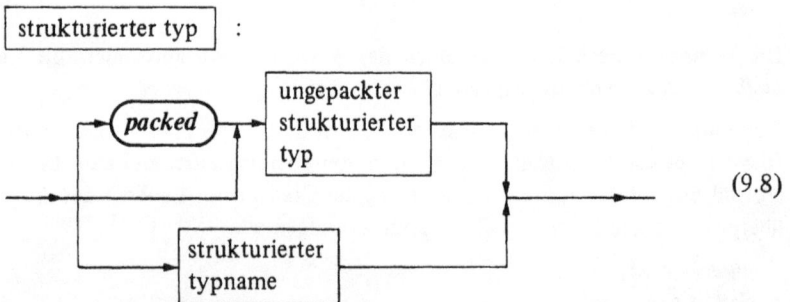

(9.8)

Den strukturierten Typen gemeinsam ist die Möglichkeit, ihnen das Wortsymbol *packed* voranzustellen. Bei der Speicherung von strukturierten Daten steht man vor dem Problem, ob der effektiven Ausnutzung des Speichers oder dem raschen Zugriff zu den Komponenten der Vorzug gegeben werden soll. Je dichter man nämlich die Komponenten im Speicher packt, desto zeitraubender ist der Zugriff zu ihnen. Und je großzügiger man mit dem Speicherplatz umgeht, desto rascher ist der Zugriff zu den Komponenten. Der Vorsatz *packed* ist für die Bedeutung des Programms ohne Belang. Er ist vielmehr ein Hinweis für den Compiler, den Speicher auf Kosten der Zugriffszeit effektiver auszunutzen. Auf die Einzelheiten wird bei der Beschreibung der verschiedenen strukturierten Datentypen eingegangen werden. Eine Ausnahme bezüglich der Bedeutung des Programms machen lediglich Arrays von Zeichen (*array of char*, s. §9.21), und ferner gilt die Vorschrift, daß bei Prozeduren aktuelle Referenzparameter keine Komponenten von gepackten Datentypen sein dürfen.

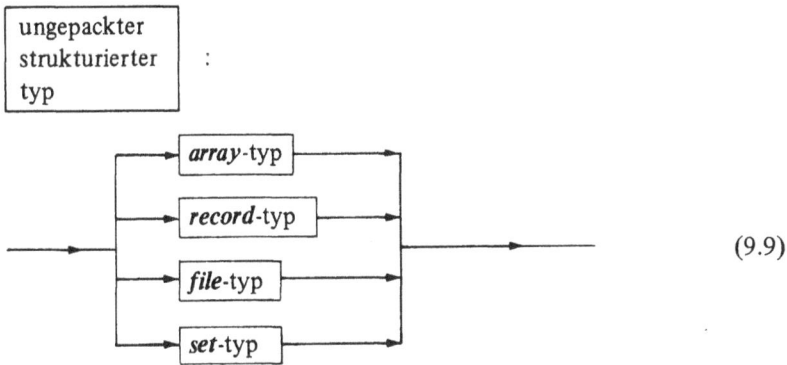

$$\begin{array}{ll} \boxed{\begin{array}{l}\text{ungepackter}\\\text{strukturierter}\\\text{typ}\end{array}} & : \\ \end{array}$$

| array-typ |
| record-typ |
| file-typ |
| set-typ |

(9.9)

Die strukturierten Typen unterscheiden sich durch die Strukturierungsmethode und die Art der Komponenten. Für die Datenverarbeitung von besonderer Bedeutung sind die ersten drei Typen. Die Strukturart *array* beschreibt Daten, die aus einer gegebenen Anzahl gleichartiger Komponenten bestehen. Es hat sich dafür die Bezeichnung Feld oder auch Reihung eingebürgert. In der Mathematik gehören dazu Vektoren und Matrizen. Die Strukturart *record* beschreibt Daten, die aus einer gegebenen Anzahl nicht notwendig gleichartiger Komponenten bestehen. Man nennt solche Datentypen auch Verbunde. Zu solchen Datentypen gehören etwa Personen oder Artikel, die durch verschiedenartige Merkmale beschrieben sind. Die Strukturart *file* schließlich beschreibt Daten, die aus einer variablen (und potentiell unendlichen) Anzahl von gleichartigen Komponenten bestehen, die auf einem externen Speicher gespeichert sind. Mitunter bezeichnet man diesen Datentyp auch als Datei oder Sequenz.

Zu jedem dieser Datentypen gibt es nun Variable von dem entsprechenden Typ. Diese Variablen, die ein Array, einen Record oder eine Datei bezeichnen, werden wie üblich mit einem Namen versehen, und sind also dann im Sinne von Def. (4.4) und (4.5) Ganzvariable. Auf die Komponenten einer solchen Variablen kann man durch die Komponentenvariablen von Def. (4.4) zugreifen. Entsprechend den drei beschriebenen Strukturierungsmöglichkeiten gibt es:

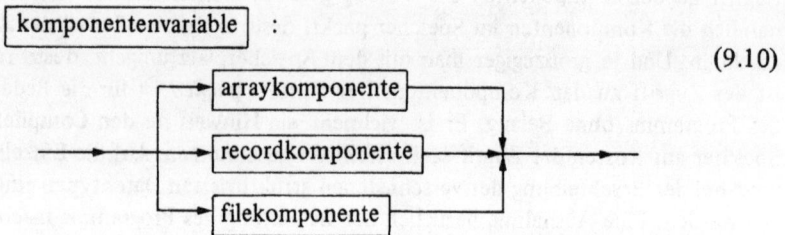

| komponentenvariable | : |

$$(9.10)$$

```
        ┌──→ arraykomponente ──┐
────────┼──→ recordkomponente ─┼──────────→
        └──→ filekomponente ───┘
```

Beim Datentyp *set* geht es darum, mit Mengen hantieren zu können, genauer, mit den Elementen einer Potenzmenge über gegebenen Elementen. Diese Möglichkeit wird sich besonders dann als praktisch erweisen, wenn es darum geht festzustellen, ob ein bestimmtes Element in einer Menge vorhanden ist oder nicht.

9.21 Arrays

Arrays bestehen aus einer festen Anzahl gleichartiger Komponenten. Die einzelnen Komponenten werden durch Indizes gekennzeichnet. Die Typdefinition muß also den Typ sowohl der Indizes wie der Komponenten enthalten:

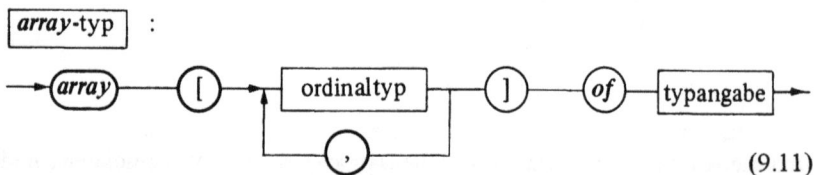

| *array*-typ | : |

```
──(array)──([)──→ ordinaltyp ──(])──(of)──[ typangabe ]──→
                │           │
                └────(,)────┘
```

$$(9.11)$$

Der Ordinaltyp in eckigen Klammern beschreibt den Typ der Indizes, der Typ nach *of* den Typ der Komponenten. Die Indizes müssen also, wie in den meisten anderen Programmiersprachen, durchaus keine ganzen Zahlen sein. Häufig ist der Fall, daß als Index ein Unterbereich eines Ordinaltyps genommen wird, und manche Compiler erlauben bei *integer* nur einen Unterbereich. Die Anzahl der Indizes nennt man auch die Dimension des Array.

Beispiele für Arraydefinitionen sind

> *const n = 8;*
> *type wort = array[1 . . 10] of char;*
> > *matrix = array[1 . . n,1 . . n] of integer;*
> > *letter = array['a' . . 'z'] of integer;*
> > *farbe = (rot, gelb, blau);*
> > *fahne = array[1 . . 3] of farbe;*
> > *muster = array[farbe] of boolean;*

Nach den Vereinbarungen

var *name : wort;*
    z : matrix;
    h : letter;
    m : muster;
    i : integer;
    bunt : fahne;

besteht die Variable *name* aus 10 Zeichen, *z* aus n∗n *integer*-Zahlen, *h* aus 26 *integer*-Zahlen, deren Index die Buchstaben sind, *m* aus drei Wahrheitswerten. Man unterscheide sorgfältig zwischen dem Typ des Array (*h* ist vom Typ *letter*), dem Typ der Komponenten (die Komponenten von *h* sind vom Typ *integer*) und dem Typ des Index (die Indizes der Komponenten von *h* sind Buchstaben). Man könnte sich also etwa h_b = 16 vorstellen.

Von fundamentaler Bedeutung ist die Einsicht, daß die Arrayvariablen *name*, *z*, *h*, *m* und *bunt* Ganzvariablen entsprechend Def. (4.4) sind, ihre Komponenten Komponentenvariablen. Entsprechend dem Bild 4.1 besteht also der Zusammenhang von Bild 9.2.

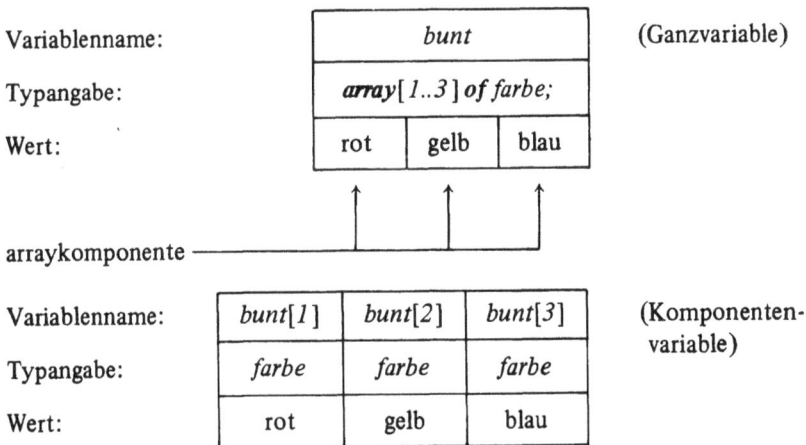

Bild 9.2: Zusammenhang zwischen einer Arrayvariablen und ihren Komponenten.

Mit der Vereinbarung der Arrayvariablen (wie *bunt*) werden zugleich die Arraykomponenten (*bunt[1]*, *bunt[2]*, *bunt[3]*) vereinbart. In dem Anweisungsteil können sie wie normale Variable verwendet werden. Man bezeichnet sie häufig auch indizierte Variable. Ihre Form ist genauer

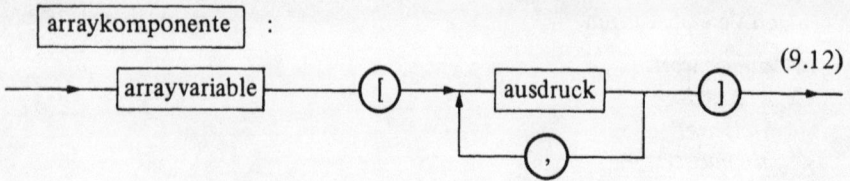

$$\boxed{\text{arraykomponente}} \quad : \tag{9.12}$$

Nach dem Namen des Array sind in eckigen Klammern die Indizes in Form von Ausdrücken aufzuführen. Die Anzahl dieser Ausdrücke und ihre Werte müssen der Typdefinition entsprechen. Beispiele für Komponenten der obigen Arrays sind

$z[2,3]$ $name[i+1]$ $h['c']$ $m[blau]$

Sie können nach Def. (7.6) auf der linken Seite von Wertzuweisungen vorkommen:

$z[1,3] := 17;$
$name[7] := 'p';$
$m[rot] := true;$

Nach Def. (5.1) können sie innerhalb von Ausdrücken aufgerufen werden:

$z[i+1,2] + z[i+1,3]$
$ord(name[5])$
$m[blau]$ *or* $m[rot]$
$(h['a'] + h['b'])/2$

Sind Arrays Parameter von Prozeduren oder Funktionen, so ist ihr Typname, nicht ihr Typ anzugeben (s. Def. (8.3)). Es muß also z.B.

procedure proz(var y : letter);

heißen und nicht

procedure proz(var y : array['a' . . 'z']of integer);

Beispiel 9.1: Das folgende Programm kann behilflich sein, einen Lottozettel auszufüllen.

program fortuna(input, output);
type lottozahl = 1 . . 49;
    glueck = array[1 . . 6]of lottozahl;
var   k, zufallszahl : integer;
    tip : glueck;

function random(i:integer):integer;
    (∗ die funktion random erzeugt zufallszahlen zwischen 1 und i, wenigstens
       die ersten 6 sind verschieden s. Beispiel 9.3 ∗)
    begin

> *zufallszahl := (zufallszahl∗109 + 853)* **mod** *4096;*
> *random := (zufallszahl* **mod** *i) + 1*
> **end** *(∗ of random ∗);*

procedure *lotto(var g:glueck);*
> **var** *i:integer;*
> **begin**
>   **for** *i := 1* **to** *6* **do** *g[i] := random(49)*
> **end** *(∗ of lotto ∗);*
> **begin**
>   *zufallszahl := 13;*
>   *lotto(tip);*
>   **for** *k := 1* **to** *6* **do** *write(tip[k]:4)*
> **end.**

Ergebnis: 46 6 7 27 25 12

Der Typ *lottozahl* ist der besseren Lesbarkeit wegen eingeführt. Man hätte auch

> **type** *glueck = array[1 . . 6] of 1 . . 49*

schreiben können. Der Typ *glueck* wird wegen der Prozedur *lotto* gebraucht. Man hätte sonst auch

> **var** *tip : array [1 . . 6] of lottozahl*

bzw.

> **var** *tip : array [1 . . 6] of 1 . . 49*

schreiben können.   ∎

Was in §8.1 über Wert- und Referenzaufruf der Parameter gesagt wurde, gilt sinngemäß auch für Arrays als formale Parameter.

Nach

> **type** *feld = array[1 . . 20] of real;*
> **var**   *z : feld;*

möge es die beiden Prozeduren

> **procedure** *value(x : feld);*

und

> **procedure** *reference(var x : feld);*

geben. Beim Aufruf

> *value(z);*

übergibt *z* seinen Wert (d.h. alle Komponenten) an das formale Array *x*. Es wird also gewissermaßen eine Kopie von *z* hergestellt. Die Prozedur arbeitet mit dieser

Kopie. Das Array z ist nach dem Aufruf unverändert. Beim Aufruf

reference(z);

tritt z an Stelle des formalen Arrays x. Die Prozedur arbeitet also mit dem Original z. Wird x durch die Prozedur verändert, so betrifft diese Änderung auch z. Ist es also der Sinn der Prozedur, ein Array zu ändern, so ist dieses als Referenzparameter in der Prozedur aufzuführen (s. **procedure** *lotto* in Beispiel 9.1).

Beispiel 9.2: Das folgende Beispiel soll die Wirkung von Wert- und Referenzaufruf bei Arrays demonstrieren.

```
program test(input, output);
const n = 8;
type feld = array[1 .. n] of integer;
var   a, b : feld;

procedure druckfeld(x : feld; k : integer);
    ( * das feld x von k komponenten wird in eine zeile gedruckt *)
    var i : integer;
    begin
        for i := 1 to k do write(x[i]:4);
    end  ( * of druckfeld *);

procedure liesfeld( var x : feld; k : integer);
    ( * es wird ein feld von k komponenten gelesen *)
    var i : integer;
    begin
        for i := 1 to k do read(x[i])
    end  ( * of liesfeld *);

procedure shift( var x : feld; y : feld; k : integer);
    ( * die felder x und y werden um 1 stelle nach rechts verschoben *)
    var i : integer;
    begin
        for i := k downto 2 do begin
                        x[i] := x[i−1]; y[i] := y[i−1]
                    end;
        x[1] := 0; y[1] := 0;
        writeln('referenzfeld x:'); druckfeld(x,k);
        writeln('wertfeld y:'); druckfeld(y,k)
    end  ( * of shift *);
begin
    liesfeld(a,n); writeln('feld a:'); druckfeld(a,n);
    liesfeld(b,n); writeln('feld b:'); druckfeld(b,n);
    writeln('jetzt wird die prozedur shift aufgerufen:');
```

shift(a,b,n);
writeln('originalfelder nach prozeduraufruf:');
writeln('feld a:'); druckfeld(a,n);
writeln('feld b:'); druckfeld(b,n)
end.

Ergebnis:

feld a:
2   4 53   6 12   9 75 24
feld b:
12   3 42 75   9   8 16 24
jetzt wird die prozedur shift aufgerufen:
referenzfeld x:
0   2   4 53   6 12   9 75
wertfeld y:
0 12   3 42 75   9   8 16
originalfelder nach prozeduraufruf:
feld a:
0   2   4 53   6 12   9 75
feld b:
12   3 42 75   9   8 16 24   ■

Die arithmetischen Operatoren von §5.1 beziehen sich auf Operanden der Typen *real* oder *integer*, nicht auf den Typ **array**. Nach

type *vektor* = **array**[*1 . . 10*] *of real;*
var   *a, b, c : vektor; i : integer;*

kann man also keinen Ausdruck der Form

a + b

oder Wertzuweisung

c := a + b

bilden. Man muß dafür

for *i := 1* **to** *10* **do** *c[i] := a[i] + b[i]*

schreiben (die Komponenten sind vom Typ *real*!). Nach Def. (5.1) ff. ist aber *a* allein ein Ausdruck, und nach Def. (7.6) ist eine Wertzuweisung

c := a

erlaubt und sinnvoll. Das Array *a* übergibt seinen Wert, d.h. alle seine Komponenten an *c*.

Die Vergleichsoperatoren sind auf Arrays nicht anwendbar. So kann man nicht mit

if *a = b* **then** . . .

oder

if $a \iff b$ **then** ...

auf Gleichheit oder Ungleichheit von Arrays abfragen. Da dies aber naheliegt, erlauben es manche Implementierungen.

Beispiel 9.3: Mit dem folgenden Beispiel kann man Zufallszahlen erzeugen. Ein häufiges Verfahren ist, mit einer Zahl $x[1]$ zu beginnen, und daraus durch

$x[n+1] := (a*x[n] + b) \bmod m$ (für $n = 1, 2, ...$)

fortlaufend neue Zahlen zwischen $0 .. m-1$ zu erzeugen. Wie gut dabei Zufallszahlen entstehen, hängt von der Wahl von a, b und m ab. Das folgende Programm liest a, b und m ein und erzeugt Zufallszahlen zwischen 0..19 (damit die Darstellung auf einer Bildschirmseite möglich ist). Der Mittelwert wird in der Bildschirmmitte durch ! dargestellt, die Abweichungen vom Mittelwert durch ein verschobenes Zeichen *.

```
program zufall(input,output);
const bereich = 19;
var zufall : array[1..bereich] of integer;
    a, b, m, i, anzahl, x, anfang, z : integer;
    c : char,

function random(i : integer):integer;
begin
    x := (a*x+b) mod m;
    random := (x mod i) + 1;
end;

begin
    writeln('Gib a, b, m:'); readln(a,b,m);
    writeln('Anzahl Zufallszahlen:'); readln(anzahl);
    writeln('Anfangswert:'); readln(x);
    for i := 1 to bereich do zufall[i] := 0;
    (* nun werden anzahl Zufallszahlen zwischen 1 .. bereich erzeugt *)
    for i := 1 to anzahl do begin
                        z := random(bereich);
                        zufall[z] := zufall[z]+1;
                    end;
    (* Darstellung der Ergebnisse *)
    writeln('Generator ' ,a:4,' *x +' ,b:4,' mod ' ,m:6,' Bereich 1..' ,
            bereich:3,'  Anzahl: ' , anzahl:6);
    writeln('Mittelwert: ' , anzahl/bereich:6:2);
    writeln('!':47),
    for i := 1 to bereich do begin
        if (i mod 23) = 0 then begin
```

```
                     writeln('weiter mit RETURN' :65);
                     read(c);
                   end;
            writeln(i:4,zufall[i]:5,'*' :round(zufall[i]*38*bereich/anzahl));
                   end;
    end.
```

Brauchbare Werte sind z.B. a = 109, b = 853, m = 4096 oder a = 5, b = 32719, m = 65437. Das ist abhängig von der internen Darstellung der integer-Zahlen.

∎

Von grundlegender Bedeutung für Arrays sind die drei Operationen Mischen, Sortieren und Suchen. Sie werden in den folgenden Beispielen kurz beschrieben.

Beispiel 9.4: Es möge zwei aufsteigend sortierte Arrays *f* und *g* geben. Es wird unterstellt, daß alle Komponenten größer als Null sind und hinter der größten eine Null steht. *f* und *g* sollen zu einem wieder sortierten Array *h* vermischt werden, wobei *h* genügend groß sein soll.

```
program mischen(input,output);
const n = 10;
type feld = array[1..n] of integer;

var f,g,h:feld,

procedure mischen(var f,g,h : feld);
var i,j,k:integer;
begin
    i := 1, j := 1; k := 1;
    while (f[i] > 0) and (g[j] > 0) do
        begin
            if f[i] < g[j]  then begin h[k] := f[i]; i := i+1 end
                            else begin h[k] := g[j]; j := j+1 end;
            k := k+1;
        end (* eigentliches Mischen *)
    (* Rest von f oder g nach h *)
    while f[i] > 0 do begin h[k] := f[i]; i := i+1; k := k+1 end;
    while g[j] > 0 do begin h[k] := g[j]; j := j+1; k := k+1 end;
    (* Endemarke nach h *) h[k] := 0;
end (* of mischen *);

procedure liesfeld(var f:feld);
var i:integer;
begin
    i := 0;
    repeat i := i+1; readln(f[i]);
    until f[i] = 0;
end;
```

```
procedure druckfeld(f:feld);
var i:integer;
begin
    i := 1;
    while f[i] > 0 do begin write(f[i]:4); i := i+1 end;
    writeln;
end;

begin
    writeln('gib f'); liesfeld(f);
    writeln('gib g'); liesfeld(g);
    druckfeld(f);
    druckfeld(g);
    mischen(f,g,h);
    druckfeld(h);
end.                                                              ■
```

Zum Sortieren von Arrays gibt es sehr viele Verfahren. Es sei hier zuerst ein Verfahren angeführt, das zwar nicht sonderlich gut ist, aber sehr einfach zu verstehen und kurz zu formulieren ist. Danach folgt ein sehr leistungsfähiges, aber auch komplizierteres Verfahren.

Beispiel 9.5: Bei dem folgenden Sortierverfahren werden je zwei benachbarte Elemente miteinander verglichen und gegebenenfalls vertauscht. Bei n Elementen wird das (n−1)-mal gemacht, wobei beim 1. Durchgang die kleinste Zahl an die 1. Stelle kommt, beim 2. Durchgang die zweitkleinste Zahl an die 2. Stelle usw. Da die Zahlen der Reihe nach wie Blasen aus dem Sumpf auftauchen, heißt es auch bubble sort.

```
program sortieren(input,output);
const n = 10;
type feld = array[1..n] of integer;
var f:feld;

procedure liesfeld(var f:feld);
var i:integer;
begin
    for i := 1 to n do readln(f[i]);
end;

procedure druckfeld(f:feld);
var i:integer;
begin
    for i := 1 to n do write(f[i]:4);
    writeln;
end;
```

```
procedure tausche(var a,b : integer);
var hilf:integer;
begin hilf := a; a := b; b := hilf end;

procedure sortieren(var f:feld);
var i,j:integer;
begin
    for i := 1 to n−1 do
        for j := i+1 to n do
            if f[i] > f[j] then tausche(f[i],f[j]);
end;

begin
    writeln('gib f'); liesfeld(f);
    druckfeld(f);
    sortieren(f);
    druckfeld(f);
end.
```

Um einzusehen, warum dieses Verfahren nicht gut ist, nehme man an, daß die Zahlen in umgekehrter Reihenfolge in dem Array stehen. Wenn man es per Hand ausführt, sieht man, daß viele unnötige Vergleiche und Vertauschungen vorgenommen werden.

■

Beispiel 9.6: Die Zahl der Vertauschungen kann wesentlich verringert werden, wenn man weiter auseinanderliegende Elemente vergleicht. Dazu wählt man ein Vergleichselement x (zweckmäßig in der Mitte des Array), sucht von links das erste Element, das nicht kleiner als x ist, und von rechts das erste, das nicht größer ist. Diese vertauscht man. Bereits nach einem Durchlauf stehen links von x alle kleineren, rechts von x alle größeren Elemente. Mit beiden Hälften verfährt man nun rekursiv ebenso. Das Verfahren ist unter dem Namen Quicksort bekannt und gehört zu den leistungsfähigsten Sortierverfahren.

```
program sortieren(input,output);
const n = 10;
type feld = array[1..n] of integer;
var f:feld;
(* die Prozeduren liesfeld und druckfeld stehen in Beispiel 9.5 *)

procedure quicksort(links,rechts:integer);
(* das Array f ist für quicksort global *)
var i,j,x,w:integer;
begin
    i:=links; j:=rechts;
    x:=f[(links+rechts) div 2];
```

```
repeat
    while f[i] < x do i:=i+1;
    while x < f[j] do j:=j-1;
    if i <= j then begin
                    w:=f[i]; f[i]:=f[j]; f[j]:=w;
                    i:=i+1; j:=j-1;
            end;
    until i > j;
    if links < j then quicksort(links,j);
    if i < rechts then quicksort(i,rechts);
end (* of quicksort *);

begin        (*********** Anweisungsteil *************)
    writeln('gib f'); liesfeld(f);
    druckfeld(f);
    quicksort(1,n);
    druckfeld(f);
end.                                                    ∎
```

Beim Suchen in einem Array hat man zu unterscheiden, ob es sortiert ist oder nicht. Ist es unsortiert, so bleibt nichts anderes übrig, als es von vorn nach hinten durchzumustern. Ist es sortiert, so wird man zweckmäßigerweise so vorgehen, daß man zuerst prüft, ob die gesuchte Zahl in der linken oder rechten Hälfte ist, dann in welchem Viertel, Achtel usw. Man nennt das auch binäres Suchen, weil die noch abzusuchende Teilmenge in jeweils zwei Hälften geteilt wird.

Beispiel 9.7: Im folgenden Beispiel wird nach beiden Methoden gesucht.

```
program suchen(input,output);
const n = 10;
type feld = array[1..n] of integer;

var f:feld; x:integer;

(* Die Prozeduren liesfeld und druckfeld stehen in Beispiel 9.5 *)

procedure suchen(f:feld; x:integer);
var i:integer; found:boolean;
begin
    i := 0;
    repeat  i := i+1;
            found := f[i] = x;
    until found or (i = n);
    if found then writeln(x:3,' bei i = ',i:3,' gefunden')
            else writeln(x:3,' nicht gefunden.');
end (* of suchen *);
```

```
procedure binaersuchen(f:feld; x:integer);
var found:boolean; links,rechts,mitte:integer;
begin
    links:=1; rechts:=n;
    repeat
        mitte:=(links+rechts) div 2;
        if x < f[mitte] then rechts:=mitte−1
                        else links:=mitte+1;
        found := x = f[mitte];
    until found or (links > rechts);
    if found then writeln(x:3,' bei i = ' ,mitte:3,' gefunden')
            else writeln(x:3,' nicht gefunden');
end (* of binaersuchen *);

begin        (*********** Anweisungsteil *************)
    writeln('gib f'); liesfeld(f);
    druckfeld(f);
    writeln('Nach welcher Zahl soll gesucht werden?'); readln(x);
    suchen(f,x);
    binaersuchen(f,x);
end.                                                           ■
```

Mehrdimensionale Arrays kann man sich schrittweise aufgebaut denken. Nach Def. (9.11) können die Komponenten von irgendeinem Typ, also auch wieder selbst ein Array sein:

var x : array[1 . . 5]of array[0 . . 8] of char

oder vielleicht deutlicher

type zeile = array[0 . . 8] of char;
var   x : array[1 . . 5] of zeile;

Dafür darf man kürzer

var x : array[1 . . 5,0 . . 8] of char;

schreiben, was schon in der Definition (9.11) berücksichtigt ist. Für die an sich konsequente Schreibweise für die Komponenten

$x[i][k]$

darf man kürzer

$x[i,k]$

schreiben, was ebenfalls schon in der Def. (9.12) vorgesehen ist.

Nach den Vereinbarungen

type zeile = array[1 . . 50] of char;
*   seite = array[1 . . 60] of zeile;*

$buch = array[1 . . 300] of seite;$
$bibliothek = array[1 . . 500] of buch;$
var $x : bibliothek;$

ist also $x[185,51,20,2]$ das 2. Zeichen in der 20. Zeile der 51. Seite des 185. Buches.

Nach Def. (9.8) darf vor jedem strukturierten Typ das Wortsymbol **packed** stehen, was den Compiler zu einer kompakteren Abspeicherung veranlassen soll. Nehmen wir einmal an, daß ein Computer Speicherzellen von je 32 Bit hat. Bei einer Vereinbarung

var $a : array [1..4] of 0..255;$

werden vermutlich die vier Komponenten von a in je einer Speicherzelle abgespeichert, obgleich für jede 8 Bit ausreichen würden. Die Vereinbarung

var $b : $ **packed array** $[1..4] of 0..255;$

hat dann zur Folge, daß alle vier Komponenten von b in einer Speicherzelle abgelegt werden. PASCAL selbst äußert sich nicht genau über die Auswirkung von **packed**. Das ist von der betreffenden Implementierung abhängig. Man informiere sich dazu in dem Handbuch der benutzten PASCAL-Version. Bei Turbo-PASCAL heißt es beispielsweise, daß **packed** überhaupt keine Wirkung hat, weil immer eine optimale Speicherausnutzung realisiert wird.

Der Benutzer kann die Komponenten eines solchen gepackten Arrays wie die eines ungepackten verwenden, wenn auch die Rechenzeit dabei gewöhnlich zunimmt. Die einzige Ausnahme wurde schon S. 113 erwähnt. Die Komponenten eines gepackten Array dürfen nicht als aktuelle Parameter bei Prozeduren und Funktionen verwendet werden (obgleich manche Compiler dies wenigstens bei *read* und *write* zulassen). Wegen der internen Darstellung von *real*-Zahlen bringt **packed** bei Arrays mit *real*-Komponenten zumeist keine Ersparnis. Da ein Wahrheitswert mit einem Bit auskommt, ist die Ersparnis bei Arrays mit *boolean*-Komponenten besonders groß. Ein Array des Typs

type *bitmuster* = **packed array**$[1 . . 32] of boolean;$

würde dann mit einer Speicherzelle auskommen.

Um diesen Speicherplatzvorteil nicht notwendig mit zuviel Rechenzeit zu bezahlen, gibt es die beiden Standardprozeduren

pack   „ein Array packen"

unpack   „ein Array entpacken"

Damit kann man ein Array kompakt speichern, vor rechenintensiven Teilen des Programms das Array entpacken und anschließend wieder packen. Die beiden Standardprozeduren sind folgendermaßen erklärt:

const m = *...*
  n = *...*
  u = *....*
  v = *...*
(es muß n−m >= v−u sein *)*

type k = *...*
  ungep = *array*[*m .. n*] *of k;*
  gep = *packed array*[*u .. v*] *of k;*

procedure pack(var a:ungep; i:integer; var z:gep);
  (die komponenten a[i] bis a[v−u+i] von a werden in die komponenten*
  *z[u] bis z[v] von z gepackt *)*

procedure unpack(var z:gep; var a:ungep; i:integer);
  (die komponenten z[u] bis z[v] von z werden in die komponenten*
  *a[i] bis a[v−u+i] von a entpackt *)*

Für

var x : array[*1 .. 12*] *of integer;*
  y : packed array[*1 .. 6*] *of integer;*

bedeutet

pack(x,1,y)

daß die Komponenten $x_1, \ldots, x_6$ in die Komponenten $y_1, \ldots, y_6$ gepackt werden,

pack(x,7,y)

daß die Komponenten $x_7, \ldots, x_{12}$ in die Komponenten $y_1, \ldots, y_6$ gepackt werden.

Eine gewisse Sonderstellung nehmen gepackte Arrays von Zeichen ein. Gerade bei Zeichenfolgen ist das Packen besonders sinnvoll.

const alfalength = 6;
type alfa = packed array[*1 .. alfalength*] *of char;*
  wort = array[*1 .. alfalength*] *of char;*
var x:alfa; y:wort;

Die Konstanten des Typs *char* sind nach §3.4 die Zeichen *'a'*, *'b'*, . . . Die Komponenten von *y* mögen als Werte die Zeichen *'p'*, *'a'*, *'s'*, *'c'*, *'a'*, *'l'* haben.

Dann zeigt Bild 9.3a die Speicherverteilung für das Feld *y*. Im Unterschied zu gepackten Arrays anderer Typen, werden beim Typ *char* nun die Komponenten eines gepackten Array nicht mehr einzeln unterschieden. Man spricht nicht mehr von *x*[2] oder *x*[6], sondern sagt, das Array *x* hat den Wert *'pascal'*. Gepackte Arrays von Zeichen haben als Werte also Zeichenketten (s. Def. 3.3)).

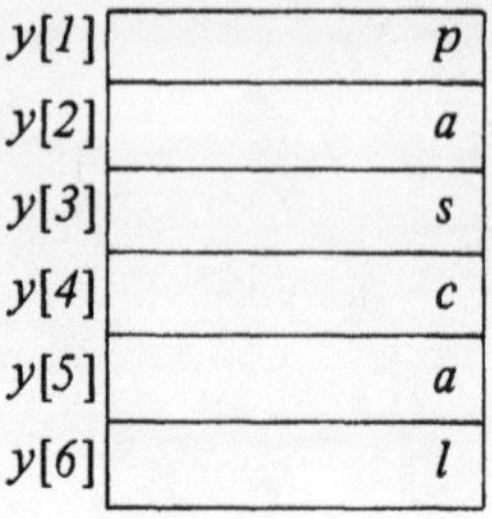

$y[1]$	p
$y[2]$	a
$y[3]$	s
$y[4]$	c
$y[5]$	a
$y[6]$	l

x | $pascal$

Bild 9.3a: Speicherung von ungepackten Zeichenfeldern

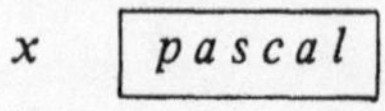

Bild 9.3b: Speicherung von gepackten Zeichenfeldern

Richtige Wertzuweisungen sind also

$y[1] := 'p'$;
$x := 'pascal'$;

Nach Def. (4.2) gilt eine Zeichenkette als Konstante und kann also auf der rechten Seite einer Wertzuweisung stehen.

Bei der Ausgabe in §6 wurde bei *write* ausdrücklich auch eine Zeichenkette als Parameter zugelassen. Man kann also

write(x);

ebenso wie

write('pascal')

schreiben. Bei *read* hingegen ist eine Zeichenkette nicht zugelassen. Zum Einlesen einer Zeichenkette kann man etwa die folgende Prozedur verwenden

```
procedure readstring(var z:alfa);
    var puffer : array[1 .. alfalength] of char;
        i : integer;
    begin
        for i := 1 to alfalength do read(puffer[i]);
        pack(puffer, 1, z)
    end;
```

Da das Einlesen von Zeichenketten ziemlich häufig vorkommt, erlauben manche Implementierungen diesen Datentyp bei *read*. Fast immer ist zumindestens

```
procedure readstring(var z:alfa);
    var i:integer;
    begin
        for i := 1 to alfalength do read (z[i])
    end;
```

zulässig.

Die Vergleichsoperatoren von §5.2 sind auf Zeichenketten anwendbar. Dabei gilt bei $<$ und $>$ die Reihenfolge der Zeichen im Zeichensatz, was bei Buchstaben gewöhnlich der lexikografischen Anordnung entspricht. So wird etwa bei

```
var x1, x2 : alfa;
begin
    x1 := 'balken';
    x2 := 'balkon';

    if x1 < x2 then write(x1, x2)
                    else  write(x2, x1)
end
```

ausgedruckt:

balken balkon

Das Umgehen mit Zeichenketten in Standard-PASCAL gehört sicher nicht zu den Stärken von PASCAL. Viele PASCAL-Implementierungen, insbesondere die neueren PASCAL-Versionen für PC's, gehen denn auch weit über die beim Standard vorgesehenen Möglichkeiten hinaus. Meistens gibt es einen Standard-Datentyp *string*, bei dem man die Anzahl der Zeichen als Parameter angeben kann, z.B.

var name : string[12];

Der Wert der Variablen *name* kann dann bis maximal 12 Zeichen betragen. Die momentane Länge wird jeweils in der Komponente *name[0]* geführt. Variable dieses Typs können als Argument bei *read* benutzt werden. Meistens gibt es dann auch Operatoren (z.B. die Verkettung zweier Zeichenketten) sowie zahlreiche Standardprozeduren und -funktionen für diesen Datentyp.

Bei anderen Programmiersprachen werden Indizes von Arrays immer nur durch ganze Zahlen festgelegt. In PASCAL sind die Indizes nach (9.11) allgemeiner Ordinaltypen. Das erlaubt es, manche Probleme angemessener zu formulieren. Das folgende Beispiel zeigt eine Anwendung in der Vektorrechnung.

Beispiel 9.8: In der Vektorrechnung werden die Komponenten eines Vektors a im dreidimensionalen Raum oft mit a_x, a_y, a_z bezeichnet. Das legt es nahe, die Vereinbarung

```
type richtung = (x, y, z);
    vektor = array[richtung] of real;
var a, b, c : vektor;
```

zu treffen. Für das Skalarprodukt kann man dann die Funktion

```
function skalarprodukt(a, b : vektor) : real;
    var s : real; r : richtung;
```

```
begin
    s := 0;
    for r := x to z do s := s + a[r] * b[r];
    skalarprodukt := s
end;
```

einführen. Nach §8.2 kann ein Funktionswert nicht vom Typ **array** sein. Für das Vektorprodukt muß man also die Form einer Prozedur nehmen, deren Ausgangsgröße vom Typ *vektor* ist:

```
procedure vektorprodukt(a, b : vektor; var c : vektor);
    begin
        c[x] := a[y] * b[z] − a[z] * b[y];
        c[y] := a[z] * b[x] − a[x] * b[z];
        c[z] := a[x] * b[y] − a[y] * b[x]
    end;                                                    ∎
```

Beispiel 9.9: Es liegt die Aufgabe vor, in einem Labyrinth von einem gegebenen Anfangspunkt aus alle Wege zum Ausgang zu finden. Das Labyrinth wird durch ein zweidimensionales Array

  var *lab* : **array**[0 . . n, 0 . . n] **of** *char;*

beschrieben. Die Gänge werden durch Blanks, die Mauern durch x gekennzeichnet. Der zurückgelegte Weg soll durch Punkte markiert werden.

Für die an allen Plätzen gleiche Suchstrategie liegt ein rekursives Verfahren nahe, z.B. immer erst rechts, dann unten, dann links, dann oben. Dabei müssen Punkte in Sackgassen rückgängig gemacht werden, und ebenso sind Schleifen zu vermeiden. Das Ende ist erreicht, wenn eine Lücke in der Außenmauer gefunden wurde. Es soll dann bis zur ersten Alternative zurückgegangen und ein anderer Weg gesucht werden, so daß sich systematisch alle Wege ergeben. Das Struktogramm der Prozedur

  procedure *suchen(i, k : integer)*

wobei *i, k* die Koordinaten des Platzes sind, an dem gesucht werden soll, zeigt Bild 9.4.

suchen(i,k)

if Platz(i,k) leer		
then		**else**
Platz(i,k) mit Punkt markieren		
if Platz(i,k) Rand-punkt		
then	**else**	
Labyrinth drucken	suchen(i+1,k) suchen(i,k+1) suchen(i−1,k) suchen(i,k−1)	
Markierung am Platz(i,k) rückgängig machen		

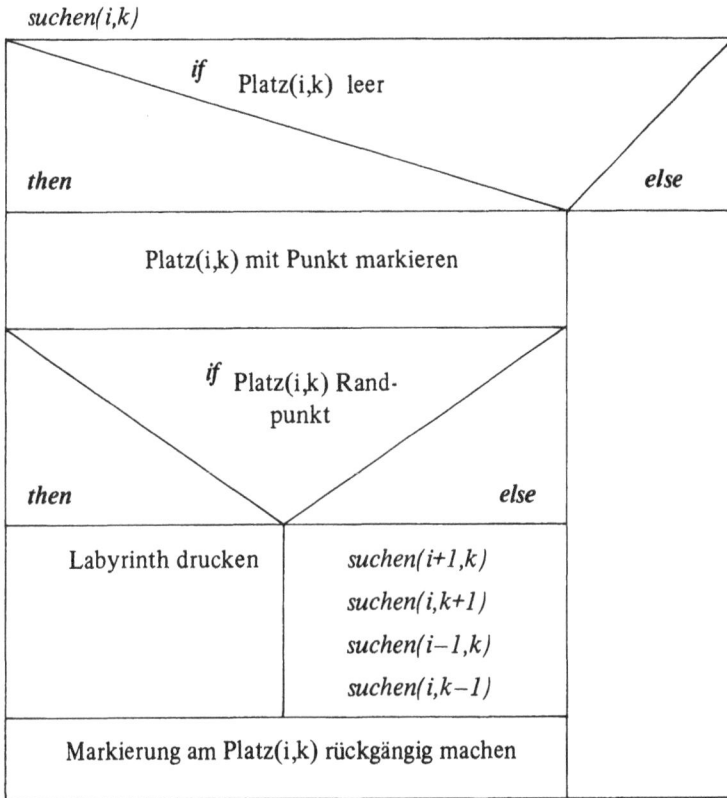

Bild 9.4: Rekursive Prozedur zum Absuchen eines Labyrinths

```pascal
program labyrinth(input, output);
const n = 12;
type labyrinth = array[0 .. n,0 .. n] of char;
var lab : labyrinth;

procedure readlab(var l : labyrinth);
    var i, k : integer;
    begin
        writeln;
        for i := 0 to n do begin
            for k := 0 to n do read(l[i,k]);
            readln
            (* jede zeile des labyrinths soll am beginn einer neuen
                zeile stehen *)
                                end
    end  (* of readlab *);
procedure writelab(l : labyrinth);
    var i, k : integer;
    begin
        for i := 0 to n do begin
            for k := 0 to n do write(l[i,k]);
            writeln
                                end
    end  (* of writelab *);
procedure suchen(i, k : integer);
    begin
        if lab[i,k] = '␣' then begin
            lab[i,k] := '.';
            if (i mod n = 0) or (k mod n = 0)
                then writelab(lab)
                else begin suchen(i+1,k);
                            suchen(i,k+1);
                            suchen(i-1,k);
                            suchen(i,k-1)
                    end;
            lab[i,k] := '␣'
                                end
    end  (* of suchen *);
begin
    readlab(lab);
    writelab(lab);
    suchen(5,2);
end.
```

Das leere Labyrinth zeigt das Bild 9.5a, die Labyrinthe mit den gefundenen Wegen die Bilder 9.5b–e, wobei die Labyrinthe in dieser Reihenfolge gedruckt werden. Diese Reihenfolge hängt natürlich von der der vier Aufrufe von *suchen* in der Pro-

```
XXXXX XXXXXXX
X   X       X X
XX X XXXX X X
X   X X   X X X
XX XXXX X X X
X       X XXX X
XX XXXX       X
X   X   X XX X
XX XX XX XX X
X           XX
X XXXXXX XX X
X           XX X
XXXXXX XXXXXX
```

Bild 9.5a: Beispiel eines Labyrinths

```
XXXXX XXXXXXX    XXXXX XXXXXXX    XXXXX XXXXXXX    XXXXX XXXXXXX
X   X       X X  X   X       X X  X   X       X X  X   X       X X
XX X XXXX X X    XX X XXXX X X    XX X XXXX X X    XX X XXXX X X
X   X X   X X X  X   X X   X X X  X   X X   X X X  X   X X   X X X
XX XXXX X X X    XX XXXX X X X    XX XXXX X X X    XX XXXX X X X
X ····X XXX X    X ····X XXX X    X ····X XXX X    X ····X XXX X
XX·XXXX      X   XX·XXXX ····X    XX·XXXX      X   XX·XXXX ····X
X ·X   X XX X    X ·X   X·XX·X    X ·X   X XX X    X ·X   X·XX·X
XX·XX XX XX X    XX·XX XX·XX·X    XX·XX XX XX X    XX·XX XX·XX·X
X ········XX     X ·······XX··    X··         XX  X··        ·XX··
X XXXXXX·XX X    X XXXXXX·XX X    X·XXXXXX XX X    X·XXXXXX·XX X
X   ···XX X      X      XX X      X······ XX X     X········XX X
XXXXXX·XXXXXX    XXXXXX XXXXXX    XXXXXX·XXXXXX    XXXXXX XXXXXX
b)              c)              d)              e)
```

Bild 9.5b–e: Wege aus einem Labyrinth

zedur *suchen* ab. Es ist ganz interessant zu sehen, daß es eigentlich leichter ist, alle Wege zu erzeugen als nur einen einzigen. Man könnte dazu etwa auf die Idee kommen, nach dem Aufruf von *writelab* ans Ende der Prozedur zu springen:

procedure *suchen(i, k : integer);*
    label *1;*
    begin .
        ⋮
        then begin *writelab(lab); goto 1* **end**
        ⋮
    1 : **end** *(∗ of suchen ∗);*

Das bringt aber nicht den gewünschten Erfolg. Zwar wird dieser eine Prozedur-aufruf beendet, die angefangenen rekursiven Aufrufe sind aber damit noch nicht beendet. Es kann lediglich sein, daß nun nicht mehr alle Wege erzeugt werden. Beim vorliegenden Beispiel ergeben sich so nur die Labyrinthe von Bild 9.5b und c. Hier hilft nur die Radikalkur, die Prozedur durch einen Sprung ans Programm-ende zu verlassen. Nach §8.3 ist ein Sprung aus einer Prozedur zulässig.

```
program labyrinth(input, output);
label 1;
const n = 12;
    ⋮
procedure suchen(i, k : integer);
    begin
        ⋮
        then begin writelab(lab); goto 1 end
        ⋮
    end (* of suchen *);
begin
    ⋮
1 : end.
```

Es ergibt sich so nur das Labyrinth von Bild 9.5b. Will man auch hier ohne Sprunganweisung auskommen, so kann man dies durch eine für die Prozedur globale Variable vom Typ *boolean* erreichen, die die Rekursionen beendet.

```
program labyrinth(input, output);
    ⋮
var lab : labyrinth; b : boolean;
    ⋮
procedure suchen(i, k : integer);
    begin
        if not b then begin
            if lab[i,k] = '␣' then begin
                lab[i,k] := '.';
                if (i mod n = 0) or (k mod n = 0) then begin
                    writelab(lab); b := true              end
                                                  else begin
                    suchen(i+1,k); suchen(i,k+1);
                    suchen(i-1,k); suchen(i,k-1)          end;
                lab[i,k] := '␣'        end
                      end
    end  (* of suchen *);
begin
    readlab(lab); writelab(lab);
    b := false; suchen(5,2)
end.
```
■

Mancher Leser kennt aus anderen Programmiersprachen vielleicht den Begriff der dynamischen Arrays, d.h. die Möglichkeit, die Länge eines Arrays erst zur Laufzeit festzulegen. Die PASCAL-Norm DIN 66256 unterscheidet die Stufen 0 und 1. In der Stufe 1 wird zusätzlich die Möglichkeit vorgesehen, Arrays unterschiedlicher Länge als formale Parameter anzugeben. Man spricht dann von Konformreihungs-Parametern. Mit dem Namen des aktuellen Arrays werden dann auch dessen Grenzen übergeben. Es sei

var a : array[1..10] of real;
   b : array[−5..+5] of real;

Dann könnte eine Prozedur lauten

procedure *procname(var x:array[ug..og:integer] of real);*

wobei *ug* für untere Grenze und *og* für obere Grenze steht. Mögliche Aufrufe wären dann

procname(a)   oder   *procname(b)* .

Das formale Array *x* wird dann durch *a* (bzw. *b*) ersetzt, die untere Grenze *ug* durch *1* (bzw. *−5*) und die obere Grenze *og* durch *10* (bzw. *+5*).

Da die meisten PASCAL-Implementierungen nur die Stufe 0 der Norm realisieren, wird hier auf die mit Konformreihungs-Parametern verbundenen Probleme nicht weiter eingegangen und auf [DS 83] verwiesen. Die mit Konformreihungs-Parametern verbundenen Syntaxdiagramme sind in Anhang A getrennt aufgeführt.

9.22   Records

Records, auch Verbunde genannt, bestehen aus einer festen Anzahl von Komponenten, die verschiedenartige Typen haben können. Die Typdefinition muß die Namen der Komponenten und deren Typ angeben.

(9.13)

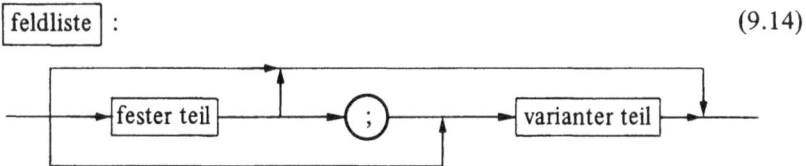

(9.14)

Die Feldliste besteht aus einem festen Teil oder einem varianten Teil oder beiden, dann aber in der Reihenfolge erst fester, dann varianter Teil. Fehlt der variante Teil, hat der Record eine für den ganzen Block feste Struktur. Der variante Teil erlaubt es, die Struktur erst zur Laufzeit in dem Sinne festzulegen, daß man eine

Auswahl aus einer in der Typdefinition festgelegten Anzahl von Möglichkeiten trifft. Um mit den Begriffen vertraut zu werden, sollen die Records zunächst keinen varianten Teil haben.

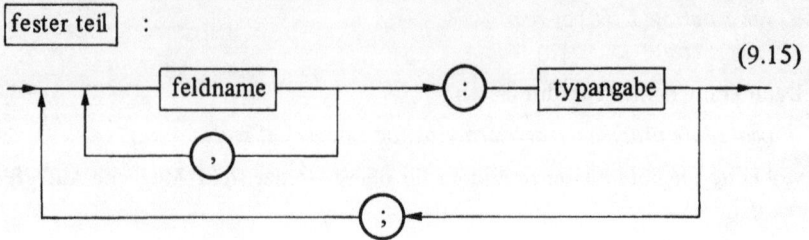

(9.15)

Beispiele für Typdefinitionen von Records sind:

type wort = *array*[1 .. 10]*of char;*
    datum = *record* tag : 1 .. 31;
                    monat : 1 .. 12;
                    jahr : 1900 .. 1979
                    end;
    student = *record* name, vorname : wort;
                    geburt : datum;
                    note : *array*[1 .. 20]*of real;*
                    verh : boolean;
                    sex : (m, w)
                    end;
var meyer, krause : student;
    semester : *array*[1 .. 50]*of student;*

Die Komponenten können von beliebigem Typ sein, also auch selbst wieder ein Record. Die Definition des Records *datum* muß dann allerdings seiner Verwendung vorausgehen (s. S. 93). Die Variable *meyer* besteht also aus sechs Feldern der in *student* angegebenen Namen und Typen. Auch die Komponenten eines Array können vom Typ eines Records sein. Die Variable *semester* stellt ein Array von 50 gleichartigen Komponenten des Typs *student* dar.

Die Variablen *meyer* und *semester* sind entsprechend Def. (4.4) und (4.5) Ganzvariable. Will man zu den Feldern eines Records zugreifen, benötigt man nach Def. (4.4) wieder eine entsprechende Komponentenvariable, die wir in Def. (9.10) als recordkomponente bezeichnet hatten:

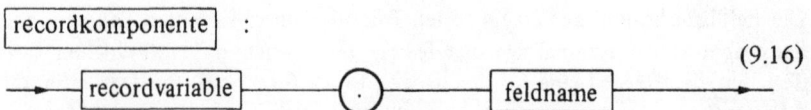

(9.16)

Nach dem Namen der Recordvariablen (z.B. *meyer*) folgt nach einem Punkt der Name des Feldes. Damit sind

meyer.sex := m;
meyer.verh := true;

richtige Wertzuweisungen. Ist eine Komponente ein Array oder ein Record, ist diese entsprechend aufzurufen:

meyer.note[4] := 2.6;
meyer.geburt.jahr := 1958;

Die Variable *semester* ist ein „**array of record**", also ist

semester[3].sex

das Geschlecht des 3. Studenten und

semester[15].note[7]

ist die 7. Note des 15. Studenten.

Einer Recordvariablen kann man einmal dadurch Werte zuweisen, daß man den einzelnen Komponenten Werte zuweist:

meyer.name [1] := 'm';

⋮

meyer.geburt.tag := 12;

⋮

meyer. verh := false;

⋮

Man kann aber auch einer solchen Variablen insgesamt den Wert aller Komponenten einer anderen Variablen desselben Typs übergeben:

krause := meyer;

Die Verhältnisse bei einem Record sind in Bild 9.6 noch einmal zusammengefaßt. Mit der Vereinbarung der Recordvariablen *ding*, die eine Ganzvariable ist, werden zugleich die Recordkomponenten *ding.nr, ding.name* usw. vereinbart. Die Bezeichnung Feld für eine Recordkomponente kommt daher, daß die Komponenten von Dateien gewöhnlich Datensätze (engl. record) genannt werden, deren Bestandteile Datenfelder heißen.

Variablenname	ding				Ganz- variable

Typangabe	*record* nr : *integer;*
	          name : *packed array[1..6] of char;*
	          qualitaet : (gut,mittel,schlecht);
	          preis : real **end**				

Wert	1245	'roller'	mittel	76.34	

recordkomponente
(Felder)

Variablenname	ding.nr	ding.name	ding.qualitaet	ding.preis	Komponen-
Typangabe	integer	**packed** **array**[1..6] of char	(gut,mittel, schlecht)	real	tenvariable
Wert	1245	'roller'	mittel	76.34	

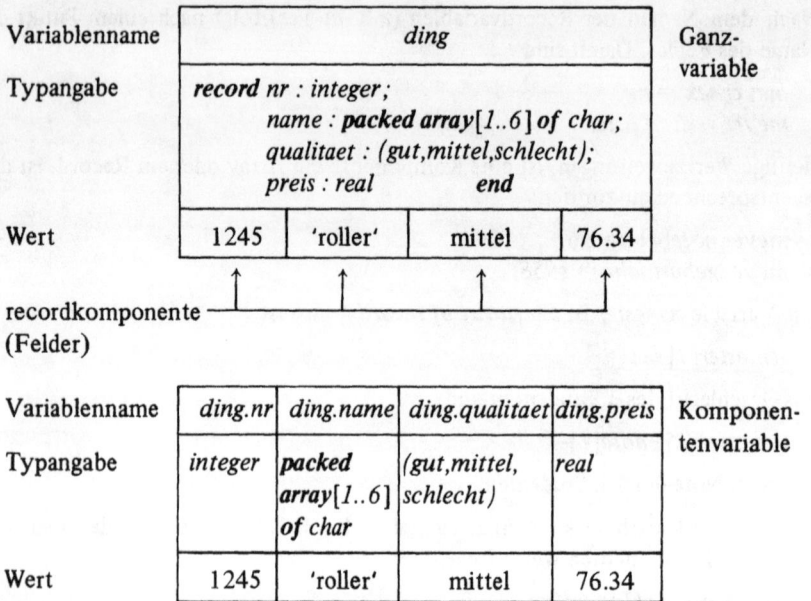

Bild 9.6: Zusammenhang zwischen einer Recordvariablen und ihren Komponenten

In Def. (7.3) war die **with**-Anweisung eingeführt worden, die im Zusammenhang mit Records die Schreibarbeit und Lesbarkeit verbessern kann. Wir wollen von dem folgenden Vereinbarungsteil ausgehen:

```
const anz = 100;
type string16 = packed array[1..16] of car;
     datum    = record  tag    : 1..31;
                        monat : 1..12;
                        jahr   : 0..99 end;
     artikel  = record nr       : integer;
                       name     : string16;
                       stueck   : integer;
                       preis    : real;
                       lieferant : string16;
                       termin    : datum      end;
     lager    = array[1..anz] of artikel;
```

Wenn man eine Prozedur zum Einlesen eines Artikels schreiben will, ist es praktisch, wenn man davon ausgeht, daß die Daten für einen Artikel in einer bestimmten Form formatiert vorliegen, z.B.

```
xxxx xxxxxxxxxxxxxxxx xxxxxx xxxx.xx xxxxxxxxxxxxxxxx xx.xx.xx
nr.       name         stueck  preis      lieferant      termin
```

Bei der Eingabe über die Tastatur muß man sich eben an dieses Schema halten. Beim Lesen von einem externen Speicher (einer Datei), seien die Daten per Programm in dieser Form dorthin geschrieben worden.

> *procedure liesartikel(var a:artikel);*
> *var i:integer; c:char;*
> *begin*
>   *read(a.nr); read(c,c); (* Blanks nach nr überlesen *)*
>   *for i := 1 to 16 do read(a.name[i]);*
>   *read(a.stueck, a.preis); read(c,c); (* Blanks nach preis überlesen *)*
>   *for i := 1 to 16 do read(a.lieferant[i]);*
>   *read(a.termin.tag,c,a.termin.monat,c,a.termin.jahr);*
>   *(* mit c wird der Punkt nach Tag und Monat überlesen *)*
>   *readln;*
> *end;*

Um die vielen Wiederholungen der Recordvariablen *a* und *termin* zu vermeiden, gibt es die *with*-Anweisung. Sie hat die Form

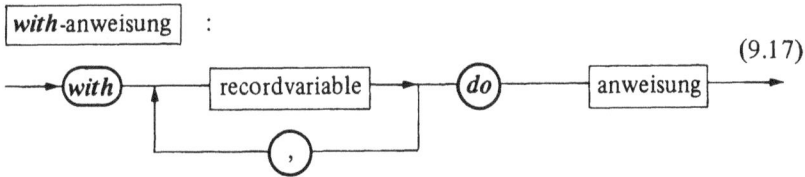

$$(9.17)$$

Die Komponenten der nach **with** aufgelisteten Recordvariablen kann man in der Anweisung nach *do* ohne den Vorsatz recordvariable. verwenden. Man erspart sich dadurch Schreibarbeit, bei *„array of record“* Rechenzeit und die Programme werden leichter lesbar. Die Recordvariable wird gewissermaßen aus der Anweisung ausgeklammert.

Damit vereinfacht sich die Prozedur *liesartikel* zu

> *procedure liesartikel(var a:artikel);*
> *var i:integer; c:char;*
> *begin*
>   **with** *a* **do begin**
>   *read(nr); read(c,c); (* Blanks nach nr überlesen *)*
>   *for i := 1 to 16 do read(name[i]);*
>   *read(stueck, preis); read(c,c); (* Blanks nach preis überlesen *)*
>   *for i := 1 to 16 do read(lieferant[i]);*
>   **with** *termin* **do** *read(tag,c,monat,c,jahr);*
>   *(* mit c wird der Punkt nach Tag und Monat überlesen *)*
>   *end;*
>   *readln;*
> *end;*

Die Formulierung

> *with a do begin*
>
>   ....
>
>   *with* termin *do* ...
>   *end;*

ist gleichbedeutend mit

> *with a, termin do begin ... end;*

Sollen die Angaben zu einem Artikel formatfrei angegeben werden können, so wird *liesartikel* komplizierter, weil man nach dem Anfang der Zeichenketten suchen muß, um beim Lesen der Zeichen korrekt vorzugehen. Beim Lesen von Zahlen werden nach §6 führende Blanks ohnehin überlesen.

```
procedure liesartikel(var a:artikel);
var i:integer; c:char;
begin
   with a,termin do begin
       read(nr);
       (* Anfang des Namens suchen *)
       repeat read(name[1] until name[1] <> ' ';
       (* Rest des Namens lesen *)
       for i := 2 to 16 do read(name[i]);
       read(stueck,preis);
       (* Anfang Lieferant suchen *)
       repeat lieferant[1] until lieferant[1] <> ' ';
       (* Rest von Lieferant lesen *)
       for i := 2 to 16 do read(lieferant[i]);
       read(tag,c,monat,c,jahr)
                           end;
   end;
```

Beispiel 9.10: Das folgende Programm bearbeitet einen kleinen Bestand von Artikeln.

```
program lagerbearbeitung(input,output);
const anz = 100;
type string16 = packed array[1..16] of car;
    datum   = record tag    : 1..31;
                     monat : 1..12;
                     jahr   : 0..99 end;
    artikel  = record nr      : integer;
                     name     : string16;
                     stueck   : integer;
                     preis    : real;
```

```
                    lieferant  : string16;
                    termin     : datum    end;
var  lager       : array[1..anz] of artikel;
     i,n,minimum : integer;

procedure liesartikel(var a: artikel);
(* wie eben S. .... *)

procedure druckartikel(a : artikel);
begin
    with a, termin do
        writeln(nr:4, name:18, stueck:8, preis:9:2,lieferant:18,
                tag:4,'.',monat:2,'.',jahr:2);
end; (* of druckartikel *)

begin
    (* maximal 100 artikel einlesen. Ende ist die nr = -1 ) *)
    i := 0;
    repeat i := i+1;
            liesartikel(lager[i]);
    until lager[i].nr = -1;
    (* alle Artikel drucken, deren Bestand unterhalb eines Minimums liegt *)
    writeln('minimaler Bestand?'); readln(minimum);
    i := 1;
    while lager[i].nr > 0 do begin
            if lager[i].stueck <= minimum then druckartikel(lager[i]);
            i := i+1;
            end;
    (* einen Artikel löschen *)
    writeln('welcher Artikel ist zu löschen? Gib nr:'); readln(n);
    i := 0;
    repeat i := i+1;
    until (lager[i].nr = -1) or (lager[i].nr = n);
    if lager[i].nr = -1
        then writeln('Artikel Nr. = ' ,n:4,' nicht vorhanden.')
        else begin (* alle folgenden Artikel einen Platz nach vorn *)
                while lager[i].nr > 0 do begin
                        lager[i] := lager[i+1];
                        i := i+1;
                        end;
end.
```

Wie man sieht, ist das Umgehen mit einem Array von Artikeln nicht sonderlich handlich. Man benutzt dazu besser den Datentyp *file* von §9.231 oder eine gekettete Liste von §9.3

■

Die Vielfalt der Datentypen und Strukturierungsarten in PASCAL erlaubt es, die einem Problem zugrunde liegenden Daten aussagekräftig und selbsterklärend zu verwenden. Dazu gehören vor allem der Aufzählungstyp, Arrays mit Indizes vom Ordinaltyp und der Datentyp Record. Programmiersprachen wie BASIC oder FORTRAN, die diese Sprachelemente nicht kennen, müssen Daten fast immer durch Zuordnung zu den ganzen Zahlen gewissermaßen verschlüsseln und damit nahezu unlesbar machen. Der PASCAL-Benutzer sollte von den ihm zur Verfügung stehenden Möglichkeiten ausgiebig Gebrauch machen. Der Entwurf eines Programms wird sicherer und spätere Änderungen sind leichter durchzuführen. Die folgenden drei Beispiele mögen dies demonstrieren.

Beispiel 9.11: Für den Fachbereich Technische Informatik einer Fachhochschule mit den acht Semestern TI1,...,TI8 soll ein Stundenplan aufgestellt werden. An jedem Tag von Montag bis Freitag gibt es fünf Vorlesungseinheiten. Zu jeder von ihnen gehört ein Raum, ein Fachname und ein Dozent. Als Grundlage für ein entsprechendes Programm (das den Rahmen eines Lehrbuches sprengen würde), könnte man folgende Datenstruktur verwenden.

```
type  string6      = packed array[1..6] of char;
      semester     = (ti1, ti2, ti3, ti4, ti5, ti6, ti7, ti8);
      wochentag    = (mon, die, mit, don, frei);
      stunde       = record fach, raum, dozent : string6  end;
      tag          = array[1..5] of stunde;
      woche        = array[wochentag] of tag;
var plan : array[semester] of woche;
```

In dem Programm käme dann vor

Variable	Typ	Wert
plan[ti3]	woche	Stundenplan von TI3
plan[ti4,mit]	tag	Stundenplan von TI4 am Mittwoch
plan[ti5,mit,2]	stunde	2. Stunde am Mittwoch von TI5
plan[ti7,don,3].dozent	string6	Dozent bei TI7 am Donnerstag 3. Stunde

Es ist einleuchtend, wie sicher und selbsterklärend mit solchen Datentypen der Anweisungsteil formuliert werden kann.
∎

Beispiel 9.12: Man möchte die Tabelle der Bundesliga per Programm führen. Es gilt dann einmal, die Tabelle selbst zu beschreiben. Als zweites hat man das Ergebnis eines Spieltages festzuhalten. Der folgende Vereinbarungsteil ist hoffentlich so selbsterklärend, daß er ohne weitere Kommentare verständlich ist.

```
const anzahl = 18;
      spiele = 9;
```

```
type  string20 = packed array[1..20] of char;
      tabzeile = record mannschaft = string20;
                        erhaltenetore,geschossenetore : integer;
                        pluspunkte,minuspunkte : integer;
                 end;
      tabelle = array[1..anzahl] of tabzeile;
      spielergebnis = record heim, gast : string20;
                             heimtore, gasttore : integer;
                      end;
      spieltag = array[1..spiele] of spielergebnis;
```
■

Beispiel 9.13: Ein Skatblatt hat 32 Karten. Jede Karte hat eine Spielfarbe (Karo, Herz, Pik, Kreuz), einen Spielwert (sieben, acht, neun, Bube, Dame, König, zehn, As) und eine Punktzahl (sieben, acht, neun = 0, Bube = 2, Dame = 3, König = 4, zehn = 10, As = 11). In einem Programm soll jede der 32 Karten mit diesen Angaben versehen werden.

```
program skatblatt(output);
type kartenzahl = 1..32;
     punktzahl = 0..11;
     spielfarbe = (kreuz, pik, herz, karo);
     spielwert = (sieben, acht, neun, bube, dame, koenig, zehn, as);
     spielkarte = record farbe  : spielfarbe;
                         wert   : spielwert;
                         punkte : punktzahl    end;
     blatt     = array [kartenzahl] of spielkarte;
var  b : blatt;
     f : spielfarbe;
     w : spielwert;
begin
    for f := kreuz to karo do
       for w := sieben to as do
          with b[ord(f)*8+ord(w)+1] do
             begin
                farbe := f;
                wert  := w;
                case w of
                       sieben, acht, neun: punkte := 0;
                       bube, dame, koenig: punkte := ord(w)-1;
                       zehn, as: punkte := ord(w)+4              end;
             end;
end.
```

Man beachte, daß die Konstanten eines Aufzählungstyps von 0 an durchnumeriert werden, also *ord(kreuz)* = *0*, *ord(bube)* = *3* ist.

∎

Als letztes größeres Beispiel wollen wir einen Backtracking-Algorithmus behandeln ([REC 75]). Es gibt Problemstellungen, die man am besten durch Probieren löst und häufig überhaupt nur so lösen kann. Klassische Beispiele dieser Art sind das Acht-Damen-Problem, das Absuchen eines Graphen, das Auffinden des besten Zuges in einem Spiel usw. Durch systematisches Ausprobieren aller Möglichkeiten wird versucht, eine Lösung zu finden. Dieses Prinzip des ,,Versuchens und Nachprüfens" (engl. trial and error) führt bei nicht erfolgreichen Versuchen in eine Sackgasse. Dann muß man bis zur letzten möglichen Alternative zurückgehen (eben backtracking) und dort eine andere Alternative wählen. Bei diesem Zurückgehen müssen dann die in der Sackgasse vorgenommenen Änderungen an Variablen rückgängig gemacht werden.

Da das Probieren an den verschiedenen Stellen immer nach demselben Prinzip mit nur neuen Objekten zu geschehen hat, ist das Kernstück eines Backtracking-Algorithmus häufig eine rekursive Prozedur, die das Zurückgehen, Löschen der inzwischen erfolgten Veränderungen und Festlegen des nächsten Versuchs übernimmt.

Das Absuchen eines Labyrinthes von Beispiel 9.9 war schon von dieser Art.

Beispiel 9.14: Aus einem Kursbuch soll eine Zugverbindung von einem gegebenen Startort zu einem gegebenen Zielort gefunden werden. Dazu wird ein Backtracking-Algorithmus konstruiert. Wir wollen zunächst die Darstellung der Daten beschreiben.

Es soll n Bahnhöfe geben. Wir nehmen als n = 15 einen Teil des Bundesbahn-Netzes (Bild 9.7). Jeder Bahnhof habe einen Namen von maximal *nl* Zeichen, und an jedem Bahnhof gebe es maximal *fl* abgehende Züge. Diese *fl* pro Tag abgehenden Züge sind durch Abfahrtszeit, Ziel und Ankunftszeit am Ziel beschrieben. Wir nennen das eine Planzeile. Ein Bahnhofplan ist ein Array solcher Planzeilen, der Gesamtfahrplan (das Kursbuch) ein Array von Bahnhofplänen. Auch die gesuchte Verbindung ist ein Array von solchen Planzeilen. Es ist also

```
type name = array[1 .. nl] of char;
     nr = 1 .. n;
     zeit = record h : -1 .. 23;
                   m : 0 .. 59  end;
     planzeile = record abf : zeit;
                        ziel : nr;
                        ank : zeit  end;
     bahnhofplan = record bfn : name;
                          bfp : array[1 .. fl] of planzeile  end;
     gesamtplan = array[1 .. n] of bahnhofplan;
     verbindung = array[1 .. n] of planzeile;
```

Zur leichteren Durchführung des Backtracking werden die Bahnhöfe von *1 .. n* durchnumeriert. Bild 9.8 zeigt den benutzten Gesamtplan in einer Form, wie er von dem folgenden Programm protokolliert wird. Nur aus Platzgründen werden die Pläne hier nebeneinander gesetzt. Wie die Daten eingegeben wurden, kann der Leser den Prozeduren *liesname* und *lieszeit* und deren Aufrufen entnehmen.

Nachdem ein Startort, eine Startzeit und ein Zielort angegeben wurden, soll das Programm eine Verbindung heraussuchen, wobei Mitternacht der Einfachheit halber nicht überschritten werden soll. Das Kernstück ist eine

procedure *try(i : nr; z : zeit;* **var** *b : boolean);*

Dabei ist *i* die Nummer des jeweiligen Abfahrtsortes, *z* die gewünschte Abfahrtszeit und *b* eine logische Variable, die nach dem Aufruf von *try true* ist, wenn der Zielort erreicht ist, und sonst *false* ist. Die Suchprozedur *try* ist dann, angefangen bei Startort, rekursiv nacheinander an den Zwischenstationen aufzurufen. Sie arbeitet nach dem folgenden Prinzip:

aufsuchen der nächsten Abfahrtszeit im Bahnhofplan,

diese Verbindung merken,

falls Ziel dieser Verbindung = Zielort, Versuch erfolgreich, sonst *try* mit Ziel dieser Verbindung,

falls dieser Folgeversuch erfolglos, nächste Abfahrtszeit nehmen,

falls Fahrplan erschöpft, Versuch erfolglos.

Das Struktogramm von Bild 9.9 zeigt weitere Einzelheiten von *try*. Die Details der Formulierung finden sich dann in dem Programm. Der Leser beachte, wie eine Kreisverbindung über den Startort verhindert wird.

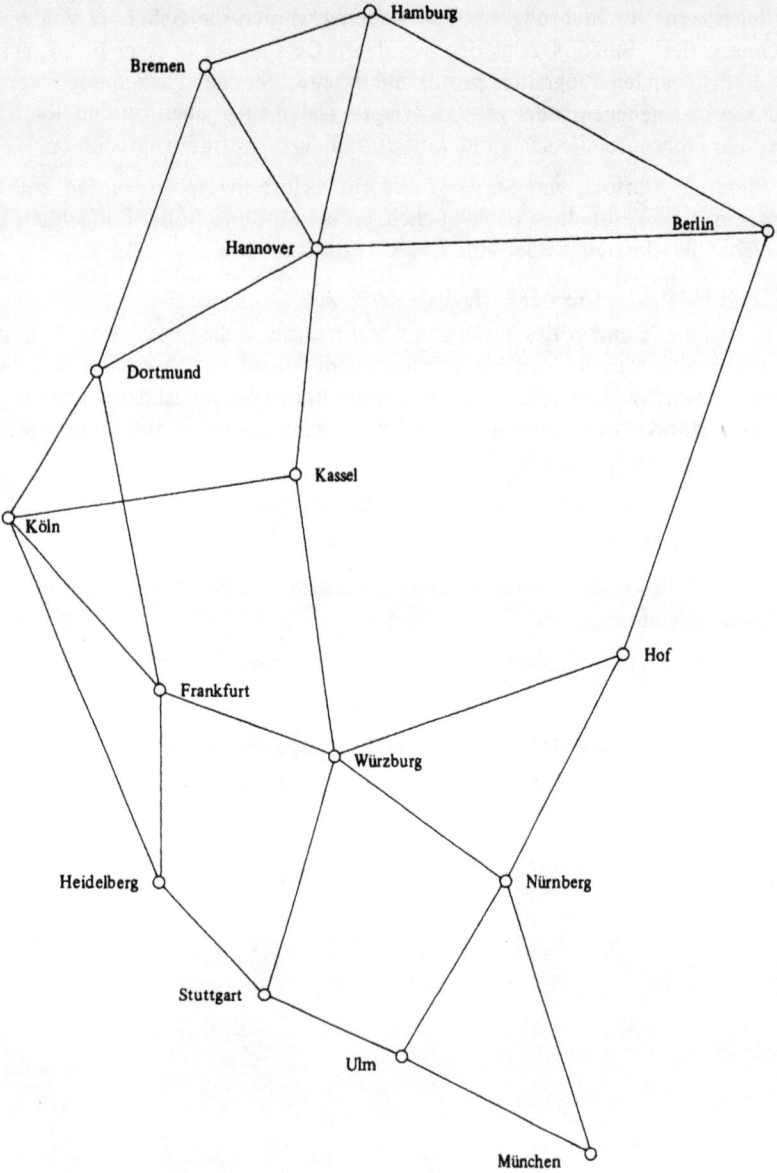

Bild 9.7:   Streckennetz für Beispiel 9.14

plan von hamburg:

ab 05.18	bremen	an 06.31
ab 06.02	hannover	an 07.29
ab 08.13	berlin-zoo	an 11.57
ab 09.07	bremen	an 10.26
ab 10.30	bremen	an 11.45
ab 12.01	hannover	an 13.10
ab 13.10	berlin-zoo	an 17.02
ab 14.21	hannover	an 15.35
ab 18.07	hannover	an 19.20
ab 19.10	berlin-zoo	an 23.15
ab 20.57	bremen	an 22.05

plan von bremen:

ab 05.07	hamburg	an 06.25
ab 06.15	hannover	an 07.20
ab 06.33	dortmund	an 08.57
ab 09.10	hamburg	an 10.20
ab 11.54	dortmund	an 14.11
ab 12.01	hannover	an 13.15
ab 13.07	hamburg	an 14.20
ab 18.21	dortmund	an 20.54
ab 18.35	hannover	an 19.48
ab 20.10	hamburg	an 21.25

plan von dortmund:

ab 06.02	bremen	an 08.15
ab 07.01	hannover	an 08.33
ab 07.12	koeln	an 08.15
ab 08.27	frankfurt	an 10.02
ab 09.03	koeln	an 10.10
ab 11.33	hannover	an 13.01
ab 14.15	koeln	an 15.17
ab 16.13	frankfurt	an 17.45
ab 17.31	bremen	an 20.08
ab 19.10	hannover	an 20.39
ab 20.15	koeln	an 21.10

plan von hannover:

ab 06.48	hamburg	an 08.01
ab 07.10	bremen	an 08.15
ab 07.20	dortmund	an 08.40
ab 08.40	berlin-zoo	an 10.51
ab 10.21	kassel	an 11.59
ab 13.12	dortmund	an 14.30
ab 13.20	kassel	an 15.02
ab 16.10	bremen	an 17.12
ab 18.40	berlin-zoo	an 21.15
ab 20.41	hamburg	an 21.55
ab 20.50	dortmund	an 22.18

plan von berlin-zoo:

ab 08.21	hamburg	an 11.13
ab 09.13	hannover	an 12.01
ab 13.07	hof	an 17.10
ab 15.33	hamburg	an 18.02
ab 16.15	hannover	an 18.54
ab 19.01	hamburg	an 21.58

plan von koeln:

ab 05.00	dortmund	an 06.00
ab 06.30	kassel	an 08.00
ab 07.13	frankfurt	an 08.35
ab 08.20	kassel	an 09.07
ab 10.15	heidelberg	an 13.05
ab 10.21	frankfurt	an 11.54
ab 10.37	dortmund	an 11.29
ab 12.03	frankfurt	an 13.41
ab 15.21	heidelberg	an 18.07
ab 18.08	dortmund	an 19.05

plan von kassel:

ab 07.01	hannover	an 08.30
ab 07.58	koeln	an 10.30
ab 08.07	wurzburg	an 10.03
ab 10.20	hannover	an 11.51
ab 12.01	frankfurt	an 13.19
ab 12.07	wuerzburg	an 13.59
ab 14.31	hannover	an 16.05
ab 15.11	frankfurt	an 16.23
ab 15.15	wuerzburg	an 17.01
ab 18.50	hannover	an 20.20

plan von frankfurt:

ab 08.13	dortmund	an 09.49
ab 10.45	koeln	an 12.01
ab 10.51	dortmund	an 12.27
ab 12.00	wuerzburg	an 13.31
ab 12.05	kassel	an 13.17
ab 13.23	heidelberg	an 14.58
ab 14.13	dortmund	an 15.51
ab 15.10	koeln	an 16.33
ab 17.51	heidelberg	an 19.20
ab 17.55	wuerzburg	an 18.59

Bild 9.8: Das im Beispiel 9.14 benutzte Kursbuch

Bild 9.8   (Fortsetzung)

plan von wuerzburg:

ab 08.10	kassel	an 09.57
ab 10.17	stuttgart	an 12.03
ab 10.19	nuernberg	an 11.43
ab 12.33	kassel	an 14.27
ab 12.36	hof	an 14.48
ab 12.38	frankfurt	an 14.07
ab 14.03	nuernberg	an 15.51
ab 14.10	stuttgart	an 16.01
ab 15.07	frankfurt	an 16.31
ab 16.30	kassel	an 18.41
ab 17.11	hof	an 19.23

plan von hof:

ab 08.13	nuernberg	an 10.29
ab 10.21	berlin-zoo	an 14.45
ab 11.30	wuerzburg	an 13.28
ab 14.51	berlin-zoo	an 18.53
ab 15.01	wuerzburg	an 17.10
ab 17.15	nuernberg	an 19.43
ab 17.19	wuerzburg	an 19.27

plan von heidelberg:

ab 07.58	koeln	an 10.31
ab 10.25	frankfurt	an 12.00
ab 12.31	frankfurt	an 14.08
ab 13.15	stuttgart	an 14.51
ab 15.01	stuttgart	an 16.35
ab 15.43	koeln	an 18.00
ab 19.25	stuttgart	an 21.03

plan von stuttgart:

ab 06.10	heidelberg	an 07.55
ab 08.01	heidelberg	an 10.20
ab 10.31	wuerzburg	an 12.29
ab 12.10	ulm	an 13.07
ab 14.05	heidelberg	an 15.40
ab 14.25	wuerzburg	an 16.25
ab 14.26	ulm	an 15.19
ab 16.40	ulm	an 17.41
ab 21.10	ulm	an 22.07

plan von nuernberg:

ab 06.30	wuerzburg	an 08.05
ab 07.10	muenchen	an 09.01
ab 08.01	hof	an 10.17
ab 10.35	muenchen	an 13.05
ab 10.40	ulm	an 13.51
ab 11.01	wuerzburg	an 12.25
ab 12.24	hof	an 14.40
ab 13.34	wuerzburg	an 15.00
ab 19.50	ulm	an 22.45
ab 20.01	muenchen	an 22.27

plan von ulm:

ab 05.03	stuttgart	an 06.05
ab 09.01	nuernberg	an 11.55
ab 09.25	stuttgart	an 10.20
ab 13.12	muenchen	an 14.45
ab 13.21	stuttgart	an 14.19
ab 13.50	nuernberg	an 17.01
ab 22.50	muenchen	an 00.30

plan von muenchen:

ab 06.00	nuernberg	an 07.56
ab 07.21	ulm	an 08.55
ab 08.53	nuernberg	an 10.53
ab 09.30	ulm	an 11.01
ab 10.15	nuernberg	an 12.20
ab 11.50	ulm	an 13.15
ab 16.05	nuernberg	an 18.01
ab 18.21	ulm	an 19.48

Bild 9.8:   Das im Beispiel 9.14 benutzte Kursbuch (Fortsetzung)

try(i,z,b):

| repeat | nächste Abfahrtszeit t vom Bahnhof i ermitteln |

until Fahrplan leer ∨ (t ≥ z ∧ nächstes Ziel ≠ Startort)

if Fahrplan nicht leer

then   **else**

repeat   Verbindung merken

if nächstes Ziel = Zielort

then   **else**

Versuch erfolgreich

b := true

try(nächstes Ziel, t, b)

if b

then   **else**

t := nächste Abfahrtzeit

until   b ∨ Fahrplan leer

if Fahrplan leer

then   **else**

Versuch erfolglos
b := false

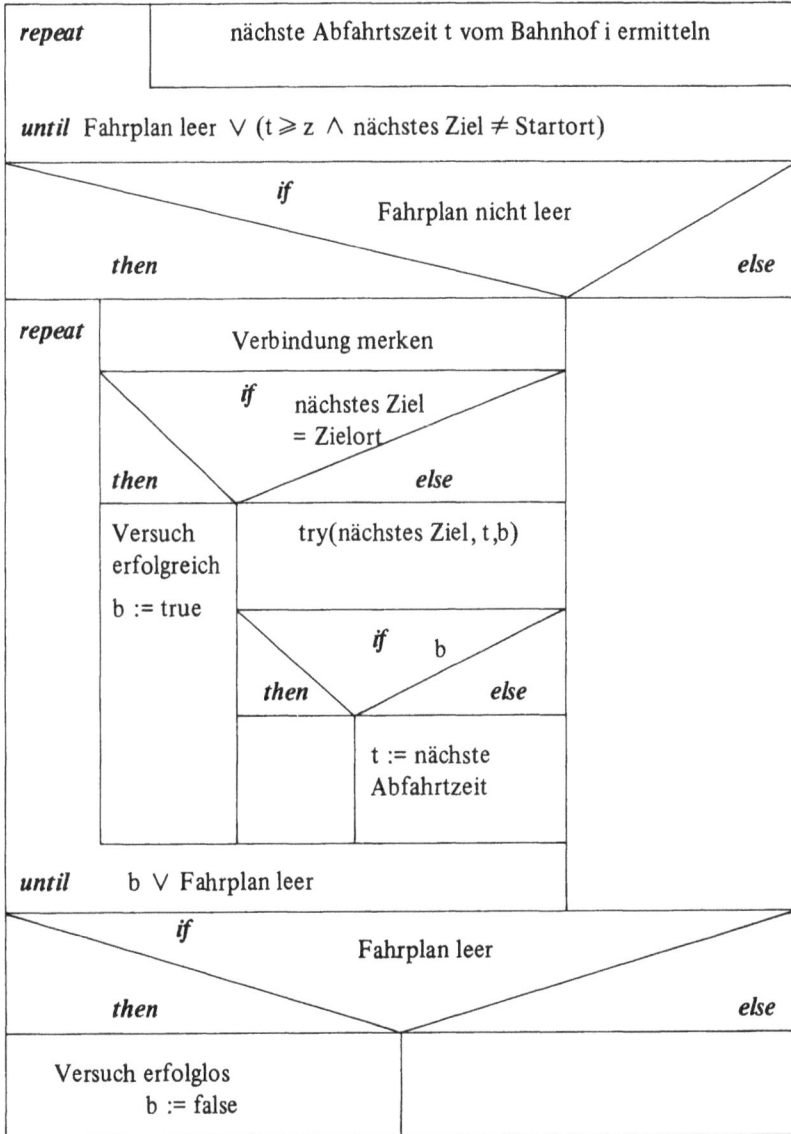

Bild 9.9: Rekursive Prozedur zum Aufsuchen einer Bahnverbindung

```
program fahrplan(input, output);
const n = 15; (* anzahl der bahnhoefe *)
      nl = 10; (* laenge der namen *)
      fl = 12; (* maximale fahrplanlaenge pro bahnhof *)
type name = array[1 .. nl] of char;
     nr = 1 .. n;
     zeit = record h : -1 .. 23; m : 0 .. 59 end;
     planzeile = record abf : zeit;
                        ziel : nr;
                        ank : zeit        end;
     bahnhofplan = record bfn : name;
                          bfp : array[1 .. fl] of planzeile end;
     gesamtplan = array[1 .. n] of bahnhofplan;
     verbindung = array[1 .. n] of planzeile;
var plan : gesamtplan;
    verb : verbindung;
    startort, zielort : nr;
    startname, zielname : name;
    startzeit : zeit;
    i, j : integer; b : boolean;

procedure liesname(var nam : name);
    var i : integer;
    begin
        repeat read(nam[1])
               until nam[1]<> '␣';
        for i := 2 to nl do read(nam[i])
    end (* of liesname *);
procedure lieszeit(var t : zeit);
    begin read(t.h); read(t.m) end (* of lieszeit *);
procedure druckname(i : integer);
    var j : integer;
    begin
        for j := 1 to nl do write(plan[i].bfn[j])
    end (* of druckname *);
procedure druckzeit(t : zeit);
    begin
        if t.h >= 0 then write(chr(ord('0') + t.h div 10),
                               chr(ord('0') + t.h mod 10), '.',
                               chr(ord('0') + t.m div 10),
                               chr(ord('0') + t.m mod 10), '␣␣␣')
    end (* of druckzeit *);
```

```
procedure druckzeile(z : planzeile);
   begin write(' ab '); druckzeit(z.abf); druckname(z.ziel);
        write(' an '); druckzeit(z.ank); writeln
   end ( * of druckzeile *);
procedure try(i : nr; z : zeit; var b : boolean);
   var k : integer; t : zeit;
   begin
      k := 0;
      repeat k := k + 1;
             t := plan[i].bfp[k].abf;
      until (t.h < 0) or
            ((t.h > z.h) or ((t.h = z.h) and (t.m >= z.m)) and
            (plan[i].bfp[k].ziel <> startort));
      if t.h >= 0 then
        repeat verb[i] := plan[i] .bfp[k] ;
               if verb[i] .ziel = zielort
                 then b := true
                 else begin
                         try(verb[i] .ziel, verb[i] .ank, b);
                         if not b then begin
                                          k := k + 1;
                                          t := plan[i] .bfp[k] .abf
                                       end

                      end
        until b or  (t.h < 0);
      if t.h < 0 then b := false
   end  ( * of try *);


begin ( * des anweisungsteils des programms *)
   for i := 1 to n do begin
       liesname(plan[i] .bfn); j := 0;
       repeat j := j + 1;
              lieszeit(plan[i] .bfp[j] .abf);
              read(plan[i] .bfp[j] .ziel);
              lieszeit(plan[i] .bfp[j] .ank)
       until   plan[i] .bfp[j] .abf.h < 0
                 end;
   for i := 1 to n do
      begin writeln; write('plan von ');
            druckname(i); writeln(':'); writeln; j := 1;
            repeat druckzeile(plan[i] .bfp[j]);
                   j := j + 1
```

```
            until plan[i] .bfp[j] .abf.h < 0;
            writeln
        end;
    writeln;
    (* das war das einlesen und protokollieren des fahrplans.
    jetzt beginnt das aufsuchen von verbindungen *)
    repeat liesname(startname); liesname(zielname);
            lieszeit(startzeit); startort := 0; zielort := 0;
            for i := 1 to n do begin
                    if plan[i] .bfn = startname then startort := i;
                    if plan[i] .bfn = zielname then zielort := i
                    end;
            (* damit ist die nummer von start- und zielbahnhof ermittelt *)
            if (startort > 0) and (zielort > 0) then
                begin writeln; druckzeit(startzeit); write(' von ');
                        druckname(startort); write(' nach ');
                        druckname(zielort); writeln;
                        try(startort, startzeit, b);
                        if b then begin writeln('verbindung:');
                                        writeln;
                                        i := startort;
                                        repeat druckname(i)
                                                druckzeile(verb[i]);
                                                i := verb[i] .ziel
                                        until i = zielort
                                end
                        else writeln('keine verbindung');
                        writeln; writeln;
                end
    until eof
    end.
```

Testergebnisse:

	06.00	von hamburg		nach ulm	
	verbindung:				
hamburg	ab 06.02	hannover	an 07.29		
hannover	ab 08.40	berlin-zoo	an 10.51		
berlin-zoo	ab 13.07	hof	an 17.10		
hof	ab 17.15	nuernberg	an 19.43		
nuernberg	ab 19.50	ulm	an 22.45		

10.00   von hamburg   nach ulm
verbindung:

hamburg	*ab 10.30*	*bremen*	*an 11.45*
bremen	*ab 11.54*	*dortmund*	*an 14.11*
dortmund	*ab 14.15*	*koeln*	*an 15.17*
koeln	*ab 15.21*	*heidelberg*	*an 18.07*
heidelberg	*ab 19.25*	*stuttgart*	*an 21.03*
stuttgart	*ab 21.10*	*ulm*	*an 22.07*

12.00   von hamburg   nach ulm
verbindung:

hamburg	*ab 12.01*	*hannover*	*an 13.10*
hannover	*ab 13.12*	*dortmund*	*an 14.30*
dortmund	*ab 16.13*	*frankfurt*	*an 17.45*
frankfurt	*ab 17.51*	*heidelberg*	*an 19.20*
heidelberg	*ab 19.25*	*stuttgart*	*an 21.03*
stuttgart	*ab 21.10*	*ulm*	*an 22.07*

10.00   von muenchen   nach hamburg
verbindung:

muenchen	*ab 10.15*	*nuernberg*	*an 12.20*
nuernberg	*ab 12.24*	*hof*	*an 14.40*
hof	*ab 14.51*	*berlin-zoo*	*an 18.53*
berlin-zoo	*ab 19.01*	*hamburg*	*an 21.58*

11.00   von muenchen   nach hamburg
verbindung:

muenchen	*ab 11.50*	*ulm*	*an 13.15*
ulm	*ab 13.21*	*stuttgart*	*an 14.19*
stuttgart	*ab 14.25*	*wuerzburg*	*an 16.25*
wuerzburg	*ab 16.30*	*kassel*	*an 18.41*
kassel	*ab 18.50*	*hannover*	*an 20.20*
hannover	*ab 20.41*	*hamburg*	*an 21.55*

Wie man sieht, sind die Verbindungen nicht optimal. Man müßte den Algorithmus so abändern, daß alle Verbindungen vom Start zum Ziel aufgestellt und dann die „beste" (nach Zeit oder Fahrpreis?) herausgesucht wird.   ∎

Schließlich muß noch gesagt werden, daß die Vergleichsoperatoren auf Records nicht anwendbar sind. Wenn man mit den Typenvereinbarungen von Beispiel 9.10 die Variablen

var dies, das : artikel

eingeführt hätte, so kann nicht mit   *if dies = das then* . . .

oder   *if dies <> das then* . . .

oder gar   *if dies < das then* . . .

testen.

Mitunter wird es vorkommen, daß mehrere Records teilweise die gleichen Komponenten haben. Für die Benutzung eines Bankkontos könnte man jeden Vorgang durch einen eigenen Record beschreiben:

```
type datum = record
                tag : 1 . . 31;
                monat : (jan, feb, maerz, apr, mai, jun,
                        jul, aug, sep, okt, nov, dez);
                jahr : 1900 . . 1999
                end;
        abheben = record
                kontonr : integer;
                wert : datum;
                last : real
                end;
        einzahlen = record
                 kontonr : integer;
                 wert : datum;
                 gut : real
                 end;
        anlegen = record
                kontonr : integer;
                wert : datum;
                zinsen, betrag : real;
                termin : datum
                end;
        loeschen = record
                kontonr : integer;
                wert : datum
                end;
```

Entsprechend Def. (9.14) kann man daraus einen einzigen Record bilden, dessen fester Teil die gemeinsamen Komponenten *kontonr* und *wert*, dessen varianter Teil die einzelnen Abweichungen enthält. Man spricht dann von einem varianten Record.

Der variante Teil ist von der Form

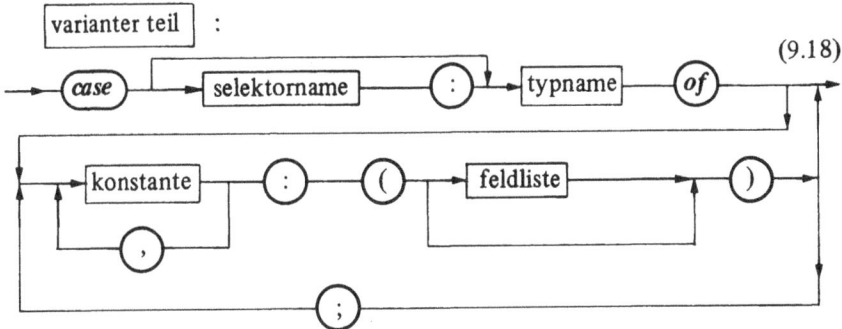

$$(9.18)$$

Der eine gemeinsame variante Record ist dann von der Form

type datum = (* s. oben *);
    vorgang = (ab, ein, an, loe);
    kontobew = **record**
                    kontonr : integer;
                    wert : datum;
                    case bew : vorgang of
                        ab : (last : real);
                        ein : (gut : real);
                        an : (zinsen, betrag : real; termin : datum)
                        loe : ( )
                    end;

Der Selektorname nach *case* ist gewissermaßen der Name der varianten Komponente. Sein Typ muß ein Ordinaltyp oder ein Unterbereich davon sein. Der Record *kontobew* hat also die drei Felder *kontonr, wert* und *bew,* woran sich in Abhängigkeit von dem Wert von *bew* noch andere Felder anschließen. Die einzelnen Varianten werden durch die Konstanten des Typs von *bew* markiert. Dabei besteht jede Variante wieder aus einer in runden Klammern eingeschlossenen Feldliste.

Zwar kann ein Record nur einen varianten Teil haben, der dem festen Teil folgen muß, so kann doch die Feldliste einer Variante wieder aus diesen beiden Teilen bestehen. Auf diese Weise können in einem Record mehrere variante Teile, allerdings nur geschachtelt, vorkommen.

In Abhängigkeit von dem Wert von *bew* hat der Record *kontobew* die Felder

    kontonr, wert, bew, last   (für *bew = ab*)

oder

kontonr, wert, bew, gut   (für bew = ein)

oder

kontonr, wert, bew, zinsen, betrag, termin   (für bew = an)

oder

kontonr, wert   (für bew = loe)

Ist

var x : kontobew;

so richtet sich der Speicherplatzbedarf von *x* nach der Variante mit dem größten Bedarf. Die einzelnen Varianten belegen denselben Speicherplatz. So werden also die Komponentenvariablen *x.last, x.gut* und *x.zinsen* denselben Speicherplatz belegen, deren Inhalte in Abhängigkeit von *bew* verschieden interpretiert werden. Daß alle drei dieser Variablen vom Typ *real* sind, liegt nur an dem Beispiel und muß nicht notwendig so sein.

Der Zugriff zu den festen Komponenten ist problemlos und erfolgt wie bisher. So kann man etwa

x.kontonr := 393353;
x.wert.monat := mai;

schreiben. Wegen des gemeinsamen Speicherplatzes ist beim Zugriff zu den varianten Komponenten größte Sorgfalt nötig. Nach

x.bew := an;

sind

x.zinsen := 6.5;
x.termin.jahr := 1985;

zweifellos vernünftig, während

x.gut := 3756.59;

zu Schwierigkeiten führen wird. Bei Operationen mit den einzelnen Varianten wird man deshalb am sichersten eine *case*-Anweisung benutzen, um zu verhindern, unerwünschte Felder zu bearbeiten. Die *case*-Anweisung wird dem varianten Teil entsprechen:

case x.bew of
  ab : anweisung für last;
  ein : anweisung für gut;
  an : anweisung für zinsen, betrag, termin;
  loe : leere anweisung
  end;

Schließlich wäre noch darauf hinzuweisen, daß alle Feldnamen eines Records verschieden sein müssen. Auch in den verschiedenen Varianten eines Records dürfen nicht gleiche Feldnamen vorkommen. Selbstverständlich dürfen aber in verschiedenen Records Felder gleichen Namens auftreten. Durch die Form der Recordkomponente

recordvariable . feldname

sind diese ja durch den Vorsatz als verschieden gekennzeichnet.

Auch den Typ *record* kann man in gepackter Form vereinbaren:

type person = packed record . . . end

Je nach Implementierung wird dann versucht, die Felder auf weniger Speicherplatz unterzubringen. Der Gebrauch der Felder durch den Benutzer ändert sich dadurch nicht. Höchstens bei varianten Records ist eine gewisse Vorsicht am Platze. Standardprozeduren wie *pack* und *unpack* bei Arrays (s. S. 126) gibt es für Records nicht.

Nach der Def. (9.18) kann man den Namen des Selektors auch weglassen. An einem kleinen Beispiel sei demonstriert, welche Folgen sich daraus ergeben.

Beispiel 9.15: Wir gehen aus von der Vereinbarung

```
type  string6  = packed array[1..6] of char;
      falltyp  = 1..3;
      ding     = record art : string6;
                        besitzer : string6;
                        case fall : falltyp of
                        1: (stueck:integer; preis : real);
                        2: (verliehen:boolean; anwen : string6);
                        3: (verloren:boolean; vonwem,wo:string6) end;
```

Mit der Prozedur

```
procedure liesstring(var s:string6);
var i:integer;
begin
  for i := 1 to 6 do read(s[i]);
end;
```

könnte dann eine Prozedur zum Einlesen für einen solchen Record vom Typ *ding* lauten:

```
procedure liesrecord(var d:ding);
begin
  with d do begin
    writeln('art ?'); liesstring(art);
    writeln('besitzer ?'); liesstring(besitzer);
    writeln('welcher Fall liegt vor ?'); readln(fall);
    case fall of
```

```
  1: begin writeln('stueckzahl und preis ?');
        readln(stueck,preis);                        end;
  2: begin writeln('an wen verliehen ?'); liesstring(anwen);
        verliehen := true;                           end;
  3: begin writeln('von wem wo verloren ?');
        liesstring(vonwem); liesstring(wo);
        verloren := true                             end;
     end;
end;
```

Ausgeben kann man ihn mit

```
procedure druckrecord(d:ding);
begin
   with d do begin
      writeln('art ' ,art); writeln('besitzer: ' ,besitzer);
      case fall of
         1: writeln(stueck:6; preis:8:2);
         2: writeln('verliehen: ' ,verliehen,anwen:8);
         3: writeln('verloren: ' , verloren,vonwem:8, wo:8); end;
            end;
end;
```

Wir gehen einmal davon aus, daß die Daten intern in der Form *integer* und *real* mit 32 Bit = 4 Byte, *boolean* und *fall* mit 16 Bit = 2 Byte abgespeichert werden. Dann ergibt sich für den Wert einer Variablen vom Typ *ding* die Speicherverteilung von Bild 9.10. Man beachte, daß auch der Selektor *fall* Speicherplatz beansprucht. Läßt man den Selektornamen weg, schreibt also

Byte Nr.:

1	6 7	12 13	14 15	18 19	22 23	28
art	besitzer	fall	stueck	preis		
			verlie-hen	anwen		
			verlo-ren	vonwem	wo	

Bild 9.10: Speicherverteilung mit Selektornamen *fall*

```
type  string6 = packed array[1..6] of char;
      falltyp = 1..3;
      ding    = record art : string6;
                       besitzer : string6;
                       case falltyp of
                       1: (stueck:integer; preis : real);
```

> 2: (verliehen:boolean; anwen : string6);
> 3: (verloren:boolean; vonwem,wo:string6) end;

dann ergibt sich die Speicherverteilung von Bild 9.11. In den Prozeduren *liesrecord* und *druckrecord* gibt es dann die Variable *fall* nicht mehr, und man kann die Zuordnung von Werten an die einzelnen Varianten nicht mehr gezielt steuern.

Byte Nr.:

1	6	7	12	13	16	17	20	21	26

art	besitzer	stueck	preis	
		verlie-hen	anwen	
		verlo-ren	vonwem	wo

Bild 9.11: Speicherverteilung ohne Selektornamen *fall*

Um es noch einmal deutlich zu sagen: Ob mit oder ohne Selektornamen kann man (bei *var d:ding*) jederzeit eine Zuweisung

$$d.preis := 35.67;$$

treffen und die Bytes 19-22 (mit *fall*) bzw. 17-20 (ohne *fall*) werden mit dem Wert 35.67 belegt. Falls dort die letzten 4 Zeichen von *anwen* oder *vonwem* stehen sollten, werden sie überschrieben. Mit einem Selektornamen hat man lediglich die Möglichkeit, sich gegen solche Versehen im Programm mit einer *case*-Anweisung zu schützen. Ohne Selektornamen muß man schon sehr genau die Speicherplatzverteilung kennen. Da damit die Übertragbarkeit eines Programms auf einen anderen Computer zumeist unmöglich gemacht wird, wird das Weglassen des Selektornamens wohl zu den Ausnahmen gehören müssen.

■

9.23   Dateien

Die Werte der bisherigen Datentypen werden im Arbeitsspeicher gehalten. Durch Nennung ihres Namens kann man unmittelbar darauf zugreifen. Häufig sind größere Datenbestände zu bearbeiten, die nicht dauernd im Arbeitsspeicher gehalten werden können. Sie müssen dann auf externen Speichern wie Magnetplatten, Magnetbändern oder Disketten in Form einer Datei (engl. file) untergebracht werden. Zu ihnen wird dann über *read* und *write* zugegriffen. Es wird dazu ein neuer Datentyp *file* eingeführt.

Ein Array besteht aus einer festen Anzahl von gleichartigen Komponenten. Ein Record besteht aus einer festen Zahl von möglicherweise verschiedenartigen Komponenten. Von dem nunmehr einzuführenden Datentyp *file* wird man verlangen müssen, daß er aus einer beliebigen, zur Laufzeit veränderlichen Zahl von Komponenten besteht, damit sich der Datenbestand auf dem externen Speichern verändern kann.

In PASCAL gibt es zwei verschiedene Arten von Dateien. Bei den allgemeinen Dateien sind alle Komponenten gleich. Man bezeichnet eine solche Komponente auch als einen Datensatz und dessen Teile als Datenfelder. In PASCAL wird ein Datensatz zumeist vom Typ eines Record sein. Über diese allgemeinen Dateien wird der §9.231 handeln. Aus praktischen Gründen gibt es noch Dateien, die einfach aus einer Folge von Zeichen bestehen, in denen also Texte gespeichert werden. Dafür gibt es den Standardtyp text, worüber in §9.232 gesprochen werden wird. Die in §6 beschriebenen Standarddateien *input* und *output* sind von dieser Art.

Allen Dateien gemeinsam sind die folgenden Gesichtspunkte:

1. Eine Datei bekommt in einem PASCAL-Programm einen Variablennamen, der wie üblich zu vereinbaren und darüberhinaus im Programmkopf anzugeben ist. Gegenüber den Namen anderer Variablen ist dabei aber eine Besonderheit zu beachten. Die Werte der Datei werden auf einem externen Speicher gehalten. Dort werden die Dateien vom Betriebssystem verwaltet und müssen dazu einen Namen haben. Diesen vom Betriebssystem verwendeten Namen nennt man auch einen logischen Filenamen. Heißt eine Datei in einem PASCAL-Programm *f* und hat für das Betriebssystem den logischen Filenamen DAT.12, so muß man eine Zuordnung zwischen *f* und DAT.12 treffen, damit jeder Zugriff zu *f* im Programm an der Systemdatei DAT.12 vorgenommen wird. PASCAL äußert sich nicht dazu, wie man diese Zuordnung trifft. Es gibt dazu zwei verschiedene Vorgehensweisen:

   a) Die Zuordnung wird außerhalb des Programms getroffen und hat also mit PASCAL nichts zu tun, sondern ist eine Bedienung des Betriebssystems, genauer der Job Control Language. Diese möge sich mit dem Promptzeichen $ melden, und es ist vor dem Starten dann ein Systemkommando der Art

      $ASSIGN f=DAT.12

   notwendig. Diese Methode ist bei größeren Computern mit vielen Teilnehmern üblich.

   b) Die Zuordnung wird im Programm getroffen und ist also eine Frage von PASCAL. Dann gibt es eine Standardprozedur *assign*, die mit

      assign(f,'DAT.12');

   aufgerufen wird. Diese Methode ist bei den PASCAL-Versionen für PC's üblich, wo DAT.12 der Name einer Diskettendatei unter CP/M oder MS-DOS ist.

2. Die Datei hat einen Dateizeiger (Fileindex), der auf die Stelle des momentanen Zugriffs zeigt. Dieser Dateizeiger muß zu Beginn auf den Anfang der Datei positioniert werden. PASCAL unterscheidet, ob man zu der Datei einen lesenden oder schreibenden Zugriff beabsichtigt. Will man aus der Datei f lesen, so wird mit

   reset(f)

   auf den Dateianfang positioniert. Will man in die Datei f schreiben, wird mit

   rewrite(f)

   auf den Dateianfang positioniert.

3. Beim Zugriff zu einer Datei unterscheidet man die folgenden drei Arten. Der direkte Zugriff (engl. random access) bedeutet, daß man wahlfrei zu einem beliebigen Datensatz zugreifen kann. Sequentieller Zugriff bedeutet, daß man die Datei nur von vorn nach hinten durchmustern kann, wobei der Dateizeiger automatisch fortgeschaltet wird. Indexsequentieller Zugriff bedeutet, daß man auf einen beliebigen Datensatz positionieren und von dort ab sequentiell zugreifen kann. Es muß ausdrücklich betont werden, daß PASCAL nur einen sequentiellen Zugriff vorsieht. Der Zugriff erfolgt mit

   read   und   *write*

   wobei der Dateizeiger automatisch fortgeschaltet wird. Und es muß hinzugefügt werden, daß die meisten PASCAL-Versionen auch indexsequentiellen Zugriff ermöglichen.

4. Beim erstmaligen Anlegen einer Datei muß dafür gesorgt werden, daß ans Ende eine eof-Marke (end of file Marke) geschrieben wird. Beim erneuten Lesen der Datei kann mit der Standardfunktion *eof(f)* das Ende der Datei f erkannt werden.

   Es ist nicht Sache von PASCAL, wie diese eof-Marke zustande kommt. Bei größeren Computern mit mehreren Teilnehmern setzt das Betriebssystem die eof-Marke. Bei den PASCAL-Versionen für PC's gibt es meist eine Standardprozedur

   close(f)

   die nach dem Anlegen der Datei f die Datei abschließt und in den Directory der Diskette einträgt.

Wegen der besonderen Natur der Dateien, insbesondere der Art ihres „Wertes", sind mit diesem Datentyp gewisse Einschränkungen verbunden. Der Name einer Datei kann nicht in einem Ausdruck als Operand verwendet werden, und es kann ihr nicht durch eine Wertzuweisung ein Wert zugewiesen werden. Natürlich kann man zwei Dateien auch nicht durch einen Vergleichsoperator miteinander vergleichen. Tritt eine Datei als Parameter einer Prozedur oder Funktion auf, so gibt es dafür nur Referenzaufruf und keinen Wertaufruf. Auch bei den Komponenten von strukturierten Datentypen darf gewöhnlich keine Komponenten eine Datei sein. Es gibt dann kein Array von Dateien, keinen Record mit einer Komponente dieses Typs, und ein Datensatz einer Datei darf seinerseits nicht wieder eine Datei sein.

9.231 Allgemeine Dateien

Eine allgemeine Datei besteht aus einer beliebigen Anzahl von Komponenten des gleichen Typs. Ihre Typvereinbarung lautet

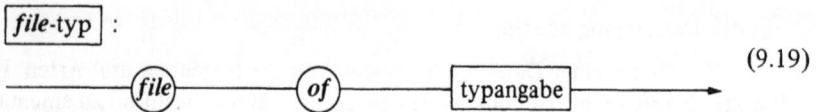

$$\boxed{file\text{-typ}}\;:$$

$$\longrightarrow\!\!\!\bigcirc\!\!\!\text{file}\longrightarrow\!\!\!\bigcirc\!\!\!\text{of}\longrightarrow\boxed{\text{typangabe}}\longrightarrow$$ (9.19)

Die Typangabe beschreibt die Komponenten. Eine Komponente wird auch Datensatz genannt. Sie kann von irgendeinem Typ sein mit Ausnahme wieder des Typs *file* (also *file of file* ...) oder eines strukturierten Typs, wenn eine der Komponenten vom Type *file* ist. Ist sie vom Typ eines Records, so werden die Komponenten des Records auch Datenfelder genannt.

Beispiele für Dateien sind also

> *var fint : file of integer;*
> *g : file of array[1..8] of real;*
> *termine : file of record tag:1..31;*
> *monat:1..12;*
> *jahr:0..99 end;*

fint ist eine Datei von integer-Zahlen. *g* ist eine Datei, wobei jeder Datensatz aus 8 real-Zahlen besteht. *termine* schließlich ist eine Datei, deren Datensätze aus den Datenfeldern für Tag, Monat und Jahr stehen.

Am häufigsten ist zweifellos der Fall, daß die Datensätze Records mit Angaben über irgendwelche Dinge sind. Gewöhnlich hat jeder Datensatz einen Schlüssel (engl. key), der einen Datensatz eindeutig kennzeichnet und der beim Suchen in der Datei verwendet wird. Wir wollen daher bei den folgenden Erklärungen und Beispielen von der folgenden Vereinbarung ausgehen:

> *type satztyp = record key : integer;*
> *daten : datentyp end;*
> *filetyp = file of satztyp;*
> *var f:filetyp; s:satztyp;*

Alle Erklärungen sind dann unabhängig von der Art der Daten, die einen Datensatz beschreiben. Handelt es sich um Artikel, so setze man

> *type artikel = record name : packed array[1..20] of char;*
> *stückzahl:integer;*
> *preis : real;*

> *lieferant:***packed array**[*1..20*] **of** *char;*
> *lieferdatum* : **record** *tag:1..31;*
> *monat:1..12;*
> *jahr:0..99* **end;**
>
> **end;**
> *datentyp = artikel;*

davor, und key möge dann die (eindeutige) Artikelnummer sein.

In den obigen Beispielen sind *fint, g, termine* und *f* nach (4.4) wieder Ganzvariable, deren Komponenten wir in (9.10) Filekomponenten genannt haben. Für sie gilt

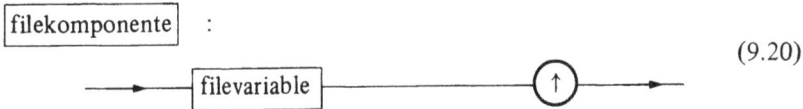

$$\text{(9.20)}$$

Mit jeder Vereinbarung *var f* : *filetyp* sind auch die Komponenten *f↑* jeweils vom *satztyp* vereinbart. *f↑* wird auch Dateizeiger, Fileindex oder Puffervariable genannt. Die Variable *f↑* zeigt jeweils auf die momentan aktuelle Komponente von *f* und hält diese im Arbeitsspeicher verfügbar. So stellt *fint↑* eine integer-Zahl, *g↑* ein Array von acht real-Zahlen, *termine↑* ein Datum und *f↑* einen Datensatz vom *satztyp* dar.

Den Dateizeiger *f↑* kann man sich auch als „Fenster" vorstellen, durch das man auf genau eine Komponente von *f* sehen kann. Nur durch dieses Fenster *f↑* kann man aus der Datei *f* lesen und in die Datei *f* schreiben. Wir haben schon gesagt, daß es in PASCAL nur sequentiellen Zugriff gibt. Zu Beginn muß das Fenster *f↑* auf den Dateianfang, die erste Komponente positioniert werden. Dabei wird zwischen dem Zustand Lesen und Schreiben unterschieden. Bei jedem lesenden und schreibenden Zugriff wird das Fenster um eine Komponente weiter geschoben.

Bevor wir dies genauer beschreiben, sei noch eine Bemerkung zum Programmkopf gemacht. Die in einem Programm benutzten Dateien sind im Programmkopf (Def. (2.7)) als Programmparameter anzugeben:

> **program** *test(input, output, file1, file2);*
> **var** *file1* : **file of** . . . ;
> *file2* : **file of** . . . ;

Diese auch außerhalb des Programms existierenden Files sind innerhalb des Programms wie alle lokalen Größen zu vereinbaren. Die Files *input* und *output* sind solche externen Files, deren standardmäßige Natur dadurch zum Ausdruck kommt, daß sie im Programm nicht vereinbart werden müssen.

Eine solche allgemeine Datei hat am Ende wieder eine eof-Marke, wie wir sie schon von den Standarddateien *input* und *output* her kennen (Bild 9.12) Es gibt eine

Standardfunktion *eof(f)* vom Typ *boolean,* die über der ganzen Datei *false* und bei der eof-Marke am Ende den Wert *true* hat.

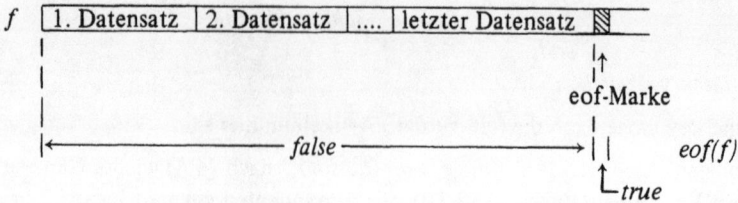

Bild 9.12: Aufbau einer allgemeinen Datei mit der Funktion *eof(f)*

Es sei zunächst das Lesen aus einer Datei *f* beschrieben. Für das Positionieren auf den Anfang und den Übergang in den Zustand Lesen gibt es die Standardprozedur

reset(f)

Wirkung: Die Datei *f* wird in den Zustand Lesen gesetzt. Ist *f* nicht leer, bekommt *f↑* den Wert der ersten Komponente von *f* und *eof(f)* wird auf *false* gesetzt. Ist *f* leer, ist *f↑* nicht definiert und *eof(f)* wird auf *true* gesetzt (Bild 9.13).

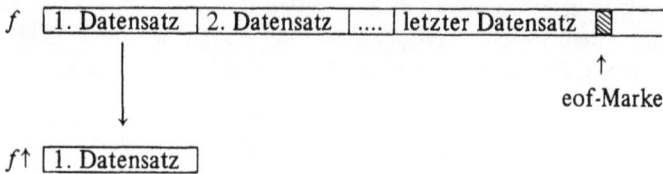

Bild 9.13: Wirkung von *reset(f)*

Für das anschließende Lesen gibt es die Standardprozedur

get(f)

Wirkung: Das „Fenster" rückt um eine Komponente nach hinten. Gibt es eine nächste Komponente, bekommt *f↑* deren Wert und *eof(f)* bleibt *false.* Gibt es keine nächste Komponente (ist also das Dateiende erreicht), ist *f↑* nicht definiert und *eof(f)* wird auf *true* gesetzt (Bild 9.14).

Voraussetzung: Die Datei befindet sich im Zustand Lesen und *eof(f)* ist *false,* d.h. das Ende der Datei ist noch nicht erreicht. Ist die Voraussetzung nicht erfüllt, kommt es zu einer Fehlermeldung.

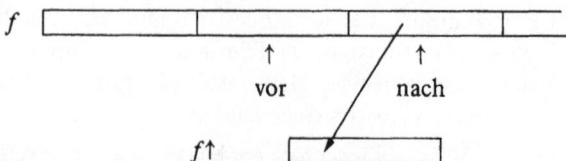

Bild 9.14: Wirkung von *get(f)*

Für das Lesen aus einer Datei *f* ist also die folgende Anweisungsfolge typisch:

```
reset(f);
while not eof(f) do
      begin
          anweisung; (* Verarbeitung von f↑ *)
          get(f);
      end;
```

Beispiel 9.16: Das folgende Programm ermittelt, wieviele Datensätze von *f* einen Schlüssel kleiner als einen bestimmten Wert haben.

```
program dateitest(input, output, f);
type (* hier ist datentyp zu definieren *)
      satztyp = record key : integer;
                           daten : datentyp end;
      filetyp = file of satztyp;
var f:filetyp;
    anz,schluessel:integer;
begin
    writeln('Gib einen Schluessel:'); readln(schluessel);
    reset(f);
    anz := 0;
    while not eof(f) do
          begin
              if f↑.key < schluessel then anz := anz+1;
              get(f)
          end;
    writeln(anz:4,' Datensätze hatten einen key <' ,schluessel:6);
end.                                                                ∎
```

In PASCAL ist auch die Möglichkeit vorgesehen, den Dateizeiger *f↑* und die elementare Prozedur *get(f)* zuzudecken, und statt dessen mit *read* zu arbeiten.

```
read(f,s)
```
Wirkung: *s := f↑; get(f);*
          s ist eine Variable vom *satztyp* (Bild 9.15)

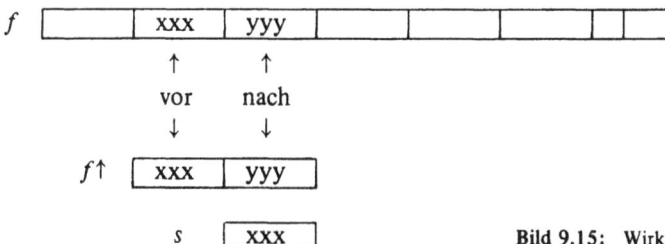

Bild 9.15: Wirkung von *read(f,s)*

Man beachte, daß bei *read(f,s)* der Dateizeiger *f*↑ schon immer die nächste Komponente von *f* enthält. *f*↑ läuft dem Wert von *s* immer um eine Komponente voraus. Ähnlich wie bei *read* in §6 gilt auch bei allgemeinen Dateien, daß mehrere Parameter aufgelistet werden können.

> *read(f,s1,s2,...,sn)*
> Wirkung: wie *read(f,s1); read(f,s2);...; read(f,sn):*
>   Die *s1, s2, ..., sn* sind alle vom *satztyp.*

Man beachte aber, daß es bei allgemeinen Dateien natürlich keine *readln* geben kann.

Beispiel 9.17: Es sei dieselbe Aufgabe wie in Beispiel 9.16 mit *read* beschrieben.

```
program dateitest(input, output, f);
type (* hier ist datentyp zu definieren *)
    satztyp = record key : integer;
                     daten : datentyp end;
    filetyp = file of satztyp;
var f:filetyp; s:satztyp;
    anz,schluessel:integer;
begin
    writeln('Gib einen Schluessel:'); readln(schluessel);
    reset(f);
    anz := 0;
    while not eof(f) do
         begin
             read(f,s);
             if s.key < schluessel then anz := anz+1;
         end;
    writeln(anz:4,' Datensätze hatten einen key <' ,schluessel:6);
end.
```

Man beachte, daß hier *read(f,s)* zu Beginn der Schleife aufzurufen ist. In Beispiel 9.16 wurde *get(f)* am Ende der Schleife aufgerufen. Der Grund ist dem Bild 9.15 zu entnehmen. Weil *f*↑ der Variablen *s* vorausläuft, d.h. während *s* noch den letzten gültigen Datensatz enthält, ist wegen des in *read* enthaltenen *get(f)* die Funktion *eof(f)* schon *false* geworden.

∎

Kommen wir nun zum Schreiben in eine Datei. Das Positionieren auf den Dateianfang und den Übergang in den Zustand Schreiben bewirkt die Standardprozedur

> *rewrite(f);*

Wirkung: Die Datei *f* wird in den Zustand Schreiben gesetzt. Das „Fenster" wird auf die erste Komponente und *eof(f)* auf *true* gesetzt. Der Wert von $f\uparrow$ ist nicht definiert. (Bild 9.16)

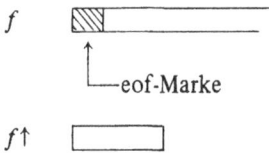

Bild 9.16: Wirkung von *rewrite(f)*.

Man beachte, daß wegen *eof(f) = true* die Datei *f* nach *rewrite(f)* als leer gilt. Die erste Komponente ist gewissermaßen das Ende einer noch nicht vorhandenen Datei. Das Hinschreiben erfolgt dann mit der Standardprozedur

put(f)
Wirkung: Der Wert von $f\uparrow$ wird in die Datei *f* geschrieben (also hinter die momentan letzte Komponente), und der Wert von $f\uparrow$ ist danach nicht mehr definiert. Das „Fenster" rückt um eine Komponente nach hinten. Der Wert von *eof(f)* ist weiter *true*. Die Datei bleibt im Zustand Schreiben.
Voraussetzung: Die Datei ist im Zustand Schreiben und *eof(f)* ist *true*, d.h. das „Fenster" befindet sich hinter der momentan letzten Komponente. Ist die Voraussetzung nicht erfüllt, kommt es zu einer Fehlermeldung.

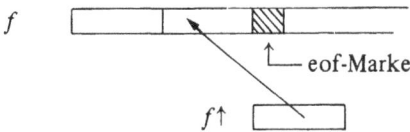

Bild 9.17: Wirkung von *put(f)*

Beispiel 9.18: Die folgende Prozedur zeigt das Anlegen einer Datei *f.* Es wird dabei davon ausgegangen, daß die Eingabe der Datensätze *s* über *input* erfolgt. Dafür soll eine Prozedur

procedure *liessatz(var s:satztyp);*

zur Verfügung stehen, die einen Datensatz *s* einliest. Die Prozedur ist natürlich von dem Typ *datentyp* abhängig. Jedenfalls möge der letzte eingegebene Datensatz (als erster) einen *key < 0* haben. Dieser Datensatz soll nicht mehr nach *f* geschrieben werden.

```
procedure dateianlegen(var f:filetyp);
var s:satztyp;
begin
    rewrite(f);
    liessatz(s);
    while not s.key < 0 do
        begin
            f↑ := s; put(f);
            liessatz(s);
        end;
end;                                              ■
```

Der Definition von *rewrite* und *put* ist zu entnehmen, daß beim Schreiben die eof-Marke gewissermaßen vor sich hergeschoben wird. Wenn man aufhört zu Schreiben, hat die Datei am Ende eine eof-Marke. Das ist nicht bei allen PASCAL-Versionen so. Manche, besonders die für PC's, verlangen, daß die eof-Marke explizit eingetragen wird, wofür manchmal eine Standardprozedur *close(f)* zur Verfügung steht. Es wird empfohlen, hierzu das Handbuch zu konsultieren.

Wie beim Einlesen kann man auch hier wieder den elementaren Schreibvorgang mit *put* und Verwendung von $f↑$ durch *write* verdecken.

   write(f,s)
   Wirkung: $f↑ := s; put(f)$
            Die Variable *s* ist vom *satztyp*. Ihr Wert wird am Ende von *f* hinzu-
            gefügt (Bild 9.18).

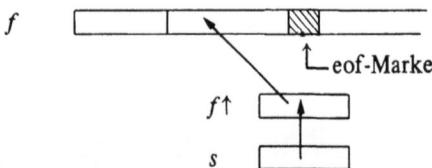

Bild 9.18: Wirkung von *write(f,s)*.

Wie beim Einlesen gilt weiter

   write(f,s1,s2,...,sn)
   Wirkung: *write(f,s1); write(f,s2); ...; write(f,sn)*
            Die Variablen *s1,s2,...,sn* sind vom Typ *satztyp*.

Natürlich gibt es bei allgemeinen Dateien keine Prozedur *writeln*. Die Verwendung von *write* zeigt das Beispiel 9.19.

Die Definition von *rewrite(f)* und *put(f)* besagt, daß man bei einer Datei nur ans Ende einen Datensatz hinzufügen kann. Das Anlegen einer neuen Datei zeigt das

Beispiel 9.19. Will man an eine vorhandene Datei einen Datensatz hinzufügen, so muß man die Datei kopieren, und den neuen Datensatz am Ende der Kopie hinzufügen. Wegen der verschiedenen Zustände Lesen und Schreiben kann man leider nicht mit *reset(f)* an den Anfang gehen, mit *get(f)*, *get(f)*, ... das Ende suchen und dort mit *put(f)* den Datensatz anfügen (weil sich *f* nach *get(f)* noch immer im Zustand Lesen befindet). Dasselbe gilt für das Ändern eines Datensatzes. Man kann nicht mit *get(f)* einen Datensatz lesen, ändern und mit *put(f)* an dieselbe Stelle zurückschreiben. Das Beispiel 9.19 enthält Prozeduren für diese elementaren Operationen Anfügen und Ändern.

In dem Beispiel 9.19 werden wir uns beim Anfügen und Ändern eines Datensatzes an eine Datei strikt an den Geist von PASCAL halten und diese Operationen auf dem Weg über eine Kopie realisieren. Wer andere Programmiersprachen kennt, wird dieses Vorgehen als nicht sehr rationell halten. Es gehört tatsächlich nicht zu den Stärken von PASCAL. So erlauben es denn viele PASCAL-Versionen, lesend das Ende zu suchen (oder sogar gleich auf das Ende zu positionieren) und dort einen Datensatz anzufügen, bzw. bei einer Änderung einen Datensatz zu lesen und geändert an dieselbe Stelle in die Datei zurückzuschreiben. Ziehen Sie dazu Ihr Handbuch zurate.

Beispiel 9.19: Nach der Vereinbarung

```
type  (* hier ist datentyp zu definieren *)
      satztyp = record key : integer;
                       daten : datentyp end;
      filetyp = file of satztyp;
```

sind die Operationen Datei anlegen, einen Datensatz ändern, einen Datensatz hinzufügen zu beschreiben. Es werden dazu *read* und *write* anstelle von *get* und *put* verwendet.

```
procedure liessatz(var s:satztyp);
(* liest einen Datensatz über input. Der letzte Datensatz ist durch
   s.key < 0 gekennzeichnet. Er wird nicht mehr nach f gespeichert. *)

procedure dateianlegen(var f:filetyp);
var s:satztyp;
begin
   rewrite(f);
   liessatz(s);
   while not s.key < 0 do
       begin
           write(f,s);
           liessatz(s);
       end;
   (* bei manchen Implementierungen muß der Benutzer hier die
      Datei selbst schließen, also die eof-Marke setzen *)
end;
```

Zum Anfügen und Ändern brauchen wir die Operation Kopieren einer Datei.

```
procedure copy(var alt,neu:filetyp);
var s:satztyp;
begin
    reset(alt); rewrite(neu);
    while not eof(alt) do
            begin
                    read(alt,s); write(neu,s);
            end;
end; (* of copy *)

procedure satzanfügen(var f:filetyp; s:satztyp);
var  lokalfile:filetyp; (* die Arbeitskopie ist lokal *)
     lokalsatz:satztyp;
begin
    reset(f); rewrite(lokalfile);
    while not eof(f) do
            begin
                    read(f,lokalsatz); write(lokalfile,lokalsatz);
            end;
    write(lokalfile,s);
    copy(lokalfile,f);
end; (* of satzanfügen *)

procedure satzändern(var f:filetyp; s:satztyp *)
(* der Datensatz mit s.key soll durch den neuen Datensatz s ersetzt
    werden *)
var  lokalfile:filetyp; (* die Arbeitskopie ist lokal *)
     lokalsatz:satztyp;
begin
    reset(f); rewrite(lokalfile);
    while not eof(f) do
         begin
             read(f,lokalsatz);
             if lokalsatz.key <> s.key  then write(lokalfile,lokalsatz)
                                         else write(lokalfile,s);
         end;
    copy(lokalfile,f);
end; (* of satzändern *)
```
■

Im Beispiel 9.10 war ein Bestand von Artikeln in einem Array verarbeitet worden. Man nimmt dazu zweckmäßigerweise eine Datei und also

```
type  satztyp = artikel; (* s. Beispiel 9.10 *)
      filetyp = file of satztyp;
```

Als Schluessel *key* wird man dann die Artikelnummer verwenden.

Zu den obigen Beispielen ist noch darauf hinzuweisen, daß manche PASCAL-Versionen keine lokalen Dateien erlauben. Die hier benutzte Datei *lokalfile* muß dann für die Prozeduren global sein. Auf alle Fälle ist sie im Prozedurkopf aufzuführen.

Der Leser wird durch die vielen Hinweise auf die unterschiedliche Behandlung von Dateien merken, daß das Umgehen mit Dateien sehr implementierungsabhängig ist. Dateien auf externen Speichern werden vom Betriebssystem verwaltet. Wie dies geschieht, spiegelt sich dann auch im Gebrauch von PASCAL wider. Und so sei noch eine weitere Bemerkung hinzugefügt. PASCAL sieht, wie eingangs bemerkt, einen rein sequentiellen Zugriff vor. Die meisten PASCAL-Versionen erlauben indes auch einen indexsequentiellen Zugriff. Dazu steht meist eine Standardprozedur

seek(f,nr);

Wirkung: Es wird auf den Datensatz mit der Satznummer *nr* positioniert.

zur Verfügung.

9.232 Textdateien

Neben den allgemeinen Dateien gibt es in PASCAL noch den Begriff Textdatei. Allgemeine Dateien bestehen aus gleich aufgebauten Datensätzen, deren Typ nach **file of** ... anzugeben ist. Demgegenüber unterscheiden sich Textdateien durch die beiden folgenden Eigenschaften:

— Sie bestehen aus Zeichen und haben eine Zeilenstruktur.
— Beim Lesen und Schreiben von Zahlen und Wahrheitswerten findet bei der Übertragung automatisch eine Konvertierung statt. Beim Schreiben können Formatangaben gemacht werden.

Für solche Textdateien gibt es in PASCAL den Standard-Datentyp *text*. Die Standarddateien *input* und *output* sind von diesem Typ. Ihnen entspricht die Vereinbarung

var *input, output : text;*

Sie sind bereits im §6 gründlich besprochen worden. Alles was dort gesagt wurde, gilt auch für Textdateien, die ein Benutzer mit der Vereinbarung

var *f : text;*

einführt. Wir können uns hier daher relativ kurz halten. Betont sei aber, daß eine Datei *file of char* keine Textdatei, sondern eine allgemeine Datei ist, bei der jeder Datensatz aus nur einem Zeichen besteht.

Alles, was über *reset, rewrite* und die Funktion *eof* in §9.231 gesagt wurde, gilt auch für Textdateien. Die Standard-Textdateien machen insofern eine Ausnahme, als sie nicht nur keiner Vereinbarung bedürfen, sondern beim Programmstart automatisch *reset(input)* und *rewrite(output)* gemacht wird.

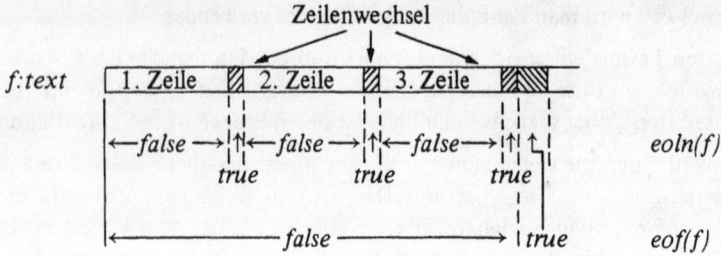

Bild 9.18: Die Standardfunktionen *eof(f)* und *eoln(f)* einer Textdatei *f*.

Wenden wir uns dem ersten Unterscheidungsmerkmal, der Zeilenstruktur zu. Das Bild 6.7 ist zu verallgemeinern zu dem Bild 9.18. Das Ende einer Zeile wird durch einen Zeilenwechsel, einen sog. line marker gekennzeichnet. Das sind gewöhnlich die ASCII-Zeichen Nr. 13 (carriage return) und Nr. 10 (line feed). Zum erkennen eines Zeilenendes beim Lesen gibt es die Standardfunktion *eoln(f)*:

$$eoln(f) = \begin{cases} true, \text{ wenn Dateizeiger in Textdatei } f \text{ auf Zeilenwechsel steht} \\ false, \text{ wenn Dateizeiger in Textdatei } f \text{ nicht auf Zeilenwechsel steht} \end{cases}$$

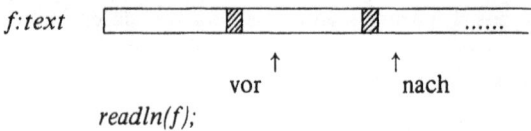

Bild 9.19: Wirkung von *readln(f)*.

Zum Überlesen eines Zeilenwechsels gibt es die Standardprozedur *readln(f)*. Das Bild 6.5 ist zu verallgemeinern zu dem Bild 9.19. Die Wirkung von *readln(f)* kann man auch so erklären:

readln(f) ist äquivalent mit   **while not** *eoln(f)* **do** *get(f)*;
                                                    get(f);

Man beachte, daß bei *get(f)* immer ein Zeichen gelesen wird. Einen Zeilenwechsel kann man mit der Standard-Prozedur *writeln(f)* nach *f* schreiben (Bild 9.20).

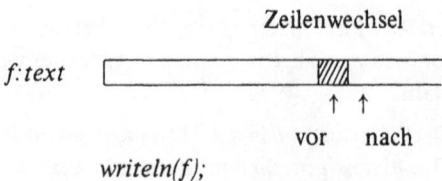

Bild 9.20: Wirkung von *writeln(f)*.

Beispiel 9.20: Die folgende Prozedur *copy* stellt eine zeichen- und zeilengetreue Kopie einer Textdatei her.

```
procedure copy(var alt, neu : text);
var c : char;
begin
    reset(alt); rewrite(neu);
    while not eoln(alt) do begin
        while not eoln(alt) do begin
                            read(alt,c); write(neu,c);
                end; (* zeile *)
        readln(alt); (* Zeilenwechsel in alt überlesen *)
        writeln(neu); (* Zeilenwechsel nach neu schreiben *)
            end (* text *)
end;
```

Eine Zusammenfassung des in §6 gesagten über *read* und *write* enthält das Bild 9.21. Betrifft ein *read* oder *write* eine vom Benutzer eingeführte und vereinbarte Textdatei *f*, so ist diese als erster Parameter anzuführen. Ist *input* oder *output* gemeint, so entfällt die Nennung der Datei.

Es bedeutet *vi* der Name einer Variablen, *ei* ein Ausdruck	
read(f,v1,...,v2);	*= read(f,v1); .... ; read(f,vn);*
readln(f,v1,...,vn);	*= read(f,v1,...,vn); readln(f);*
write(f,e1,...,en);	*= write(f,e1);...,write(f,en);*
writeln(f,e1,...,en);	*= write(f,e1,...,en); writeln(f);*
Bedeutet *f* die Standard-Textdatei *input* gilt:	
read(input,v1,...,vn);	*= read(v1,...,vn);*
readln(input);	*= readln;*
eof(input);	*= eof;*
eoln(input);	*= eoln;*
Bedeutet *f* die Standard-Textdatei *output* gilt:	
write(output,e1,...,en);	*= write(e1,...,en);*
writeln(output);	*= writeln;*
Bedeutet *f* input oder output, kann die Nennung des Dateinamens entfallen!	

Bild 9.21

Der zweite Unterschied gegenüber den allgemeinen Dateien ist die automatische Konvertierung beim Lesen und Schreiben. Darüber ist schon alles in §6 gesagt worden. Man beachte dabei die Richtung der Konvertierung. Ist *x* eine Variable des Typs *integer* oder *real*, so bedeutet *read(f,x)*   Aus *f* werden Zeichen gelesen, die eine Zahl bilden. Dieser Wert wird in die maschineninterne Form (z.B. Dualzahl) konvertiert und unter dem Namen *x* abgespeichert.

write(f,x)   Der Wert von *x* wird von der maschineninternen Form (z.B. Dualzahl) in das Dezimalsystem konvertiert und zeichenweise (unter Berücksichtigung etwaiger Formatangaben) nach *f* geschrieben.

Die Details der Konvertierung und der Formatangaben sind in §6 beschrieben.

Will man eine Datei als Text halten, bei der Zeilenstruktur und Konvertierungsmechanismus wesentlich sind, muß man sie als Textdatei anlegen. Will man eine Datei in feste Datensätze gleicher Struktur untergliedern, kann man sie als allgemeine Datei anlegen, aber natürlich auch als Textdatei, bei der jede Zeile einen Datensatz enthält. Die Zeilen sind dann alle gleich lang. Und man muß sich darüber im klaren sein, welche Folge der Konvertierungsmechanismus für die interne Darstellung der Daten hat.

Beispiel 9.21: Es sollen Angaben über Städte bestehend aus Postleitzahlen, Namen und Einwohnerzahl in einer Datei gehalten werden. Wir nehmen dazu den Vereinbarungsteil

```
type  string20 = packed array[1..20] of char;
      stadt    = record plz       : integer;
                        name      : string20;
                        einwohner : integer end;
      filetyp  = file of stadt;
var f:filetyp; g:text;
```

Die Datei sei zunächst als allgemeine Datei angelegt und gedruckt.

```
procedure dateianlegen(var f:filetyp);
var ds : stadt; i:integer;
begin
rewrite(f);
read(ds.plz); (* plz = -1 sei Ende der Eingabe *)
while ds.plz > 0 do begin
                    for i := 1 to 20 do read(ds.name[i]);
                    readln(ds.einwohner);
                    write(f,ds);
                    read(ds.plz);
               end;
end;

procedure dateidrucken(var f:filetyp);
var ds:stadt;
begin
   reset(f);
   while not eof(f) do begin
```

```
        read(f,ds);
        with ds do
            writeln(plz:4,name:22,einwohner:8);
        end;
  end;
```

Man beachte, daß die Daten in *f* in der maschineninternen Form stehen. Beim Lesen über *input* sind die Postleitzahl und die Einwohnerzahl konvertiert und mit *write(f,ds)* unverändert nach *f* geschrieben worden. Sie werden dann mit *read(f,ds)* gelesen und beim Schreiben mit *writeln* wieder ins Dezimalsystem konvertiert.

Wenn man die Angaben über die Städte in einer Textdatei halten will, ist von Datensätzen keine Rede mehr.

```
procedure textdateianlegen(var g:text);
var p,einw:integer; name:string20;
begin
    rewrite(g);
    read(p); ( * p = −1 sei das Ende der Eingabe *)
    while p > 0 do begin
                for i := 1 to 20 do read(name[i]);
                read(einw);
                writeln(g,p:4,name:22,einw:8);
                read(p)
            end;
end;


procedure textdateidrucken(var g:text);
var p,einw:integer; name:string20; c:char;
begin
    reset(g);
    while not eof(g) do begin
                read(g,p); read(g,c,c); ( * 2 Blank überlesen *)
                for i := 1 to 20 do read(g,name[i]);
                readln(einw);
                writeln(g,p:4,name:22,einw:8);
            end;
end;
```

In der Textdatei *g* stehen die Daten nun zeilenweise, wie sie eingegeben worden sind. Postleitzahl und Einwohnerzahl sind beim Anlegen mit *read(p)* und *read (einw)* in die maschineninterne Form konvertiert, beim Schreiben mit *write(g,p:4)* und *write(einw:8)* aber wieder zurück ins Dezimale konvertiert worden. Dabei sind zwischen Postleitzahl und Name zwei Blanks geschrieben worden, die beim Drucken wieder überlesen werden müssen.

Kommt im Anweisungsteil dann

dateianlegen(f);   bzw.   *textdateianlegen(g);*
dateidrucken(f);   *textdateidrucken(g);*

vor, ist rein äußerlich kein Unterschied zu erkennen, daß die Daten intern verschieden in den Dateien *f* und *g* stehen.

∎

Beispiel 9.22: In einer Textdatei *f* seien einige Worte durch das Zeichen @ einge-
rahmt, das nur in dieser Bedeutung als Rahmungszeichen vorkommt. Die Datei *f*
soll gelesen und auf dem Bildschirm (*output*) zeichen- und zeilengetreu dargestellt
werden. Dabei sollen die durch @ eingerahmten Wörter auf dem Bildschirm invers
(schwarz auf weiß) dargestellt werden. Als konkreten Bildschirm nehmen wir
einen Televideo-Bildschirm, der in den inversen Modus durch die Escape-Sequenz
⟨ESC⟩-j übergeht, in den Normalmodus durch ⟨ESC⟩-k. Der Einfachheit halber nehmen wir weiterhin an, daß in dem Text nicht @@ vorkommt und ein durch @ ein-
gerahmtes Wort nicht über ein Zeilenende hinausgeht. Man kann dann die Prozedur *copy* von Beispiel 9.20 nehmen und wie folgt abändern.

```
procedure protokoll(var f : text);
var c : char;
begin
   reset(f);  ;
   while not eof(f) do begin
       while not eoln(f) do
           begin
               read(f,c);
               if c = '@' then
                 begin
                     write(chr(27),'j'); ( * invers ein *)
                     read(f,c); ( * @ überlesen *)
                     repeat write(c); read(f,c) until c = '@'
                     write(chr(27),'k'); ( * invers aus *)
                     read(f,c); ( * @ überlesen *)
                 end;
               write(c);
           end; ( * zeile *)
       readln(alt); ( * Zeilenwechsel in alt überlesen *)
       writeln(neu); ( * Zeilenwechsel nach neu schreiben *)
                    end ( * text *)
   end;
```

∎

Die bei allgemeinen Dateien meist verfügbare Prozedur *seek(f,nr)*, die den Dateizeiger auf den Datensatz Nummer *nr* positioniert, macht bei Textdateien natürlich

keinen Sinn, da es keine Datensätze mehr gibt, sondern nur noch (möglicherweise) verschieden lange Zeilen. Dafür gibt es für Textdateien noch eine Standardprozedur

page(f)
Voraussetzung: Die Textfile *f* befindet sich im Zustand Schreiben.

Wirkung: Es wird in *f* ein implementierungsabhängiger Effekt erzeugt, der bei der Ausgabe von *f* auf einem Ausgabegerät (z.B. Drucker oder Bildschirm) den Übergang auf eine neue Seite bewirkt. Fehlt die Angabe *f*, so ist die Standardfile *output* gemeint.

9.24 Mengentyp

Durch die Strukturart *set* werden über einer Grundmenge Variable definiert, die als Wert die Elemente der Potenzmenge der Grundmenge haben können.

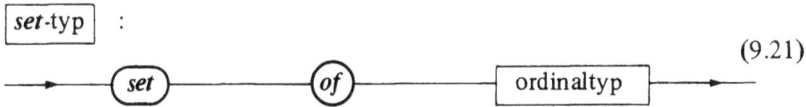

$$(9.21)$$

Nach *of* ist die Grundmenge anzugeben, die vom Ordinaltyp sein muß. Die Vereinbarung

var x : set of 1 . . 3;

besagt also, daß die Variable *x* vom Typ Menge als Wert ein Element der Potenzmenge von $\{1,2,3\}$ haben kann, also einen der Werte $\emptyset$, $\{1\}$, $\{2\}$, $\{3\}$, $\{1,2\}$, $\{1,3\}$, $\{2,3\}$, $\{1,2,3\}$.

Um mit Mengen umgehen zu können, braucht man Regeln zur Beschreibung von Mengenkonstanten und Operatoren zur Verknüpfung von Mengen, was zu einer Erweiterung des Begriffs Ausdruck führt. Zur Veranschaulichung benutzen wir die folgenden Vereinbarungen

type buchstabe = set of 'a' . . 'z';
  karte = (pik, kreuz, karo, herz);
  spiel = set of karte;
var konsonant, vokal, letter : buchstabe;
  x, y, z : set of 0 . . 6;
  p : spiel;
  i : integer;

Der Begriff Menge (oder set) ist wie folgt definiert

$$\boxed{\text{menge}} \quad : \tag{9.22}$$

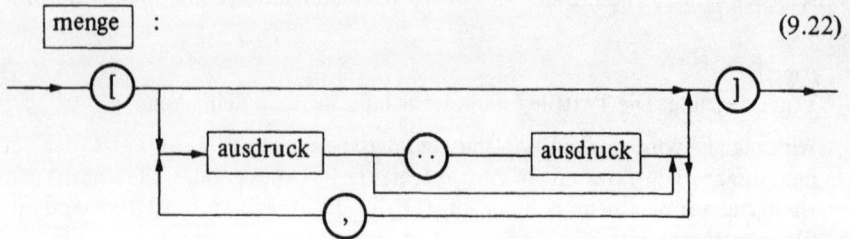

Die Ausdrücke müssen dabei Werte haben, die dem Typ der Grundmenge entsprechen. Beispiele für Mengen sind etwa

['a', 'e', 'i', 'o', 'u']
[0 .. 2 , 4 .. 6]
[pik, kreuz]
['j' .. 'n']

Bedeutung	Mathematische Schreibweise	Schreibweise in PASCAL
Menge	$\{\dots\}$	[...]
Vereinigung	$\cup$	+
Durchschnitt	$\cap$	*
Differenz	$\backslash$	−
Teilmenge	$\subseteq$	< =
	$\supseteq$	> =
Element von	$\in$	*in*
leere Menge	$\emptyset$	[ ]
Gleichheit	=	=
Ungleichheit	$\neq$	< >

Bild 9.22: Mengenoperatoren

Aber auch

[i−1 .. i+1]

wenn *i* einen Wert zwischen 1 und 5 hat.

Da die in der Mengenalgebra verwendeten Symbole auf Peripheriegeräten nicht verfügbar sind, werden in PASCAL manche der in §5 eingeführten Operatoren auch für Mengen verwendet. Eine Zusammenfassung zeigt das Bild 9.22.

Die Operatoren +, −, * sowie die Vergleichsoperatoren bekommen einfach eine neue Bedeutung. Ihre Definitionen (5.2) − (5.4) sowie die auf S. 33 formulierten Vorrangregeln bleiben davon unberührt. Neu hinzu kommt lediglich der Operator *in*, der zu den Vergleichsoperatoren von Def. (5.4) gehört. Bei Formulierungen wie

> *if 3 in z then* . . .
> *while 'i' in vokal do* . . .
> *repeat* . . . *until 'z' in letter*
> *if i+1 in x*y then* . . .

muß links von *in* ein Element der Grundmenge, rechts davon eine dem Typ entsprechende Menge stehen.

Der Begriff Menge ist in Def. (5.1) für Ausdruck enthalten, so daß ein Ausdruck als Wert eine Menge haben kann.

Mögliche Wertzuweisungen wären demnach

> *letter := ['a' . . 'z'];*
> *vokal := ['a', 'e', 'i', 'o', 'u'];*
> *konsonant := letter − vokal;*

Um die Elemente der Mengenvariablen $x : set\ of\ 0..6$ auszudrucken, kann man die folgende Konstruktion benutzen

> *i := 0;*
> *while x <> [ ] do begin*
> *if i in x then begin*
>   *write(i);*
>   *x := x −[i]*
>   *end;*
> *i := i + 1*
> *end*

oder auch

> *for i := 0 to 6 do if i in x then write(i);*

Die erste Formulierung braucht trotz des längeren Programmtextes vielleicht weniger Rechenzeit, wenn die zu *x* gehörige Grundmenge viele Elemente, *x* selbst aber nur wenige oder gar keines hat.

Die Werte der Mengenvariablen *letter* kann man so einlesen:

> *var c : char;*
> . . .
> *letter := [ ] ;*
> *read(c);*
> *while not eof do begin*

```
letter := letter + [c];
read(c)
end
```

Natürlich kann der Typ *set* auch als Komponente einer anderen Strukturart vorkommen:

```
file of set of . .
array of set of . . .
record .
      : : set of . . .
      :
```

Mengen kann man auch benutzen, ohne explizit entsprechende Typnamen oder Variable vereinbart zu haben. Nach §7.7 ist die Wirkung einer *case*-Anweisung nicht definiert, wenn der Ausdruck einen Wert hat, der unter den Konstanten nicht vorkommt. Man kann zur Vermeidung dieses Falles etwa schreiben

```
var test : 1 . . 20;
. . .
  if test in [2, 7, 15, 18] then
            case test of 2,7 : . . .
                        15 : . . .
                        18 : . . .
                        end
```

Dies ist hinsichtlich Schreibarbeit und Rechenzeit besser als

```
if(test=2) or (test=7) or (test=15) or (test=18) then . . .
```

Beispiel 9.23: Aus 5 Farben sollen durch zufällige Auswahl 10 dreifarbige Fahnen gebildet werden. Zur Zufallswahl wird die Funktion *random* von Beispiel 9.3 in abgewandelter Form benutzt.

```
program fahne(input, output);
const fahnenzahl = 10;
      farbenzahl = 3;
type  farbe = (rot, gelb, gruen, weiss, blau);
      fahne = set of farbe;
var   kollektion : array[1 . . fahnenzahl] of fahne;
      zufallszahl, anz, i : integer; color : farbe;

function zufallsfarbe : farbe;
  begin
        zufallszahl := (zufallszahl*109+853) mod 4096;
        case zufallszahl mod 5 of 0: zufallsfarbe := rot;
                                  1 : zufallsfarbe := gelb;
                                  2: zufallsfarbe := gruen;
```

```
                                    3: zufallsfarbe := weiss;
                                    4: zufallsfarbe := blau
                                  end
    end ( * of zufallsfarbe *);
procedure druckfarbe(z : farbe);
    begin
        case z of rot: write('␣␣␣␣rot');
                  gelb: write('␣␣␣gelb');
                  gruen: write('␣␣gruen');
                  weiss: write('␣␣weiss');
                  blau: write('␣␣␣blau')
                end
    end ( * of druckfarbe *);
procedure druckfahne(x : fahne);
    var f : farbe;
    begin
        for f := rot to blau do
              if f in x then druckfarbe(f);
        writeln
    end  ( * of druckfahne *);
begin
    zufallszahl := 13;
    for i := 1 to fahnenzahl do
        begin
            kollektion[i] := [ ] ; anz := 0;
            repeat color := zufallsfarbe;
                  if not(color in kollektion[i]) then begin
                        kollektion[i] := kollektion[i] + [color];
                        anz := anz + 1
                                                   end
            until anz = farbenzahl;
        end;
        for i := 1 to fahnenzahl do druckfahne(kollektion[i])
end.
```

Bei der Funktion *zufallsfarbe* sei daran erinnert, daß nach Def. (8.7) bei einer Funktion die Parameter auch fehlen dürfen.   ∎

Mitunter möchte man wissen, wieviele Elemente eine Menge enthält, wie groß also ihre Mächtigkeit oder Kardinalität ist. Dies kann man durch eine Funktion der folgenden Art ermitteln:

```
type grundmenge = (element1, element2, . . . , elementn);
     menge = set of grundmenge;
```

```
function kard(x : menge) : integer;
    var g : grundmenge; anz : integer;
    begin
        anz := 0;
        for g := element1 to elementn do
                if g in x then anz := anz + 1;
        kard := anz
    end;
```

Die *grundmenge* ist also für die Funktion *kard* eine globale Größe.

Intern werden Mengen gewöhnlich als Bitfolgen gespeichert. Jedes Bit steht für ein Element der Menge und zeigt durch 0 oder 1 an, ob das betreffende Element in der Menge enthalten ist oder nicht. Das hat zur Folge, daß die Grundmenge nur eine bestimmte, anlagenabhängige Anzahl von Elementen haben darf. Nach Def. (9.21) darf die Grundmenge vom Ordinaltyp sein, d.h. beim Typ *integer*, oder genauer *−maxint . . maxint*, alle darstellbaren ganzen Zahlen. Demgegenüber wird die Grundmenge erheblich eingeschränkt und liegt bei den meisten Implementierungen in der Größenordnung von 128, 256 oder 512 Elementen. Ist etwa *maxbit* die größte zugelassene Anzahl von Elementen und möchte man mit einer Menge von *10 ∗ maxbit* Elementen arbeiten, so benutze man den Typ

array [1..10] *of set of 1..maxbit*

Bei einer Variablen dieses Typs sind dann die *10 ∗ maxbit* Elemente auf die Komponenten verteilt. Wegen der Speicherung einer Menge als Bitfolge sind die Mengenoperationen nicht nur sehr schnell, sondern die Speicherung ist auch schon so kompakt, daß der Zusatz *packed* keinen weiteren Vorteil bringt.

Ähnliche Eigenschaften wie eine Variable des Typs *set* hat ein Feld mit logischen Komponenten. Nach

type *index = 1 . . 5;*
var   *i : index;*
       menge : set of index;
       feld : array [index] of boolean;

sind die Anweisungen

feld[*i*] := *false*	*menge := menge −*[*i*]
feld[*i*] := *true*	*menge := menge +*[*i*]

und die Vergleiche

if *feld*[*i*] **then** . . .	**if** *i* **in** *menge* **then** . . .

gleichwertig. Wenn man

var *feld : packed array*[*index*] *of boolean;*

vereinbart, ist bei kleinen Indizes der benötigte Speicherplatz sogar derselbe. Die Operationen auf Mengen sind allerdings schneller als die auf logischen Feldern.

9.3 Zeigertyp

Trotz der scheinbaren Datenvielfalt bleibt noch eine praktisch bedeutsame Lücke. Und dies in zweierlei Hinsicht. Da gibt es zunächst einmal Daten, die sich durch die bisher beschriebenen Typen nur unzulänglich behandeln lassen. Ein typischer Vertreter dieser Art ist eine geordnete Liste von irgendwelchen Eintragungen, eine alphabetisch geordnete Adressenkartei zum Beispiel. Ein Array von Records hat den Nachteil der vorher festzulegenden Länge. Selbst wenn es lang genug gewählt würde, was zumeist eine Vergeudung von Speicherplatz bedeutet, ist das Einfügen von neuen Einträgen schwierig. Ein Eintrag in der Mitte bedeutet eine aufwendige Verschiebung aller folgenden Einträge. Die Datenstruktur *file* hat den Nachteil, daß nur am Ende Eintragungen erfolgen können. Was man braucht, ist eine Möglichkeit, eine vorher unbestimmte Anzahl von Elementen bearbeiten zu können, die Einfügungen und Löschungen auch innerhalb der Liste leicht erlaubt.

Der zweite Mangel ist mit Bild 4.1 schon angedeutet worden. Die Werte einer Variablen werden im Speicher ab einer bestimmten Adresse gehalten. Wo die bisher benutzten Variablen gespeichert werden, bleibt dem Benutzer verborgen oder er kann die Speicherverteilung nicht beeinflussen. Mit dem Datentyp Zeiger gibt es nun in PASCAL Variable, die als Werte Adressen haben können. Damit ist der Begriff der dynamischen Variablen verbunden. Eine Variable heißt statisch, wenn ihr Name und Speicherplatz für die ganze Dauer des Blockes gilt, in dem sie vereinbart worden ist. Das gilt für alle bisher behandelten Variablen. Eine Variable heißt dynamisch, wenn sie während des Blockes durch Anweisungen erzeugt und wieder getilgt werden kann. Solche dynamischen Variablen sind mit dem Begriff Zeigertyp verbunden.

Datentypen dieser Art sind nach Def. (9.3) Zeigertypen (engl. pointer type). Für sie gilt

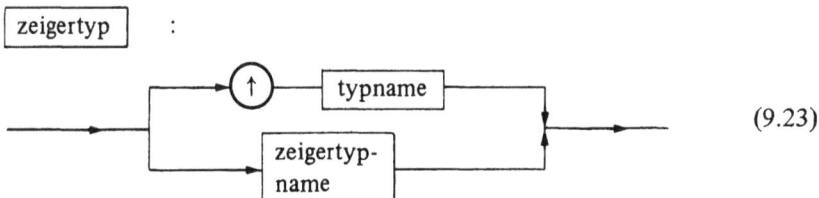

$$(9.23)$$

Der Typname gibt an, auf welche Art von Variablen sich eine Variable des Typs Zeiger, auch Zeigervariable genannt, beziehen kann. Man sagt auch, sie ist an diesen Typ „gebunden". Es sei etwa

type *zeiger* = ↑ *objekt;*
var *p, q : zeiger;*

Die Zeigervariablen p und q können nur auf Variable des Typs *objekt* verweisen. Die Variablen vom Typ *objekt,* auf die verwiesen wird, auf die sich die Zeigervariablen beziehen, sind die Bezugsvariablen von Def. (4.4):

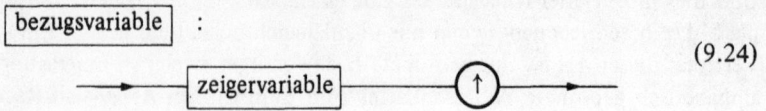

$$\boxed{\text{bezugsvariable}} \quad : \qquad \qquad \qquad \qquad \qquad (9.24)$$

$$\longrightarrow \boxed{\text{zeigervariable}} \longrightarrow \uparrow \longrightarrow$$

Für die *„objekte"* O, $\triangle$, $\square$, . . . sind die Verhältnisse in Bild 9.23 dargestellt. Zu der Zeigervariablen p gehört die Bezugsvariable $p\uparrow$, die einen der Werte vom Typ *objekt* haben kann.

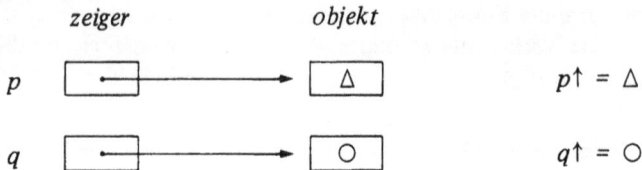

zeiger   *objekt*

p $p\uparrow = \triangle$

q $q\uparrow = O$

Bild 9.23: Zum Prinzip der Zeigervariablen

Für Zeigervariable gibt es die einzige Konstante *nil*.

$p := nil$

bedeutet, daß p auf nichts zeigt, was wir wie in Bild 9.24 bezeichnen wollen.

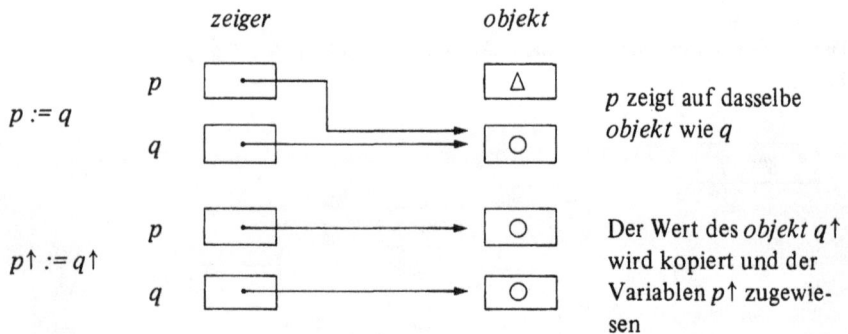

Bild 9.24: $p := nil$ p $\boxed{\cdot}$

zeiger   *objekt*

$p := q$
p
q
p zeigt auf dasselbe *objekt* wie q

$p\uparrow := q\uparrow$
p
q
Der Wert des *objekt* $q\uparrow$ wird kopiert und der Variablen $p\uparrow$ zugewiesen

Bild 9.25: Wertzuweisung an Zeiger- und Bezugsvariable

Für Zeigervariable gibt es außer der Wertzuweisung als Operation nur noch den Test auf Gleichheit. Bei der Wertzuweisung hat man sorgfältig zwischen der Zuweisung an eine Zeigervariable und der Zuweisung an die zugehörige Bezugsvariable zu unterscheiden (Bild 9.25).

Entsprechendes gilt dann für die Gleichheit. $p = q$ bedeutet, daß beide Zeigervariable auf dasselbe *objekt* zeigen. $p\uparrow = q\uparrow$ bedeutet, daß die beiden (verschiedenen) Bezugsvariablen denselben Wert haben.

Nach

> *type zeig* = $\uparrow$ *a;*
>> *point* = $\uparrow$ *b;*
> *var p : zeig; q : point;*

sind $p := q$ und $q := p$ natürlich unzulässige Wertzuweisungen, da die beiden Zeigervariablen auf Größen verschiedener Art zeigen. p kann nur auf eine Variable des Typs *a*, q nur auf eine Variable des Typs *b* zeigen.

Nach der Vereinbarung einer Zeigervariablen p kann man mit den beiden Standardprozeduren

> *new(p)*   *dispose(p)*

die entsprechende Bezugsvariable $p\uparrow$ schaffen bzw. wieder tilgen.

Der Aufruf *new(p)* „erzeugt" eine Variable vom Typ *objekt*, d.h. es wird ihr ein Speicherplatz zugeteilt, dessen Adresse der Wert von p ist. Der Wert dieser neuen Variablen ist unter dem Namen $p\uparrow$ der zugehörigen Bezugsvariablen greifbar. Ist *objekt* vom Typ **array** oder **record**, so wird genügend Speicherplatz vorgesehen. Ist *objekt* vom Typ eines varianten Records, so haben *new* und *dispose* noch die Konstanten des varianten Teils als Parameter.

Der Aufruf *dispose(p)* bewirkt, daß über den Speicherplatz der Variablen vom Typ *objekt,* auf den p zeigt, wieder anderweitig verfügt („disponiert") werden kann. Dabei kommt es zu einer Fehlermeldung, wenn p den Wert **nil** hat. Vorsicht ist auch geboten, wenn die zugehörige Bezugsvariable $p\uparrow$ als aktueller Referenzparameter oder in der Liste der Recordvariablen bei einer **with**-Anweisung vorkommt, was eigentlich auch zu einer Fehlermeldung führen sollte.

Dieser für den Anfänger zweifellos komplizierte Tatbestand sei noch einmal an einem konkreten Tatbestand zusammengefaßt. Es sei

> *var dies, das :* $\uparrow$*real;*

Die Variablen *dies* und *das* sind natürlich statische Variable vom Zeigertyp. Sie können als Werte Adressen bekommen, die auf Variablen vom Typ *real* zeigen. Dazu gibt es drei Möglichkeiten. Die erste ist

> *dies := **nil**;*

d.h. *dies* zeigt auf nichts. Die zweite Möglichkeit ist

> *new(dies);*

Jetzt wird Speicherplatz für eine real-Variable reserviert und *dies* hat als Wert diese Adresse. Diese real-Variable bekommt keinen eigenen Namen. Sie heißt *dies*$\uparrow$. Zu der Zeigervariablen *dies* gehört die Bezugsvariable *dies*$\uparrow$. Die Bezugsvariable *dies*$\uparrow$

ist eine dynamische Variable. Mit *new(dies)* ist für sie Speicherplatz geschaffen worden, aber sie hat noch keinen Wert. Das kann dann mit

> *dies↑ := 3.456;*   oder   *read(dies↑);*

geschehen. Die dritte Möglichkeit schließlich ist nach *new(dies)* die Wertzuweisung

> *das := dies;*

Nun haben beide Zeigervariable denselben Wert, und natürlich ist nun auch automatisch *das↑ = dies↑*.

Nach

> *var dieses : ↑real; jenes : ↑integer;*

ist eine Wertzuweisung

> *jenes := dieses;*

verboten. *dieses* kann nur auf eine real-Zahl, *jenes* nur auf eine integer-Zahl verweisen (in Turbo-PASCAL werden integer-Zahlen mit 16 Bit, real-Zahlen mit 48 Bit dargestellt). Eine Wertzuweisung

> *jenes↑ := dieses↑;*

ist wegen der Unverträglichkeit der Typen ohnehin schon in PASCAL verboten.

Mit *dispose(dieses)* wird dann die Bezugsvariable *dieses↑* wieder aus der Welt geschaffen, d.h. das Betriebssystem kann wieder anderweitig (z.B. für einen neuen Aufruf *new(jenes)*) über diesen Speicherplatz verfügen.

In der Praxis kann man mit diesem simplen Tatbestand noch nicht viel anfangen. Die praktische Bedeutung liegt in der Möglichkeit, damit verkettete Datenstrukturen zu erzeugen, d.h. Elemente miteinander zu verknüpfen, die als Komponenten Zeiger haben. Ein solches Element wird notwendig ein Record sein.

> *type element = record*
> >   *next   : ↑element;*
> >   *daten   : datentyp end;*

Dabei ist *datentyp* ein zuvor definierter Typ, der natürlich auch wieder ein Array oder ein Record sein kann. Es fällt auf, daß in dem Record *element* der Name *element* schon wieder benutzt wird. Das erinnert an die Rekursion bei Prozeduren und Funktionen. Tatsächlich handelt es sich dabei um eine Art rekursiver Daten. Für den Zeiger auf ein Element braucht man gewöhnlich einen eigenen Typnamen, um den Anfang der geketteten Datenstruktur zu bezeichnen. Man wird daher

> *type zeiger   = ↑element;*
> >   *element = record   next   : zeiger;*
> > >   *daten : datentyp end;*

einführen.

Die einfachste verkettete Datenstruktur ist eine einfach verkettete Liste von Bild 9.26. Jedes Element besteht aus einem Datenteil und einem Zeiger auf das nachfolgende Element. Das letzte Element der Liste hat den Zeigerwert *nil*. Der obigen rekursiven Datendefinition entspricht die rekursive Definition der Liste: „Eine Liste ist entweder leer oder besteht aus einem Element, auf das eine Liste folgt".

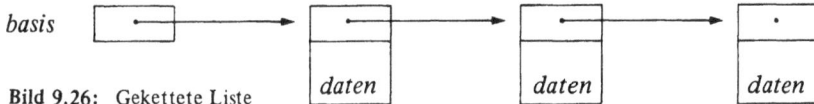

Bild 9.26: Gekettete Liste

Mit

> *var basis,p,q : zeiger;*

seien im folgenden einige Listenoperationen für den einfachen *datentyp char* erläutert. Das Anlegen der Liste besteht einfach in (Bild 9.27)

> *basis := nil;*

Bild 9.27: Leere Liste

wobei *basis* später den Verweis auf das erste Element enthalten soll. Dann kann man mit den Anweisungen von Bild 9.28a ein Listenelement erzeugen und wie in Bild 9.28b an die Basis anfügen.

Es möge nun bereits eine Liste wie in Bild 9.29 geben. Das letzte Element der Liste ist dadurch gekennzeichnet, daß es auf kein folgendes verweist (*.next = nil*). An diese Liste soll das Element 'h' angefügt werden. Das neue Element wird durch

> *new(q);*
> *q↑.next := nil;*
> *q↑.daten := 'h';*

bereitgestellt. In praktischen Fällen würde der Wert von *q↑.daten* (mit einer speziellen Prozedur) eingelesen werden. Das Suchen des Listenendes erfolgt mit Hilfe der Zeigervariablen *p*:

> *p := basis;*
> *while p↑.next <> nil do p := p↑.next;*

new(p);   p

p↑.next:=nil;   p

basis

p

basis := p;

p↑.daten:='a'; p

'a'

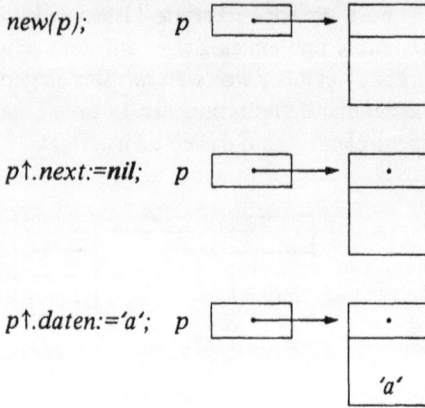

Bild 9.28a: Erzeugen eines
            Listenelementes

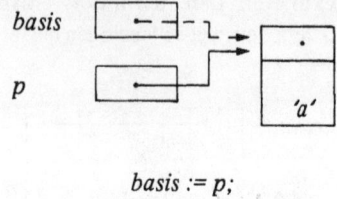

Bild 9.28b: Anfügen des ersten
            Listenelementes

Es ist unbedingt wichtig, den Sinn der Anweisung nach **do** zu verstehen. Sie besagt: „Wenn p vor der Wertzuweisung auf ein Element zeigt, so zeigt es danach auf das folgende Element". Nach der **while**-Anweisung zeigt p auf das letzte Element. Dann zeigt aber nach

$p↑.next := q;$

das bisher letzte Element ('f') auf das nunmehr letzte ('h').

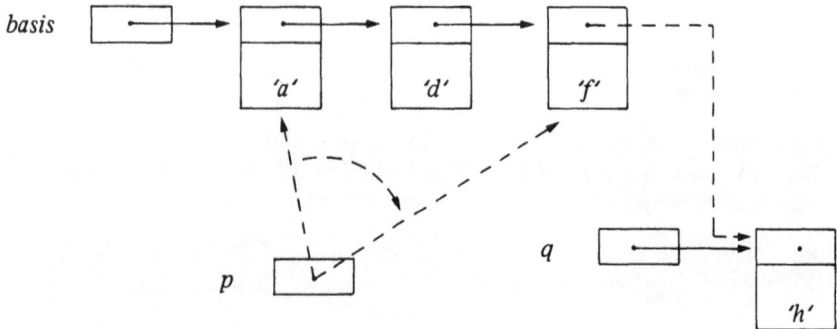

basis

'a'   'd'   'f'

q

p

'h'

Bild 9.29: Anfügen eines neuen Listenelementes

Das Anfügen eines Elements an das Ende wurde hier iterativ (durch eine **while**-Anweisung) beschrieben. Rekursive Datenstrukturen wie die vorliegende Liste legen es natürlich nahe, Listenoperationen wie Anfügen, Einfügen, Löschen, Drukken usw. durch rekursive Prozeduren zu beschreiben. Das folgende Beispiel 9.24 zeigt einige solcher Operationen in einem größeren Zusammenhang. Dabei werden bewußt iterative und rekursive Formulierungen gemischt verwendet, um die verschiedenen Möglichkeiten zu zeigen.

Vor diesem Beispiel mache sich der Leser noch einmal klar, was es heißt, daß die Komponente *next* eine Zeigervariable ist und die Bezugsvariable *next*↑ wieder ein Record *element*. Kein Listenelement hat einen eigenen Namen, sondern existiert nur als Bezugsvariable der *next*-Komponente des vorhergehenden Elements. Nach Bild 9.29 ist also

> *basis↑.daten = 'a'*
>
> *basis↑.next↑.daten = 'd'*
>
> *basis↑.next↑.next↑.daten = 'f'*
>
> usw.

next↑ ist das folgende Element, das seinerseits wieder aus den beiden Komponenten *next* und *daten* besteht. Zu jedem Element kann man prinzipiell durch eine solche Kette von Verweisen zugreifen. Praktisch brauchbar sind aber nur iterative oder, meist zweckmäßiger, rekursive Zugriffsverfahren.

Beispiel 9.24: Das Beispiel zeigt einige grundlegende Operationen mit Listen. Die Elemente der Liste bestehen außer einem Zeiger auf das nächste Element nur aus einem Zeichen. Das Programm soll aber einfach auf kompliziertere Datentypen erweiterbar sein.

```
program liste(input, output);
type datentyp = char;
     zeiger = ↑element;
     element = record  next : zeiger;
                       daten : datentyp  end;
var basis : zeiger; i : integer;

procedure lieselement(var x : datentyp);
     (* diese prozedur muss bei anderen datentypen ausgewechselt werden *)
     begin
        read(x)
     end;

procedure anfuegen(var p : zeiger);
     (* es soll durch einlesen ein element an die in p beginnende liste
     angefuegt werden *)
     var x : datentyp;
     begin
```

```
        if p = nil then begin
                        new(p);
                        lieselement(x);
                        p↑.daten := x; p↑.next := nil;
                    end
                else anfuegen(p↑.next)
    end;


procedure druckelement(x : datentyp);
    (* diese prozedur muss bei anderen datentypen ausgewechselt werden *)
    begin
        write(x : 3)
    end;


procedure druckliste(p : zeiger);
    (* es soll die in p beginnende liste gedruckt werden *)
    var x : datentyp;
    begin
        if p <> nil then begin
                        x := p↑.daten;
                        druckelement(x);
                        druckliste(p↑.next)
                    end
                else writeln('        ende der liste')
    end;


procedure einnach(d : datentyp; var p : zeiger);
    (* es soll in der in p beginnenden liste nach dem element d ein neues
    element durch einlesen eingefuegt werden *)
    var q, r : zeiger; x : datentyp;
    begin
        q := p;
        while (q↑.daten <> d) and (q↑.next <> nil) do q := q↑.next;
        (* jetzt ist entweder d gefunden oder die liste zu ende *)
        if q↑.daten = d then begin
                        new(r);
                        lieselement(x);
                        r↑.daten := x;
                        r↑.next := q↑.next;
                        q↑.next := r
                    end
                else writeln('element nicht gefunden')
    end;
```

procedure *loeschennach(d : datentyp; var p : zeiger);*
    (∗ in der in p beginnenden liste soll das element nach d geloescht werden ∗)
    var r, q : zeiger;
    begin
        q := p;
        while (q↑.daten <> d) and (q↑.next <> nil) do
                begin *q := q↑.next; r := q* **end;**
        (∗ jetzt zeigen q und r auf das element d oder die liste ist zu ende ∗)
        if q↑.daten = d then **begin**
                    r := r↑.next; q↑.next := r↑.next;
                    dispose(r)
                    end
                else *writeln('element nicht gefunden')*
    end;

(∗ nun beginnt der anweisungsteil. es werden die buchstaben a b c d e . . .
eingegeben, aus denen eine liste gebildet und manipuliert werden soll ∗)
begin
    writeln; writeln;
    basis := nil;
    for i := 1 to 6 do anfuegen(basis);
        (∗ liste jetzt a b c d e f ∗)
    druckliste(basis);
    einnach('c', basis);
        (∗ liste jetzt a b c g d e f ∗)
    einnach('d', basis);
        (∗ liste jetzt a b c g d h e f ∗)
    druckliste(basis);
    anfuegen(basis);
        (∗ liste jetzt a b c g d h e f i ∗)
    einnach('m', basis);
        (∗ element m gibt es nicht ∗)
    loeschennach('h', basis);
        (∗ liste jetzt a b c g d h f i ∗)
    loeschennach('l', basis);
        (∗ element l gibt es nicht ∗)
    druckliste(basis)
end.

Ausgabe:

   a b c d e f   ende der liste
   a b c g d h e f   ende der liste
element nicht gefunden
element nicht gefunden
   a b c g d h f i   ende der liste

Die Prozeduren *einfuegen* und *druckliste* sind rekursiv, die Prozeduren *einnach* und *loeschennach* iterativ geschrieben. Die rekursiven Prozeduren sind offensichtlich leichter lesbar als die iterativen. Die Prozedur *einnach* sei an dem Bild 9.30 etwas näher erläutert. Wir setzen einmal voraus, das Element *'d'* möge es geben. Mit

$q := p$

zeigt q auf das erste Element. In der *while*-Anweisung wird mit

$q := q\uparrow.next$

nach dem Element *'d'* gesucht. Ist es gefunden, wird mit

new(r)

von r aus auf ein neues Element gezeigt, dessen Datenteil eingelesen wird. Nach

$r\uparrow.next := q\uparrow.next$

zeigt der Zeiger des neuen Elements auf den Nachfolger von *'d'*. Nach

$q\uparrow.next := r$

zeigt der Zeiger des Elements *'d'* nicht mehr auf seinen alten Nachfolger, sondern auf das neue Element, das damit in die Liste eingefügt ist.   ■

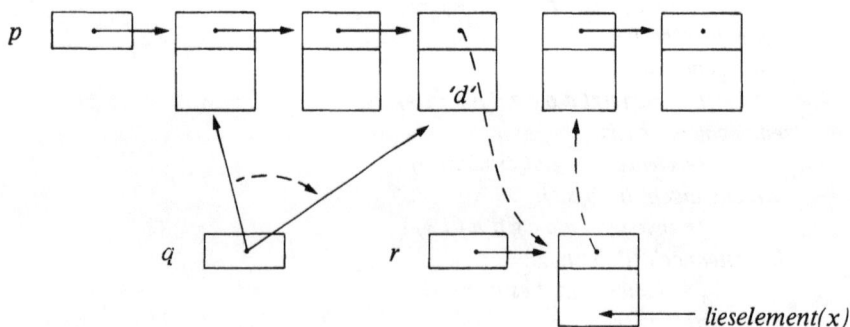

Bild 9.30: Zur Veranschaulichung der Prozedur *einnach*

In Beispiel 9.10 ging es um eine Anzahl von Artikeln. Jeder Artikel wurde durch einen Record *artikel* beschrieben, ein Lager durch

   var lager : array[1..anz] of artikel;

Die Nachteile dieses Beispiels waren, daß es höchstens *anz* Artikel sein durften, und daß sich die Operationen Einfügen und Löschen nur schwierig durchführen ließen. Es ist also praktischer, die Artikel in Form einer verketteten Liste zu führen. Man nehme als Datentyp

type datentyp = *artikel;*

und braucht dann in *lieselement* nur *read* durch *liesartikel,* in *druckelement* nur *write* durch *druckartikel* von Beispiel 9.10 zu ersetzen. Zu beachten ist, daß in

procedure einnach(d: datentyp; var p: zeiger);
procedure loeschennach(d: datentyp; var p: zeiger);

der Parameter *d* vorkommt und in beiden Prozeduren mit

while (q↑.*daten* $<>$d) *and* . . .

abgefragt wird. Nach *daten:datentyp* und *datentyp=artikel* läuft dies aber auf den unzulässigen Vergleich zweier Records hinaus. Man tut also besser daran, in der Liste nicht nach einem ganzen *artikel* zu suchen, sondern nach einem Merkmal von *artikel* das sich mit $<>$ abfragen läßt. Dazu biete sich die Komponente *nr* an, die vom Typ *integer* ist. Man schreibe also

procedure einnach(d:integer; var p:zeiger);
procedure loeschenach(d:integer; var p:zeiger);

und nehme als Suchkriterium

while (q .daten.nr $<>$d) and . . .

Ist der Datenteil eines Listenelementes ein strukturierter Datentyp, so bezeichnet man das Suchmerkmal als Schlüssel (engl. key).

In der Praxis werden eine Reihe von Varianten der einfach geketteten Liste benutzt. Bei der Operation Anfügen muß immer das Ende gesucht werden. Es ist daher praktisch, wenn man neben einem Zeiger auf das erste Element auch noch einen Zeiger auf das letzte zur Verfügung hat. Man nehme also

var liste : array[*1..2*] *of zeiger;*

liste[*1*] zeige auf den Anfang (im Beispiel *basis*), *liste*[*2*] auf das Ende. Deutlicher ist vielleicht

type liste = *record anfang, ende : zeiger end;*
var l : liste;

Dann ist *l.anfang* der Zeiger auf das erste, *l.ende* der Zeiger auf das letzte Element.

Im obigen Beispiel hieß es beim Löschen *loeschennach.* Wenn man eine Prozedur *loeschenvor* oder einfach nur *loeschen* versucht, macht sich die einfache Verkettung störend bemerkbar, bei der es nur ein „von vorn nach hinten" gibt. Es werden daher häufig doppelt verkettete Listen benutzt, die auf den Vorgänger und

Nachfolger verweisen. Man führt dann ein

```
type zeiger    = ↑element;
     element = record vor, nach : zeiger;
                      daten    : datentyp end;
```

Mitunter praktisch sind auch sog. Ringlisten, bei denen das letzte Element wieder auf das erste zeigt.

Eine andere Art von wichtiger verketteter Datenstruktur sind Bäume. Damit lassen sich hierarchische Strukturen gut beschreiben. Ein Baum besteht aus Knoten, an denen wieder andere Knoten hängen. Der oberste Knoten heißt die Wurzel des Baumes. Ein Knoten selbst besteht aus einem Datenteil und Zeigern auf die daran hängenden nachfolgenden Knoten. Hängen an einem Knoten maximal *max* Knoten, so könnte man folgenden Datentyp benutzen:

```
const max = ....;
typ    zeiger = ↑knoten;
       knoten = record daten : datentyp; (* zuvor zu definieren *)
                        next  : array [1..max] of zeiger;
               end;
var wurzel : zeiger;
```

Die Variable *wurzel* ist der Zeiger auf den obersten Knoten. Jeder Knoten enthält neben den Daten ein Array von Zeigern auf die an diesem Knoten hängenden anderen Knoten.

Von besonderer praktischer Bedeutung sind sog. binäre Bäume, bei denen an jedem Knoten höchstens zwei andere Hängen. Dazu gehört dann der Datentyp

```
type  zeiger = ↑knoten;
      knoten = record daten : datentyp;
                      links, rechts : zeiger;
              end;
var wurzel : zeiger;
```

Aus jedem Knoten gibt es einen Verweis auf den linken und rechten Nachfolger. Falls es keinen Nachfolger gibt, haben diese Zeiger den Wert *nil*. Unter den binären Bäumen sind die geordneten binären Bäume besonders interessant. Damit eine Ordnung beschrieben werden kann, habe jeder Knoten einen Schlüssel (key) vom Typ *integer*, also

```
type daten = record key : integer;
                    (* noch andere Komponenten *) end;
```

Die geordneten binären Bäume sind durch die Eigenschaft gekennzeichnet, daß für jeden Knoten die Regel gilt

— am linken Ast hängen nur Knoten mit einem kleineren Schlüssel,
— am rechten Ast hängen nur Knoten mit einem größeren Schlüssel.

Das Bild 9.31 zeigt einen solchen Baum, wobei der Datenteil eines jeden Knoten nur aus dem Schlüssel besteht.

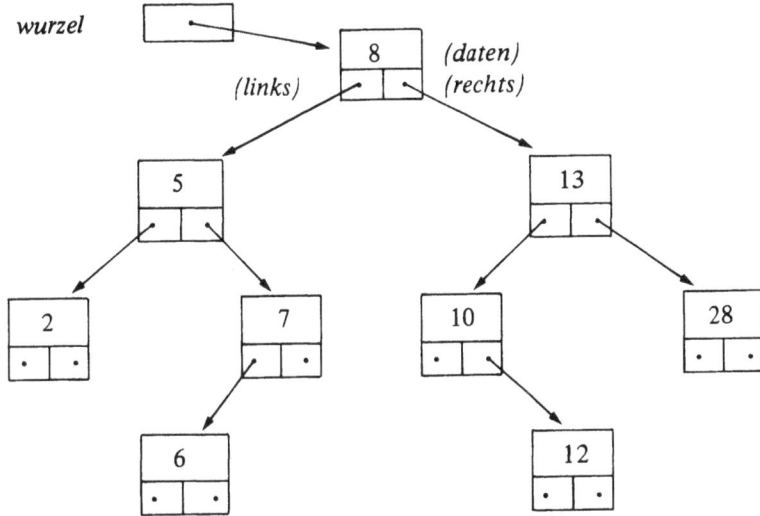

Bild 9.31: Binärer Baum als verkettete Zeigerstruktur

Will man einen neuen Knoten in den Baum einfügen, so wird man den Baum über den Zeiger *wurzel* beim ersten Knoten betreten. Ist der *key* des neuen Knotens kleiner als der des ersten Knotens, wird man sich an den linken Ast halten, sonst an den rechten Ast. So verfährt man bei jedem folgenden Knoten, bis man einen Endknoten erreicht hat, d.h. der entsprechende Zeiger den Wert *nil* hat. Zu berücksichtigen ist auch der Fall, daß der Baum überhaupt noch keinen Knoten enthält, also *wurzel = nil* ist. Der Vorgang wird rekursiv beschrieben durch

```
procedure einfuegen(var w:zeiger; d:datentyp);
(* an den Baum mit der Wurzel w soll ein neuer Knoten mit dem Datenteil
   d eingefügt werden *)
begin
  if w = nil
    then begin new(w);
              with w↑ do begin
                             links:=nil; rechts:=nil; daten:=d
                         end;
         end
    else with w↑ do if d.key < daten.key then einfuegen(links,d)
                                          else einfuegen(rechts,d);
end; (* of einfuegen *)
```

Wenn man einen geordneten binären Baum durch jeweils Einlesen von Daten und Aufrufen von *einfuegen* anlegt, hängt es natürlich von der Reihenfolge der Eingabe ab, welche Struktur der Baum hat. Der Baum von Bild 9.31 entsteht z.B. bei der Eingabe

8 5 13 2 7 10 28 6 12

Lautet die Reihenfolge bei der Eingabe

10 5 7 28 13 6 2 12 8

so entsteht ein Baum mit dem ersten Knoten 10, an dem die Knoten 5 und 28 hängen, an 5 die Knoten 7 und 2 hängen usw. Da *einfuegen* ja immer nach einem Endknoten erfolgt, ist jetzt der Knoten 8 eben an einem Ende (der rechteste Knoten im linken Teilbaum von 10). Ist die Eingabe gar

2 5 6 7 8 10 12 13 28

entsteht ein ganz schiefer Baum, der von dem ersten Knoten 2 ausgehend überhaupt nur rechte Äste enthält.

Beim Drucken eines binären Baumes könnte man zunächst auf die Idee kommen, jeweils die Knoten einer Astebene von links nach rechts zu drucken, also in Bild 9.31 in der Reihenfolge 8 5 13 2 7 10 28 6 12. Dieser Versuch erweist sich als relativ schwierig, weil sich dann der „Nachfolger" von 6 nur über die Verzeigerung rückwärts über 7 5 8 13 10 zu 12 finden läßt. Man wird besser nach dem Motto vorgehen:

Bei jedem Knoten, angefangen bei dem obersten,
– zuerst den linken Teilbaum,
– dann den Knoten,
– dann den rechten Teilbaum

drucken, was auf eine rekursive Prozedur hinausläuft. Wegen der Eigenschaft des binären Baumes, geordnet zu sein, werden dabei die Knoten in aufsteigender Reihenfolge ausgegeben.

```
procedure druckbaum(w:zeiger);
begin
   if w = nil
      then writeln('Der Baum ist leer.')
      else with w↑ do begin
                     if links <> nil then druckbaum(links);
                     druckdaten(daten);
                     if rechts <> nil then druckbaum(rechts);
                   end;
   end; ( * of druckbaum *)
```

Dabei ist *druckdaten* eine Prozedur, die den Datenteil eines Knotens geeignet druckt. Nimmt man die Reihenfolge

– erst rechten Teilbaum,
– dann Knoten,
– dann linken Teilbaum,

so werden die Knoten natürlich in absteigender Reihenfolge gedruckt. Bei der Reihenfolge

– erst Knoten,
– dann linker Teilbaum,
– dann rechter Teilbaum,

werden natürlich auch alle Knoten, allerdings nicht mehr sortiert, gedruckt. Ein geordneter binärer Baum mit einer geeigneten Druckprozedur ist also zugleich eine Möglichkeit, Daten zu sortieren. Das folgende Beispiel zeigt die Prozeduren *einfuegen* und *drucken* innerhalb eines vollständigen Programms.

Beispiel 9.25: Das Beispiel liest Zahlen, fügt sie in einen binären Baum ein und gibt sie sortiert wieder aus. Der Einfachheit halber besteht der Datenteil eines jeden Knotens nur aus dem *key* (vom Typ *integer*). Die Prozedur *druckbaum* ist gegenüber oben um den globalen Parameter *tiefe* erweitert worden, so daß die Knoten nicht nur in aufsteigender Reihenfolge gedruckt werden, sondern die Baumstruktur (waagerecht) auf dem Bildschirm erkennbar wird. Damit kann man einen guten Eindruck davon bekommen, wie die Baumstruktur von der Reihenfolge der Eingabedaten abhängt.

```
program binaererbaum(input,output);
type  zeiger = ↑knoten;
      datentyp = record key : integer end;
      knoten = record  daten : datentyp;
                        links, rechts : zeiger;
             end;
var  wurzel : zeiger;
     d : datentyp; tiefe : integer;

procedure liesdaten(var d:datentyp);
begin
    readln(d.key);
    ( * das muß bei anderen Datentypen geändert werden *)
end; ( * of liesdaten *)

procedure druckdaten(d:datentyp);
begin
    writeln(d.key:3);
    ( * das muß bei anderen Datentypen geändert werden *)
end; ( * of druckdaten *)
```

```
procedure einfuegen(var w:zeiger; d:datentyp);
(* an den Baum mit der Wurzel w soll ein neuer Knoten mit dem Datenteil
   d eingefügt werden *)
begin
    if w = nil
      then begin new(w);
                 with w↑ do begin
                                links:=nil; rechts:=nil; daten:=d
                            end;
           end
      else with w↑ do if d.key < daten.key  then einfuegen(links,d)
                                            else einfuegen(rechts,d);
end; (* of einfuegen *)

procedure druckbaum(w:zeiger);
begin
    if w = nil
      then writeln('Der Baum ist leer.')
      else with w↑ do begin
                          tiefe := tiefe+1;
                          if links <> nil then druckbaum(links);
                          write(' ' :4*tiefe); druckdaten(daten);
                          if rechts <> nil then druckbaum(rechts);
                          tiefe := tiefe-1;
                      end;
end; (* of druckbaum *)

begin (* *********** Anweisungsteil *************** *)
    wurzel := nil;
    writeln('Geben Sie Zahlen zum Einfügen ein. Ende = 0:');
    liesdaten(d);
    while d.key <> 0 do begin
                            einfuegen(wurzel,d);
                            liesdaten(d);
                        end;
    writeln;
    writeln('Sortierte Zahlen:');
    tiefe := 0;
    druckbaum(wurzel);
end.
```

In Beispiel 9.10 waren Artikel in Form eines Array bearbeitet worden. Wenn man in dem obigen Programm *datentyp = artikel* setzt und in *artikel nr* durch *key* ersetzt, kann man in jedem Knoten einen Artikel halten. An den Prozeduren *einfuegen* und *druckbaum* ändert sich gar nichts. In den Prozeduren *liesdaten* ist *lies-*

artikel, in *druckdaten druckartikel* aufzurufen. Man kann so den Bestand an Artikeln sortieren.

Will man in einem geordneten binären Baum nach einem bestimmten Knoten suchen, so kann man von der Wurzel angefangen direkt vorwärts und gesteuert durch den *key* des gesuchten Knotens suchen. Das kann also iterativ wie folgt geschehen.

> *function suchen(w:zeiger; d:datentyp):zeiger;*
> *(∗ Der Funktionswert suchen zeigt danach auf den gesuchten Knoten.*
>   *Gibt es einen Knoten mit d.key nicht, hat suchen den Wert nil ∗)*
> *begin*
>   *while (w <> nil) and (d.key <> w↑.daten.key) do*
>   *begin*
>   *if d.key < w↑.daten.key then w := w↑.links;*
>   *if d.key > w↑.daten.key then w := w↑.rechts;*
>   *end;*
>   *suchen := w;*
> *end;*

Die Effektivität des Suchvorganges hängt stark von der Struktur des binären Baumes ab. Ist der Baum ausgewogen, d.h. sind die Endknoten alle (fast) gleich weit von der Wurzel entfernt, so entspricht das Verfahren dem binären Suchen von Beispiel 9.7. Ist der Baum ganz schief, d.h. gibt es nur linke oder rechte Äste, so entspricht der Vorgang einem Suchen „von vorn nach hinten". Wird in dem Baum häufig gesucht, so ist es zweckmäßig, einen sehr schiefen Baum ab und zu wieder ausgewogen zu machen. Das ist relativ kompliziert. Da dies kein Buch über Programmieren, sondern über PASCAL ist, wird dazu auf die sehr gute Darstellung in [WIR 83] verwiesen.

Auch zum Problem des Löschens eines Knotens wird auf [WIR 83] verwiesen, weil dabei der Fall zu beachten ist, wie die beiden an einem zu löschenden Knoten hängenden Teilbäume neu eingefügt werden. Hier seien als Anschauungsmaterial nur noch zwei ziemlich einfache Operationen angeführt.

Will man wissen, wieviele Knoten ein Baum enthält, so kann man dies mit der folgenden Funktion tun.

> *function knotenzahl(w:zeiger):integer;*
> *begin*
>   *if w = nil*
>   *then knotenzahl := 0*
>   *else knotenzahl := 1 + knotenzahl(w↑.links) + knotenzahl(w↑.rechts)*
> *end;*

Die Formulierung ist wohl unmittelbar einleuchtend: Der Wurzelknoten plus die Knoten des linken Teilbaumes plus die Knoten des rechten Teilbaumes.

Fast ebenso einfach läßt sich die Frage nach der größten Tiefe beantworten, d.h. nach dem größten Abstand eines Knotens von der Wurzel.

```
function tiefe(w:zeiger):integer;
var l,r:integer;
begin
  if w = nil
    then tiefe := 0
    else begin
           l := tiefe(w↑.links);
           r := tiefe(w↑.rechts);
           if l > r then tiefe := l+1
                    else tiefe := r+1
         end;
end;
```

Die statischen Variablen eines Programms werden in einem bestimmten Teil des Arbeitsspeichers gehalten. Die meisten Compiler bieten die Möglichkeiten, sich durch Optionen beim Aufruf des Compilers einen Überblick über die Speicherverteilung zu schaffen. Die dynamischen Variablen werden in einem Speicherbereich gehalten, den man einem Heap (Haufen, Halde) nennt. Dort wird bei *new(p)* Speicherplatz für die Bezugsvariable *p↑* reserviert und bei *dispose(p)* wieder an den Heap zurückgegeben. Die Verwaltung des Heap obliegt dem Betriebssystem. Immerhin wird bei

```
type zeiger = ↑ feld;
     feld = array [1..500] of integer;
var p : zeiger;
```

bei jedem Aufruf

```
new(p)
```

Platz für 500 *integer*-Zahlen belegt. Über die Größe des Heap kann man sich im konkreten Fall Auskunft verschaffen, indem man folgendes Programm laufen läßt:

```
program heaptest(output);
var m,i : integer; p : ↑ integer;
begin
  m := 0;
  repeat
    for i := 1 to 1024 do begin
                            new(p); p ↑ := i
                          end;
    m := m + 1;
    writeln(m : 3,' k speicherplatz belegt im heap')
  until false
end.
```

Jeder Schleifendurchlauf belegt 1024 = 1 K Speicherplätze, und das Programm wird abgebrochen, wenn der Heap voll ist.

Da der Aufruf

dispose(p)

den Speicherplatz wieder zurückgibt, müßte das Programm mit

begin
    new(p); p↑ := i; dispose(p)
end

endlos laufen. Eine Schleife der Art (mit **var** *q: ↑integer*)

begin
    new(p); new(q);
    p↑ := i; q↑ := i;
    dispose(p)
end

müßte eigentlich dasselbe Ergebnis wie das obige Programm ergeben. Man beachte, daß nun Lücken im Heap freigegeben werden. Der wirklich zur Verfügung stehende Speicherplatz hängt von der Qualität der Heap-Verwaltung ab, und in diesem Punkt gibt es bei den einzelnen Implementierungen erhebliche Qualitätsunterschiede. Wer mit großen Listen und Bäumen arbeitet, sollte sich durch solche Testprogramme einen Einblick in die Wirkung von *dispose* verschaffen. Über das Problem der Rückführung von Speicherplatz findet sich mehr in [RUM 80].

9.4 Abschließende Bemerkungen über Datentypen

Bei den strukturierten Datentypen *array* (Def. 9.11)), *record* (Def. (9.13)) und *file* (Def. (9.19)) können die Komponenten von einem beliebigen Typ sein. Demnach wären syntaktisch die strukturierten Typen

file of file of . . .
array[1 . . 10] of file of . .
file of array[1 . . 20] of ↑element
record komp : file of . . .

usw. zulässig. Diese Vielfalt an Strukturierungsmöglichkeiten wird zumeist durch Schwierigkeiten bei deren Implementierung eingeengt. Für die Filekomponenten sind solche Einschränkungen schon auf S. 161 genannt worden. Es gibt bei den einzelnen Implementierungen manchmal noch andere. So ist es wegen der dynamischen Eigenschaften der Zeigertypen häufig unzulässig oder unsinnig, den Typ

file of ↑name

zu verwenden. Der Anwender wird in dieser Beziehung auf das Benutzerhandbuch seines Herstellers verwiesen.

Die Anwendung des Computers wird häufig Datenverarbeitung genannt. In Büchern und bei Ausbildungskursen wurden die beiden Wortteile oft ungleich gewichtet. Es wurde überwiegend von Verarbeitung und weniger von Daten geredet. Dies wurde durch Programmiersprachen wie FORTRAN gefördert, die zwar ein großes Repertoire von Anweisungen zur Verarbeitung von Daten, aber wenig Möglichkeiten der Strukturierung und Definition von Datentypen vorsehen. Es ist einer der Vorzüge von PASCAL, den Beschreibungsmöglichkeiten von Daten einen angemessenen Raum neben den Anweisungen zu geben. Der Leser werfe noch einmal einen Blick in das Inhaltsverzeichnis dieses Buches, um sich davon zu überzeugen.

Die Gleichgewichtigkeit von Datentypen und Anweisungen zeigt sich auch darin, daß es zwischen beiden bemerkenswerte Ähnlichkeiten gibt. Sie sind in [WIR 83] besonders klar herausgearbeitet, dem auch die Übersicht von Bild 9.32 entnommen ist.

Das atomare, nicht weiter unterteilbare Element bei den Anweisungen ist die Wertzuweisung, bei den Datentypen der einfache Typ. Aus ihnen werden komplizertere Anweisungen und Datentypen aufgebaut. Der Aneinanderreihung von einer bestimmten Anzahl verschiedener Anweisungen in der Verbundanweisung steht die Aneinanderreihung einer festen Anzahl von ungleichartigen Komponenten in einem Record gegenüber. Die manchmal verwendete Bezeichnung Verbund für Record macht diese Ähnlichkeit besonders deutlich. Die bedingten Anweisungen erlauben die Auswahl zwischen zwei oder mehr Varianten. Ihnen entspricht der Datentyp des varianten Records. Die feste Anzahl von Wiederholungen gleicher Anweisungen wird durch die *for*-Anweisung beschrieben. Die Strukturart *array* enthält eine feste Anzahl gleichartiger Komponenten. Die i-te Wiederholung der *for*-Anweisung findet ihre Entsprechung in der i-ten Komponenten eines Array. Der unbestimmten Anzahl von Wiederholungen gleicher Anweisungen durch die *repeat*- oder *while*-Anweisung steht die Strukturart *file* gegenüber, deren Anzahl gleichartiger Komponenten ebenfalls unbestimmt ist.

Die wesentlichste Eigenschaft der Prozedur ist die Möglichkeit des rekursiven Aufrufs. Eine Prozeduranweisung kann Aufrufe von sich selbst enthalten. Rekursive Datentypen können Komponenten enthalten, die zum gleichen Typ gehören. In diesem Buch sind rekursive Datenstrukturen nur in Verbindung mit Zeigern vorgekommen. Das liegt daran, daß sich rekursive Datenstrukturen besonders elegant mit Zeigern behandeln lassen. Aber auch ein varianter Record wie

```
type baum = record
          case b : boolean of
              true : (knoten : integer;
                      links, rechts : baum);
              false : ( )
          end
```

wäre denkbar.

Durch die Sprunganweisung wird eine beliebige Verkettung der Anweisungen ermöglicht. Eine solche beliebig verkettete Anordnung von Anweisungen kann man mit einem allgemeinen Graphen vergleichen. Durch den Datentyp Zeiger kann man jede Art von Datenstruktur realisieren. In §7.8 wurde für eine sparsame Verwendung der Sprunganweisung plaidiert. Die übertriebene Verwendung von Zeigervariablen kann ähnliche Konsequenzen für die Zuverlässigkeit eines Programms haben wie der unmäßige Gebrauch von Sprunganweisungen.

Konstruktionsmuster	Anweisung	Datentyp
atomares Element	Wertzuweisung	einfacher Typ
Aufzählung	Verbundanweisung	Record
Auswahl	bedingte Anweisung	varianter Record
Wiederholung um bekannte Anzahl	*for*-Anweisung	Array
Wiederholung um unbekannte Anzahl	*repeat*- und *while*-Anweisung	File
Rekursion	Prozeduranweisung	rekursive Datentypen
allgemeiner Graph	Sprunganweisung	durch Zeiger verkettete Datenstruktur

Bild 9.32:　Vergleich von Anweisungen mit Datentypen

Anhang A: PASCAL-Syntax

In dem Buch sind viele syntaktische Begriffe definiert worden. Die vielen kleinen Syntaxdiagramme werden hier nun zu größeren Einheiten zusammengefaßt, was einen besseren Überblick erlaubt. Es kommen dann aber nicht mehr alle Definitionen vor.

In der Norm [DS 83] wird PASCAL in den beiden Stufen 0 und 1 definiert, wobei 0 eine Teilmenge des Sprachumfangs 1 ist. Da die ganz überwiegende Zahl von Compilern nur die Stufe 0 realisieren, werden wir zunächst die Syntax der Stufe 0 angeben. Die Änderungen, die die Stufe 1 verursacht, werden anschließend aufgeführt. Die von einer Änderung betroffenen Syntaxdiagramme der Stufe 0 sind durch (∗) gekennzeichnet.

Es sei auch noch einmal daran erinnert, daß wir der größeren Klarheit wegen bei den Begriffen Name und Variable durch einen Vorsatz diese näher charakterisieren, daß also immer gilt

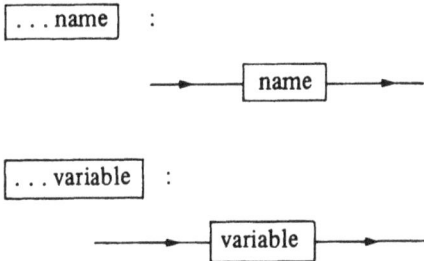

| ... name | :

```
  ───▶──│ name │───────
```

| ... variable | :

```
  ───▶──│ variable │──▶──
```

Die Begriffe Zeichen und Buchstabe werden formlos wie folgt eingeführt:

| zeichen | :

> Der der Implementierung zugrunde liegende Zeichensatz, z.B. der ASCII-Zeichensatz von Anhang C

| buchstabe | :

> Die 26 Groß- und Kleinbuchstaben des Alphabets

ziffer :

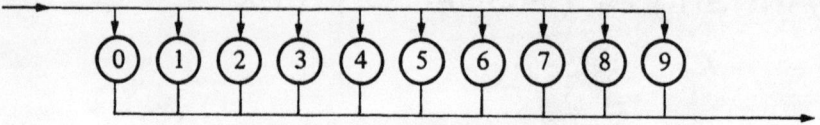

name :

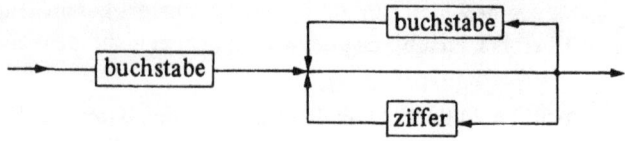

vorzeichenlose integer-zahl :

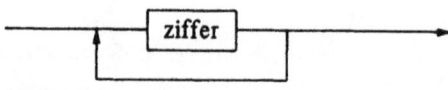

vorzeichenlose real-zahl :

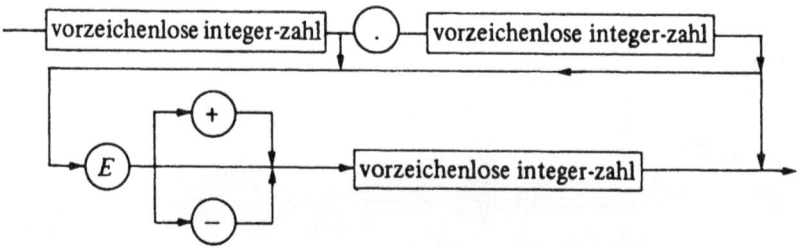

zeichenkette :

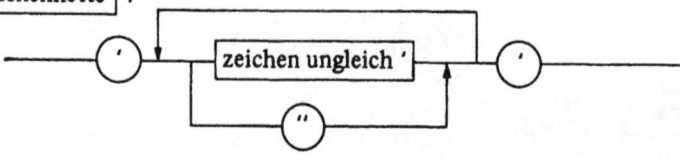

vorzeichenlose konstante :

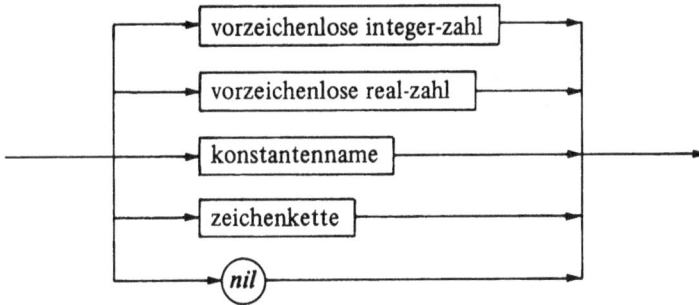

konstante :

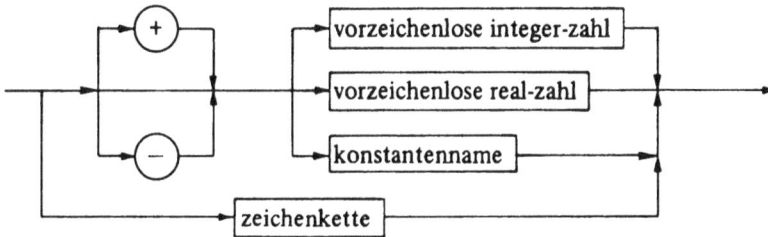

einfacher typ :

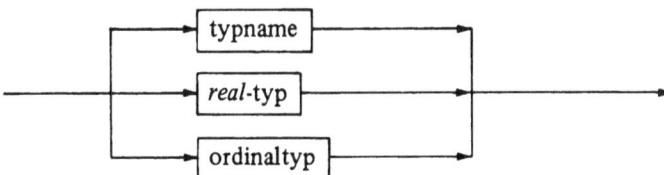

ordinaltyp :

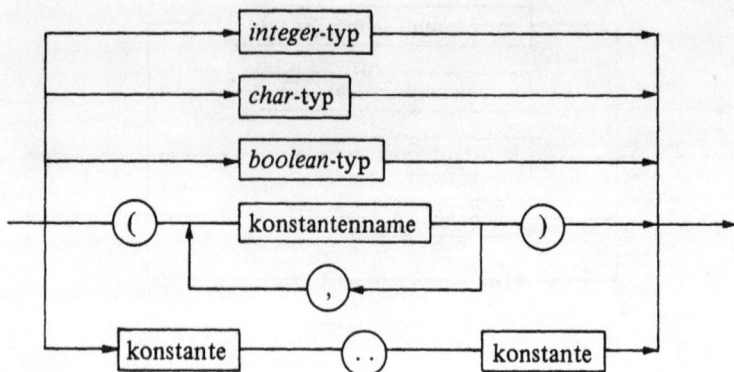

typangabe :

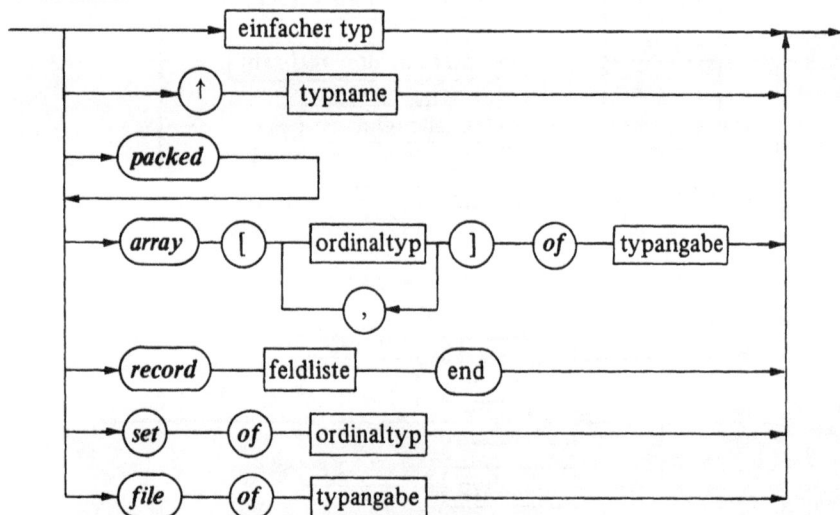

feldliste :

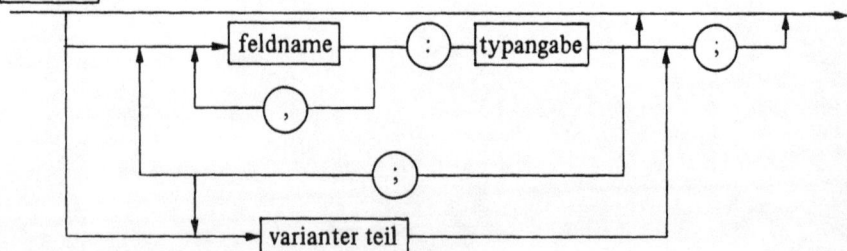

varianter teil :

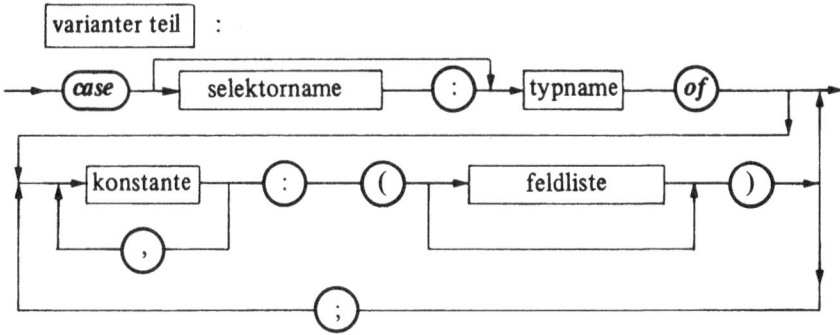

variable :

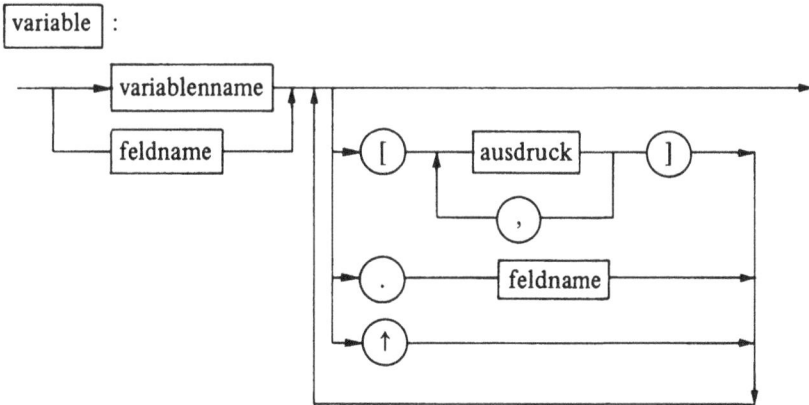

faktor :

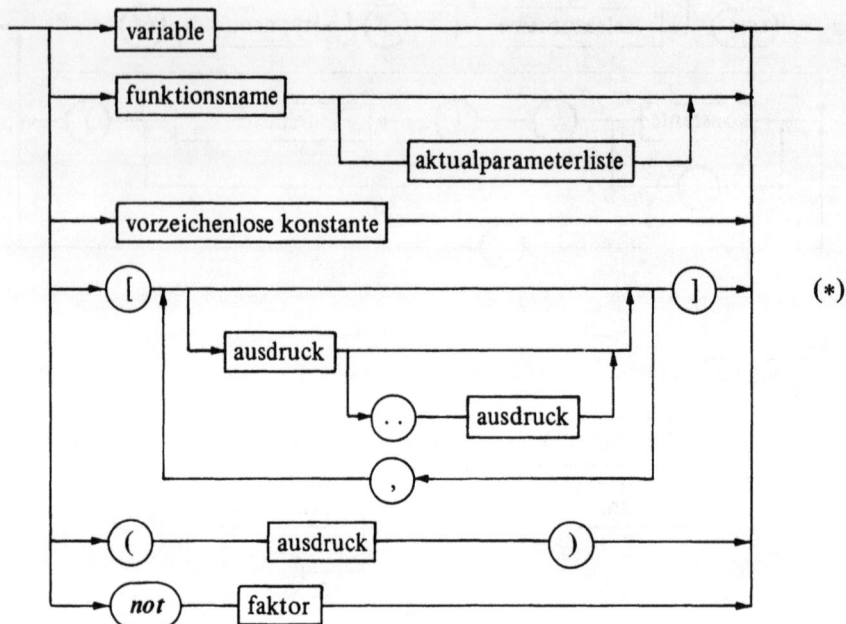

(*)

term :

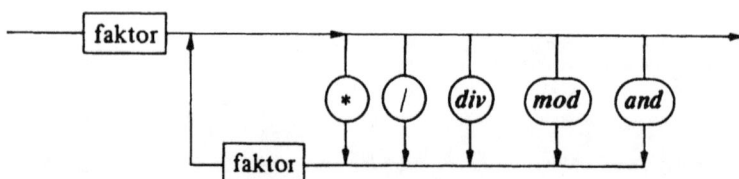

einfacher ausdruck :

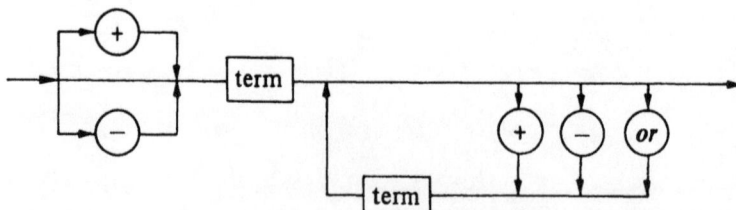

ausdruck :

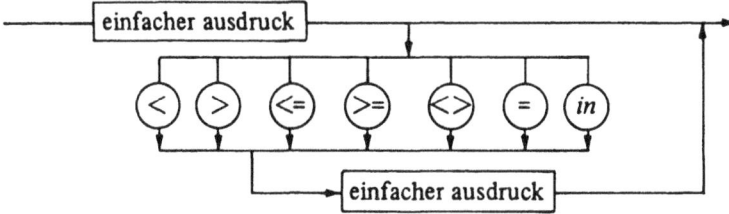

aktualparameterliste :

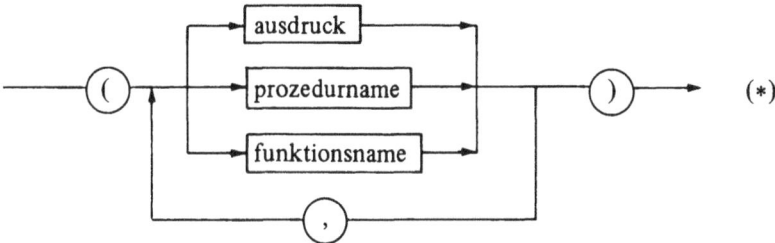

(*)

formalparameterliste :

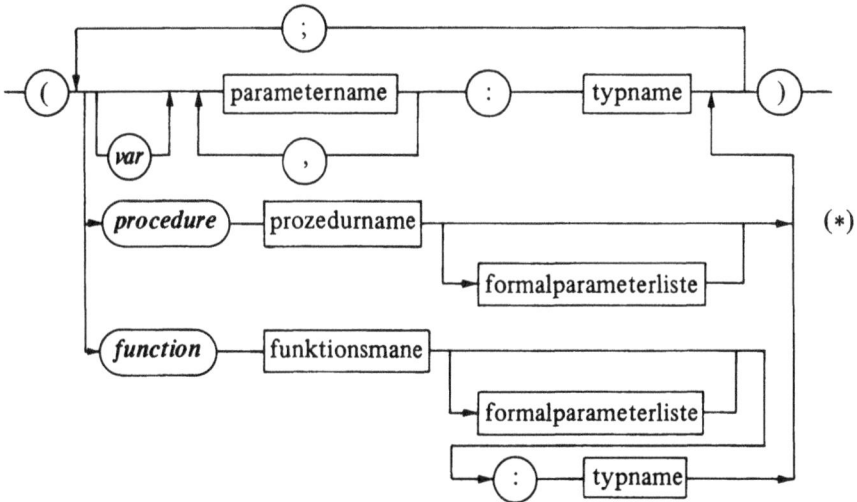

(*)

marke :

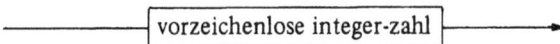

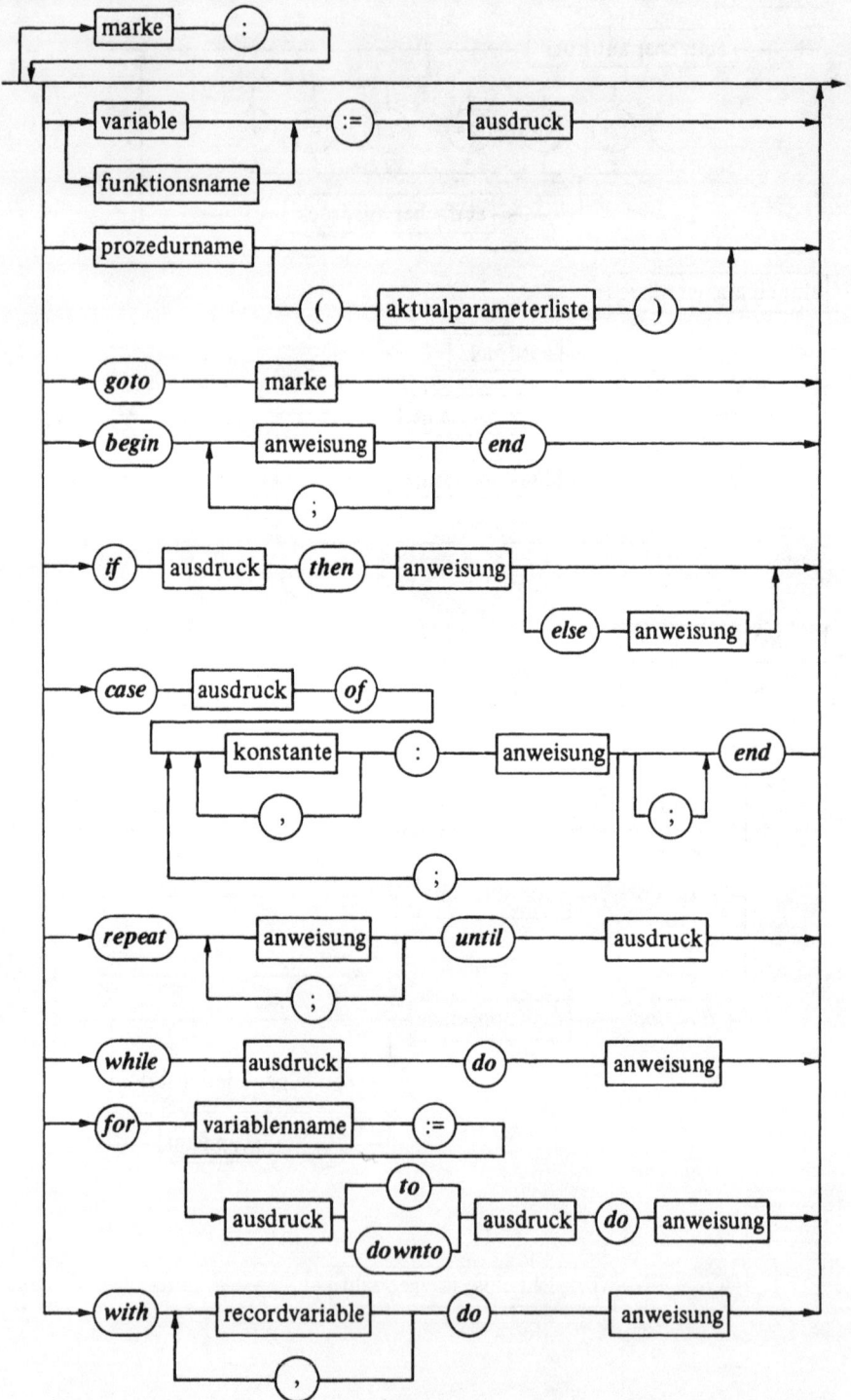

anweisung :

marke :

variable := ausdruck

funktionsname

prozedurname (aktualparameterliste)

goto marke

begin anweisung ; *end*

if ausdruck *then* anweisung *else* anweisung

case ausdruck *of* konstante , : anweisung ; *end*

repeat anweisung ; *until* ausdruck

while ausdruck *do* anweisung

for variablenname := ausdruck *to* *downto* ausdruck *do* anweisung

with recordvariable , *do* anweisung

block :

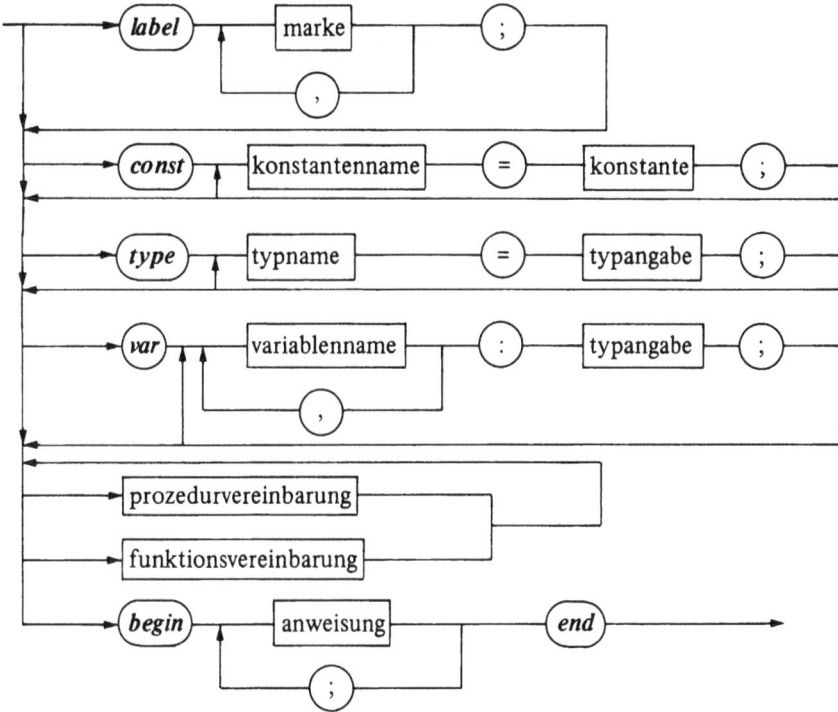

prozedurvereinbarung :

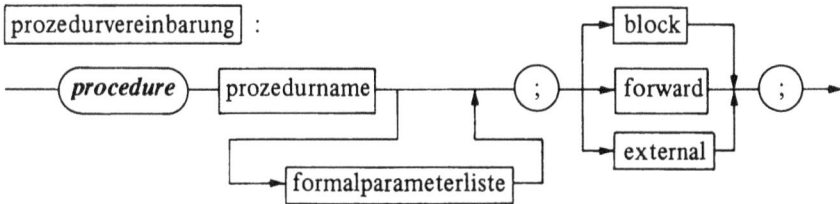

funktionsvereinbarung :

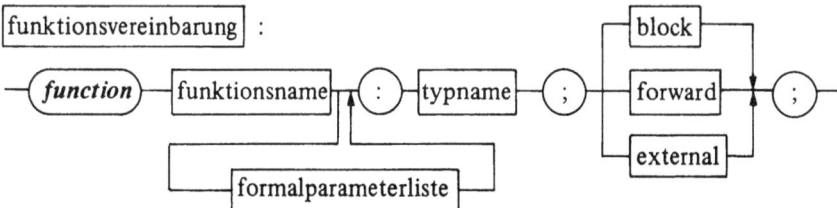

programm :

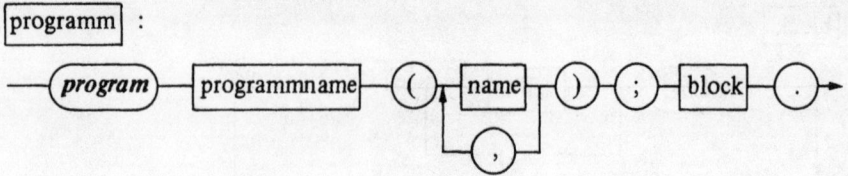

Syntaxdiagramme für PASCAL der Stufe 1

Es gelten alle bisher aufgeführten Syntaxdiagramme der Stufe 0. Die dort mit (*) gekennzeichneten werden erweitert und hier nun vollständig aufgeführt. Einige neue kommen hinzu.

faktor :

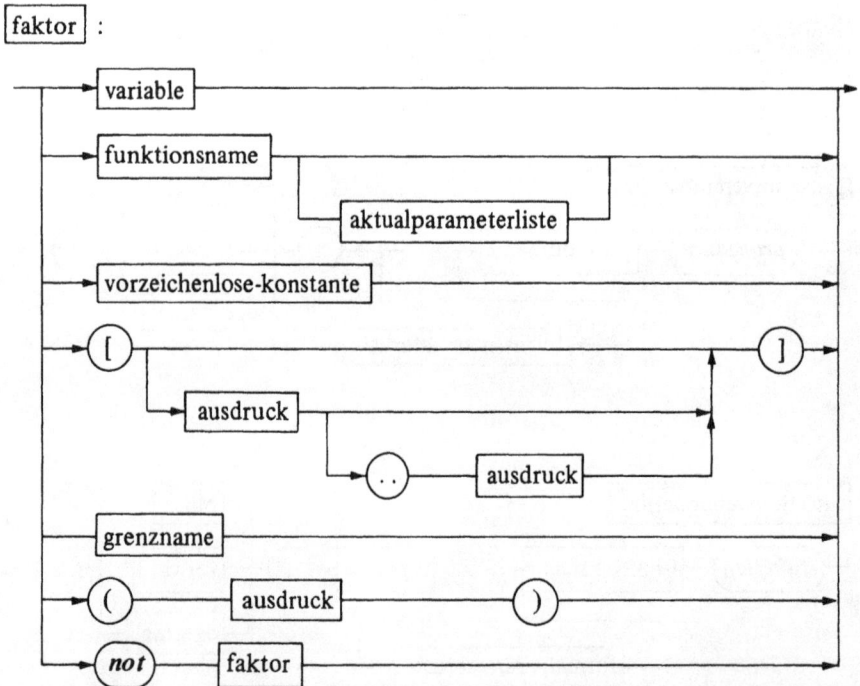

konformreihungs-schema :

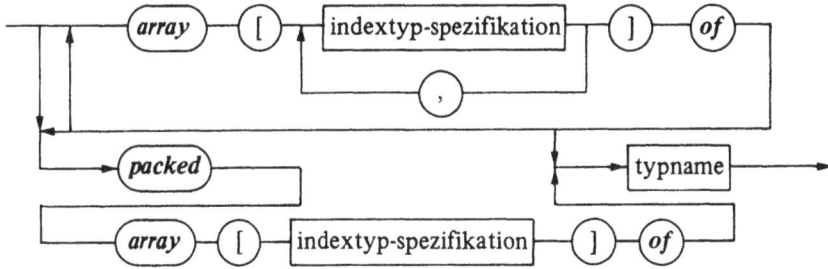

indextyp-spezifikation :

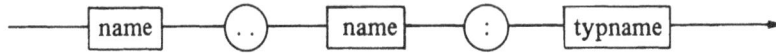

aktualparameterliste :

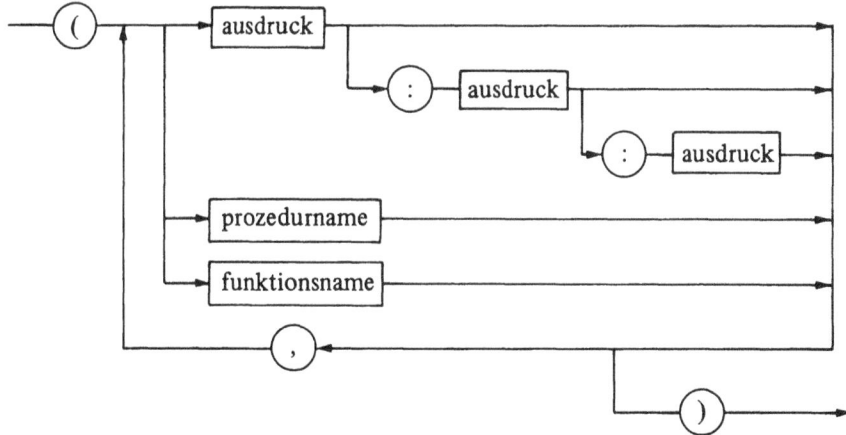

formalparameterliste :

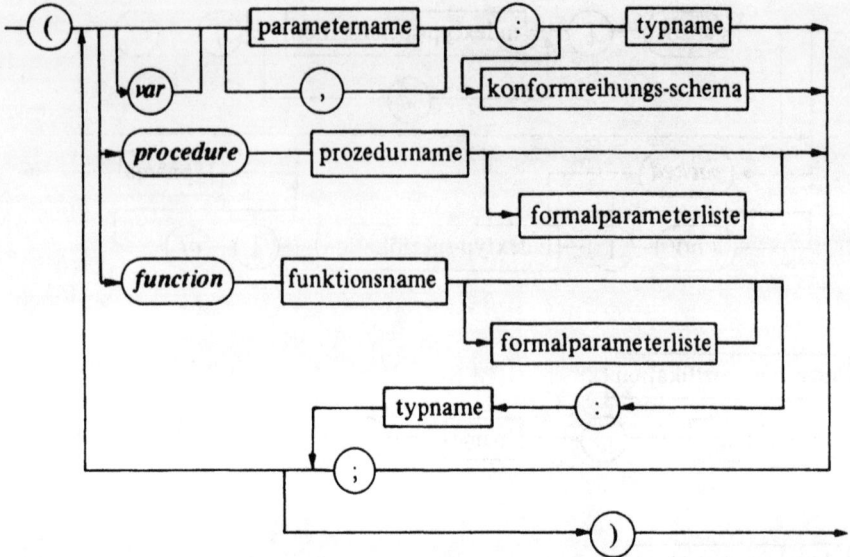

(var parametername : typname
konformreihungs-schema
procedure prozedurname
formalparameterliste
function funktionsname
formalparameterliste
typname :
;
)

Anhang B: Standardnamen in PASCAL

Gewisse Namen für Konstanten, Datentypen, Variable, Funktionen und Prozeduren haben eine bestimmte Bedeutung. Sie sind im folgenden zusammengestellt mit dem Verweis, wo ihre Bedeutung erklärt ist.

Konstantennamen:	Seite
true	25, 109
false	25, 109
maxint	24

Typnamen:	
integer	23
real	24
char	25
boolean	25
text	171

Filenamen:	
input	41, 171
output	47, 171

Funktionsnamen:	
abs	35
arctan	35
chr	26
cos	35
eof	39, 44
eoln	39, 44
exp	35
ln	35
odd	39
ord	26, 35, 109
pred	109
round	35
sin	35
sqr	35
sqrt	35
succ	109
trunc	35

Anhang C: ASCII-Zeichensatz

Dez.	Hex.	Ctrl-Ch.	Char.	Dez.	Hex.	Char.	Dez.	Hex.	Char.	Dez.	Hex.	Char
0	00	^@	NUL	32	20	SPC	64	40	@	96	60	`
1	01	^A	SOH	33	21	!	65	41	A	97	61	a
2	02	^B	STX	34	22	"	66	42	B	98	62	b
3	03	^C	ETX	35	23	#	67	43	C	99	63	c
4	04	^D	EOT	36	24	$	68	44	D	100	64	d
5	05	^E	ENQ	37	25	%	69	45	E	101	65	e
6	06	^F	ACK	38	26	&	70	46	F	102	66	f
7	07	^G	BEL	39	27	´	71	47	G	103	67	g
8	08	^H	BS	40	28	(	72	48	H	104	68	h
9	09	^I	HT	41	29	)	73	49	I	105	69	i
10	0A	^J	LF	42	2A	*	74	4A	J	106	6A	j
11	0B	^K	VT	43	2B	+	75	4B	K	107	6B	k
12	0C	^L	FF	44	2C	,	76	4C	L	108	6C	l
13	0D	^M	CR	45	2D	–	77	4D	M	109	6D	m
14	0E	^N	SO	46	2E	.	78	4E	N	110	6E	n
15	0F	^O	SI	47	2F	/	79	4F	O	111	6F	o
16	10	^P	DLE	48	30	0	80	50	P	112	70	p
17	11	^Q	DC1	49	31	1	81	51	Q	113	71	q
18	12	^R	DC2	50	32	2	82	52	R	114	72	r
19	13	^S	DC3	51	33	3	83	53	S	115	73	s
20	14	^T	DC4	52	34	4	84	54	T	116	74	t
21	15	^U	NAK	53	35	5	85	55	U	117	75	u
22	16	^V	SYN	54	36	6	86	56	V	118	76	v
23	17	^W	ETB	55	37	7	87	57	W	119	77	w
24	18	^X	CAN	56	38	8	88	58	X	120	78	x
25	19	^Y	EM	57	39	9	89	59	Y	121	79	y
26	1A	^Z	SUB	58	3A	:	90	5A	Z	122	7A	z
27	1B	^[	ESC	59	3B	;	91	5B	[	123	7B	{
28	1C	^\	FS	60	3C	<	92	5C	\	124	7C	|
29	1D	^]	GS	61	3D	=	93	5D	]	125	7D	}
30	1E	^^	RS	62	3E	>	94	5E	^	126	7E	~
31	1F	^_	US	63	3F	?	95	5F	_	127	7F	DEL

Die ersten 32 ASCII-Zeichen sind als Steuerzeichen für Peripheriegeräte und Datenübertragung vorgesehen. Die in obiger Tabelle angeführten Abkürzungen sind am Ende erklärt. Für die meisten von ihnen gibt es keine Tasten. Sie können zusammen mit der Taste ⟨CTRL⟩ und einem anderen Zeichen erzeugt werden, was in der ersten Spalte mit Crtl-Ch. gemeint ist. Sie werden häufig auch als Steuerzeichen, d.h. Kommandos, von Dienstprogrammen wie z.B. Texteditoren verwendet.

Die obige Tabelle enthält den ASCII-Zeichensatz in der US-Form. Für die nationalen Zeichensätze werden einige Zeichen anders belegt. Für den deutschen ASCII-Zeichensatz gilt:

[= Ä   \ = ö   ] = ü   { = ä | = ö   } = ü   ~ = ß   @ = §

Üblicherweise ist der ASCII-Code ein 7-Bit-Code, d.h. es gibt 128 Zeichen. Das 8. Bit kann als Paritätsbit verwendet werden. Bei manchen Computern wird aber auch ein echter 8-Bit-Code verwendet. Es gibt dann 256 Zeichen. Die ersten 128 Zeichen stimmen mit den obigen überein. Die Zeichen 128-255 werden dann für Sonderzeichen wie ö ü ß è ¼ © â verwendet. Beispiele dafür sind der DEC Multinational Character Set oder der IBM-Code für den IBM-PC. Es sind dann gewöhnlich bei Strings alle 256 Zeichen zugelassen, etwa '0 ½ μm', während hingegen aber eine Variable nicht garçon heißen darf.

Standardmäßig haben die ersten 32 ASCII-Zeichen die folgende Bedeutung:

0	NUL	Nil (nichts)
1	SOH	Start of heading (Anfang des Kopfes)
2	STX	Start of Text (Anfang des Textes)
3	ETX	End of Text (Ende des Textes)
4	EOT	End of Transmission (Ende der Übertragung)
5	ENQ	Enquiry (Stationsaufforderung)
6	ACK	Acknowledge (positive Rückmeldung)
7	BEL	Bell (Klingel)
8	BS	Backspace (Rückwärtsschritt)
9	HT	Horizontal Tabulator
10	LF	Line Feed (Zeilenvorschub)
11	VT	Vertical Tabulator
12	FF	Form Feed (Formularvorschub)
13	CR	Carriage Return (Wagenrücklauf)
14	SO	Shift out (Dauerumschaltung)
15	SI	Shift in (Rückschaltung)
16	DLE	Data Link Escape (Datenübertragungs-Umschaltung)
17	DC1	Device control (Gerätesteuerung)
18	DC2	Device control (Gerätesteuerung)
19	DC3	Device control (Gerätesteuerung)
20	DC4	Device control (Gerätesteuerung)
21	NAK	Negative acknowledgement (Negative Rückmeldung)
22	SYN	Synchronisierung
23	ETB	End of Transmission Block (Ende des Übertragungsblockes)
24	CAN	Cancel (ungültig)
25	EM	End of Medium (Ende der Aufzeichnung)

26	SUB	Substitution
27	ESC	Escape (Umschaltung)
28	FS	File Separator (Hauptgruppen-Trennung)
29	GS	Group Separator (Gruppentrennung)
30	RS	Record Separator (Untergruppen-Trennung)
31	US	Unit Separator (Teilgruppen-Trennung)

Von besonderer Bedeutung ist das ASCII-Zeichen Nr. 27 ESCAPE. Es wird vorwiegend zur Steuerung von Peripheriegeräten (Bildschirm, Drucker) verwendet. Werden einem Peripheriegerät ASCII-Zeichen angeboten, werden diese dargestellt. Erhält ein Peripheriegerät das ASCII-Zeichen ESCAPE, so bedeutet dies, daß das (oder die) folgenden Zeichen.nicht dargestellt werden sollen, sondern zur Steuerung des Gerätes dienen. Nehmen wir z.B. an, daß ein Drucker (mit dem Dateiname printer) durch die Escapefolge ⟨ESC⟩[2 zu Unterstreichen anfängt und mit ⟨ESC⟩[3 damit aufhört, so würde die Anweisung

writeln(printer,'Beginn ' ,chr(27),'[2', 'Tabelle' ,chr(27),'[3');

die Ausgabe

Beginn <u>Tabelle</u>

bewirken.

Literaturverzeichnis

[DS 83]   Däßler, K. und M. Sommer, PASCAL – Einführung in die Sprache, Norm-Entwurf DIN 66256, Erläuterungen. Springer 1983.

[HER 90] R. Herschel, TURBO-PASCAL 4.0/5.0, R. Oldenbourg 1990.

[JEW 78] K. Jensen und N. Wirth, PASCAL – User Manual und Report., 3. Aufl., Springer 1985.

[REC 75] P. Rechenberg, Was ist Backtrack-Programmierung? Elektronische Rechenanlagen 17 (1975), S. 276–282.

[RUM 80] S. M. Rump, Zur Rückführung nicht mehr benötigten Speicherplatzes in PASCAL. Elektronische Rechenanlagen 22 (1980), H. 2, S. 55–62.

[WIR 71] N. Wirth, The Programming Language PASCAL. Acta Informatica 1 (1971), S. 35–63.

[WIR 83] N. Wirth, Algorithmen und Datenstrukturen. 3. Aufl., Teubner 1983.

Sachwortverzeichnis

www.ingramcontent.com/pod-product-compliance
Lightning Source LLC
Chambersburg PA
CBHW031438180326
41458CB00002B/585